茨城大学法学・行政学メジャー 編

エレメンタリー 法学・行政学

――教養から専門へ――

〔第2版〕

尚学社

はしがき

　本版は，旧版と同様に，茨城大学において法学及び行政学等の初学者向け教材として用いることを狙いとしている。編集や執筆の方針にも旧版との相違は無いが，執筆者の顔ぶれに変化が生じている。

　旧版を出版して以降の数年間で，旧版の執筆に加わった数人の教員が茨城大学を退職し，また，新たに数人の教員が茨城大学に赴任したためである。

　そこで，今回，旧版から5年以上の経過を受けて内容をアップデートすることはもちろん，新たに赴任した教員に執筆の機会を提供することを主要な目的として改訂を行ったが，本版では退職した教員にも寄稿をお願いしているため，茨城大学の新旧の教員が寄稿するという体裁になっている。

　そうすることで，茨城大学の教員や学生の営みや成果を後世に残すことができると考えたからである。

　なお，本版から編集の名義が「茨城大学法学・行政学メジャー」となっているが，この変更は，執筆者が所属する教育組織の名称が，2026［令和8］年度より，旧版時の「茨城大学法学メジャー」という名称から改称されることによる。

　改称前の名称を用いていた時代にも，法学のみならず行政学や政治学専攻の教員が所属していたが，実態に合わせて改称されることが2024［令和6］年度に決定された。よって，教育組織の実態には何ら変化は生じていない。

　最後に，前版から引き続き，今回も尚学社の苧野圭太社長に出版編集の労を取って頂いた。執筆者の怠惰ぶりは旧版時から全く変わっておらず，今回も大変ご面倒をおかけしたが，辛抱強く叱咤激励して下さったことにはお礼の申し上げようもない。苧野社長のご尽力に深く感謝申し上げる。

2025［令和7］年3月

執筆者一同

改題改訂初版はしがき

　本書は，2009［平成21］年4月に出版された『エレメンタリー法学』（茨城大学人文学部法律コース編）を大幅に改訂し，表題を若干改めたものである。『エレメンタリー法学』との相違は，新たな表題に示されているように，法学のみならず行政学をも叙述の対象としていることである。

　このように編集方針を変えたのは，茨城大学(旧)人文学部が2017［平成29］年度に大きく改組されたことによる。

　『エレメンタリー法学』出版の時点では，(旧)人文学部は，社会科学科と人文コミュニケーション学科という2つの学科から構成されており，法学教育を担う教育組織は，社会科学科に属する4つのコースのうちの1つである法律コースであった。そして，『エレメンタリー法学』は，法律コースに所属していた専任教員と茨城大学において法学分野の講義を担当していた非常勤講師が執筆したものであり，その名が示すように法学のみを叙述の対象とする書籍であった。

　しかるに2017［平成29］年度の改組により，(旧)人文学部は人文社会科学部と改称され，法律経済学科，人間文化学科，現代社会学科という3つの学科から構成されることとなった。加えて，法学教育の茨城大学における責任母体は，法律経済学科に属する2つのメジャーのうちの1つである法学メジャーとなった。そして法学メジャーは，『エレメンタリー法学』出版当時とは異なり，法学のみならず行政学の教育をも担う教育組織となり，また，行政学を専攻する教員も所属することとなった。

　こうした改組を受けて，この度，2018［平成30］年度の時点で法学メジャーに属する専任教員と法学分野の講義を担当している非常勤講師が，『エレメンタリー法学・行政学』を執筆することとなった。かくして，本書では，執筆者はより多彩になり，叙述の対象とする範囲が広くなっているし，法学と行政学の学修の融合を促し得る内容となっているが，茨城大学における初学者向けの教材として用いることを主要な目的とする点では変化はない。それ故，本書においても「エレメ

ンタリー」という題名の一部を継承している。また，初学者向けの教材としての役割を担うため法学と行政学各分野の初歩的な知識を体系的に解説することを念頭に置きつつも，『エレメンタリー法学』に倣い，各分野の要約的概論にとどまるのではなく各分野の最新の状況をも見通すことができるような叙述を目指している。このような思いを込めて，本書においても，「教養から専門へ」という『エレメンタリー法学』の副題を継承している。こうした取り組みが成功しているならば，茨城大学の学生のみならず，法学と行政学に関心を持つ一般の読者の知的好奇心を刺激することができるであろう。

　さて，我々の取り組みが成功しているか否かは別として，「エレメンタリー」という題名と「教養から専門へ」という副題を発案したのは，『エレメンタリー法学』の編集において中心的な役割を果たされた，故 飯塚和之茨城大学名誉教授である。飯塚先生の長年にわたるご貢献なくして現在の茨城大学における法学教育はない。本書を飯塚先生のご霊前に捧げることを読者の皆様にはどうかお許し頂きたいと思う。また，怠惰な執筆者たちを温かく叱咤激励しつつ，折に触れて懇切丁寧なご助言を与えて下さった尚学社の苧野圭太社長のご厚情も特記しなければならない。苧野社長に心よりのお礼を申し上げる。

2019［平成31］年3月

執筆者一同

旧版はしがき

　本書は，第1章でも述べているように，法学の入門書の2つの形式を兼ね備えたものとなっている。すなわち，PartⅠ「法学案内」は，「法学入門」編であり，PartⅡ「法学概論」は，文字どおり「法学概論」編となっている。ただし，各法

分野の要約的概論ではなく，執筆者の専門分野から各実定法領域を見通すよう心がけた。やや欲張った構成となっているが，これによって，書名のサブタイトルとなっている「――教養から専門へ――」の教育体系を実現しようとしたためである。また，書名に「エレメンタリー」を冠したのは，英語の elementary には，「初歩の」，「基本の」という両用の意味があり，本書が，初学者に法学の初歩的・基本的概念や考え方を身に付けてもらうことをめざしているからである。Part Ⅱでは，各章の冒頭に【事例】を掲げ，本文への導入とし，本文の後ろに【事例についての考え方→まとめ】を配置し，読者の理解の便宜を図っている。【コラム】欄は，本文に直接・間接に関係するトピックを取り上げ，本文の理解に資することとした。各章末尾の【参考文献】は，入手可能な新しい文献数点を掲げるにとどめた。

　本書は，3種類の読者を想定している。第1の読者としては，茨城大学(以下「本学」という。)人文学部社会科学科法律コースの提供する2つの法学系科目の履修者を想定している。社会科学科の学生は，1年次に社会諸科学の入門科目を履修することになっているが，その1つに「法学入門」がある。本書の Part Ⅰ「法学案内」は，この授業科目のために書かれたものである。2年次前期では社会諸科学の「概論科目」を選択し，後期からのコース選択に備えることになる。本書の Part Ⅱ「法学概論」は，法律コースの「概論科目」である「法学概論 Ⅰ(公法系)・Ⅱ(私法系)」のために書かれたものである(本書では，コース所属の専任教員に加えて本学名誉教授の田村武夫先生，現・非常勤講師の富塚祥夫先生，前・非常勤講師の羽生香織先生に執筆をお願いした)。

　第2の読者としては，大学教養課程の「法学」の履修者を想定している。各大学で開設する教養科目(共通科目)の「法学」は，高校の科目にはないため，学生諸君は大学に入ってはじめて学ぶことになる。そのような学生諸君に対して，本書の Part Ⅰ「法学案内」は，これからの社会生活にとって最低限必要な法の仕組みを知る機会を提供するであろう。

　第3の読者としては，一般市民の方々を想定している。とくに，本書 Part Ⅱ「法学概論」は，現代社会に生起する最先端の法律問題を扱っており，新しい法律問題に関心のある市民の皆様に興味をもって読んでいただけるものと考えている。関心のある章から読み始め，市民教養としての法学を楽しんでいただければ幸い

である。

　本書は，本学の法学系教員による2冊目の著作である。1冊目は，約50年前に刊行された茨城大学近代法研究会『法学講義案』（文人書房，1958年（初版））である。執筆陣は，当時の本学文理学部政経学科のスタッフ（木下　明，小林三衞，関　誠一，山本吉人，横山保興の各先生（50音順））である。当時の先生方を本学法学系教員の第1世代とすれば，私たち，本書の執筆者は，第2世代または第3世代の教員ということができる。約半世紀を経て，第1世代の先生方の先進的な業績に学びながら，21世紀に相応しい新しい形の法学のテキスト・ブックを刊行することをめざしてきた。あえて，同書の存在を紹介した次第である。また，本書に対する読者の皆様のご批判・ご助言をいただければ幸いである。

　最後に，出版事情の困難な中，地方大学のいささか大胆ともいえるテキスト・ブック刊行の試みを応援していただき，出版をお引受けいただいた尚学社の吉田俊吾社長に衷心から感謝の意を表するものである。

　2009年3月

執筆者一同

目　次

はしがき
改題改訂初版・旧版はしがき

Part I　法学案内

第1章　法とは何か　3

第1節　「法学」の対象 …………………………………………………… 3
1．「法学」の世界へようこそ　3　　2．「法学」とは何か　3
3．「六法」とは何か　4　　4．法学を学ぶ意義　5

第2節　法の分類 ………………………………………………………… 6
1．基本六法　6　　2．実体法と手続法　6
3．私法と公法　7　　4．国内法と国際法　8

第3節　「法」とは何か ………………………………………………… 8
1．「法」とは何か　8　　2．規範としての法　10
3．法の機能と目的　11　　4．「法」と「法律」　12

　　　【注】12　【参考文献】13

第2章　法源　14

第1節　法源の意義と種類 …………………………………………… 14
第2節　制定法 ………………………………………………………… 14
1．国家制定法　15　　2．条例・規則　15
3．社会自治法規　16

第3節　慣習法・判例法・条理 ……………………………………… 16
1．慣習法　16　　2．判例法　17　　3．条理　18

【参考文献】19

第3章　法の適用と解釈　20

第1節　法の適用　20
第2節　法解釈の技術　22
1．拡張解釈　22　　2．縮小解釈　22
3．反対解釈　23　　4．類推解釈　23
5．結論の多様性　23
第3節　法の解釈方法　24
1．文理解釈　24　　2．体系解釈　25
3．目的解釈　26
4．解釈と結論——発見のプロセスと正当化のプロセス　27

【参考文献】28

第4章　紛争解決と法　29

第1節　裁判制度　29
1．審級制度　29　　2．裁判所の種類　30
第2節　民事裁判　30
1．民事紛争解決のための制度　30　　2．民事訴訟手続　32
3．民事裁判手続のデジタル化　34
第3節　刑事裁判　35
1．日本の刑事裁判の特色　35　　2．捜査手続　36
3．公判前整理手続　37　　4．公判手続と裁判員制度　38
5．上訴　39　　6．再審　39　　7．その他　39

【注】40　【参考文献】40

第5章　法の歴史と世界の法制度　41

第1節　世界の法体系　41

1．法圏と法圏分類基準　41
2．法の生成・発展における歴史的側面の重要性　41
3．法の生成・発展における法の担い手の重要性　42

第2節　英米法と大陸法……………………………………………43
1．イギリス法の生成と発達　43
2．法の支配と議会主権　44
3．アメリカ合衆国の建国と法の継受　45
4．フランス法とドイツ法　46
5．ローマ法と法の担い手　47

第3節　法の継受と日本法……………………………………………48
1．明治期における法の継受　48
2．戦後における法の継受　49
3．わが国における法の継受の特色　50

【参考文献】50

Part II　法学各論

第6章　立憲主義と憲法——歴史から学ぶ　53

第1節　憲法と国家……………………………………………………53
第2節　中世における憲法の誕生と発展…………………………54
第3節　アメリカ諸州憲法とフランス人権宣言…………………57
第4節　ワイマール憲法と社会権…………………………………58
第5節　大日本帝国憲法と日本国憲法……………………………59
第6節　戦後の憲法と人権の国際化………………………………61
第7節　立憲主義の現在と日本国憲法……………………………62

【参考文献】64

第7章　外国人と法　66

第1節　外国人をめぐる法制度 … 66
1．外国人の入国と在留資格　66
2．外国人をめぐる現在の状況　68
3．外国人をめぐる今日的な問題　70

第2節　外国人に対する人権保障 … 71
1．人権の国際的保障　71
2．外国人の人権享有主体性　72

第3節　外国人に保障される人権の範囲 … 73
1．人権の保障範囲と入国の自由　73
2．出国・再入国の自由　74
3．居住の要件と職業選択の自由　75
4．社会権の保障　76
5．政治的な意見表明権としての参政権の保障　79
6．外国人の参政権保障の必要性　80

【注】81　【参考文献】81

第8章　私人の権利救済と行政法
　　　　　——抗告訴訟のしくみを学ぶ　82

第1節　行政法で学ぶこと … 82
1．はじめに　82　　2．行政法とは？　83

第2節　行政救済法の概要 … 84
1．「裁判的救済の原則」とは？　84　　2．国家賠償　85
3．損失補償　86

第3節　行政争訟の基礎 … 87
1．行政不服申立て　87　　2．行政事件訴訟　88

第4節　おわりに … 92

【参考文献】93

第9章　犯罪と刑法　94

第1節　「刑法」とは何か……94
第2節　「犯罪」とは何か……96
1. 「市民刑法の治安刑法化」の例としてのポスティング弾圧　96
2. 犯罪の定義　97　　3. 構成要件　98
4. 違法性と有責性　101

第3節　犯罪と刑罰と法律……102
1. 罪刑法定主義の歴史的意義　102
2. 罪刑法定主義の展開　103
3. 行為主義と責任主義　104

第4節　刑法は「最後の手段」……105
1. 刑法における謙抑主義　105
2. 社会で刑法が果たす役割　106
3. 「治安」と「人権」　107

【注】108　【参考文献】109

第10章　私人間の争いに関する法——民法（財産法）　110

第1節　はじめに……110
第2節　法の適用……110
第3節　民法の基本原理……112
第4節　民法の歴史と体系……113
第5節　財産法の概要……115
第6節　おわりに……119

【参考文献】119

第11章　子ども虐待と家族法　120

- 第1節　子ども虐待の現状と法的対応 …………………………………120
- 第2節　民法と家族法 ……………………………………………………123
- 第3節　親権とその制限 …………………………………………………125
- 第4節　子ども虐待と親権の制限 ………………………………………127

　　【注】129　【参考文献】129

第12章　株主代表訴訟と会社法　130

- 第1節　株主代表訴訟の意義 ……………………………………………130
- 第2節　株式会社の特質 …………………………………………………131
- 第3節　株式会社の機関設計 ……………………………………………132
- 第4節　各機関の概要 ……………………………………………………133
  - 1．取締役・取締役会　134　　2．会計参与　135
  - 3．監査役　136　　4．監査役会　136
  - 5．会計監査人　137　　6．監査等委員会　137
  - 7．指名委員会等・執行役　138
- 第5節　役員等の損害賠償責任 …………………………………………139
  - 1．総説　139　　2．任務懈怠　140
- 第6節　株主代表訴訟 ……………………………………………………142
  - 1．総説　142　　2．株主代表訴訟提訴前の手続　142
  - 3．株主代表訴訟の提起　143　　4．担保提供命令　144
  - 5．訴訟参加　144　　6．訴訟の終結　145
  - 7．近年の法改正——多重代表訴訟　146
- 第7節　株主代表訴訟の問題点と，D&O保険 ………………………146

　　【注】147　【参考文献】147

第13章　雇用社会と労働法　148

第1節　はじめに──なぜ人は働くのか？ 148
第2節　個人の幸せを実現するための法 149
第3節　日本の労働時間の問題 151
1．日本の労働時間の現状　151
2．日本の労働時間規制　153　　3．労働時間の概念　154
4．日本で残業や長時間労働が常態化する理由　156
5．労働時間規制の方向性　157

第4節　労働時間に関する新たな視点 159
1．時間主権の考え方　159　　2．時間清算の原則　160

第5節　労働時間に関連するその他の問題 161
1．休憩時間の問題　161　　2．休日の問題　162
3．年休の問題　162

【参考文献】163

第14章　現代の生活と社会保障法　165

第1節　わたしたちの暮らしと社会保障 165
1．人生における3つの大きな買い物　165
2．暮らしに潜む生活問題と社会保障　165

第2節　社会保障をとりまく現在・未来の日本社会 166
1．人口構成の変化　166　　2．雇用システムの変化　168
3．家族形態の多様化　169

第3節　社会保障とはなにか 170
第4節　社会保障制度の概要 171
1．日本の社会保障制度　172　　2．社会保険　173
3．社会扶助　174　　4．社会福祉　174

第 5 節　子どもと社会保障 …………………………………… 175
　1．「児童福祉六法」から「子ども家庭福祉」へ　175
　2．「少子化対策」および「困難を有する子ども・若者やその家族への支援」　176
　3．こども基本法の制定とこども家庭庁の設置，そして「こどもまんなか社会」を目指して　177
　4．子どもを対象とした社会保障制度・施策　178
　【参考文献】179

第15章　国際人権法──国を超えて人間の尊厳を守る　180

第 1 節　はじめに──日本の片隅に ……………………………… 180
第 2 節　国際法と国際人権法 ……………………………………… 181
　1．国際法と国際人権法　181
　2．国際人権法の誕生──国連憲章(1945年採択)　182
　3．世界人権宣言(1948年採択)　182
　4．国際人権規約(自由権規約および社会権規約，1966年採択)　183
　5．個別的な人権条約　184
第 3 節　国際人権法と日本──人権を保障する仕組み ………… 185
　1．国際人権法と日本　185
　2．冒頭のケース──「難民」としての権利の保障　186
　3．冒頭のケース──「恣意的に拘禁されない権利」の保障　186
第 4 節　おわりに──国際人権法を学ぶこと …………………… 188
　【注】191　【参考文献】191

Part Ⅲ　政治と行政の展開

第16章　政治・行政と政治学・行政学　195

第 1 節　政治と法 ··· 195

第 2 節　政府と政治・行政 ·· 199

第 3 節　行政の多面性 ··· 203

第 4 節　政治学と行政学 ··· 207

　【注】213

第17章　官僚制とその評価　215

第 1 節　日常用語としての官僚，専門用語としての官僚 ········· 215

第 2 節　官僚統制の理論 ··· 216

　1．FF 論争　216　　　2．PA 理論　217

　3．政官関係　218

第 3 節　経営学の取り込み ·· 219

第 4 節　官僚制の構造 ··· 221

　1．近代官僚制の定義　221　　　2．ラインとスタッフ　221

　3．官僚の採用　222

第 5 節　近年の動き ··· 224

　1．中央省庁再編　224　　　2．実は少ない日本の公務員　224

　　【注】225　【参考文献】225

第18章　地方自治と地方分権　226

第 1 節　地方自治体とは何か ······································ 226

　1．地方自治体＝善⁉　226

　2．統治の側面と自治の側面　226

第 2 節　中央地方関係の類型 ······································ 227

　1．単一国家と連邦制　227　　　2．「天川モデル」　228

　3．多様なモデル　229

第3節　地方分権のあゆみ……………………………………………230
　　1．地方分権の機運の高まり　230　　2．地方分権一括法　231
　　3．2000年代以降の地方分権　231

第4節　地方分権を肯定する議論……………………………………232
　　1．政策波及モデル　233　　2．足による投票　233

第5節　地方分権に慎重な議論………………………………………234
　　1．都市間競争論　234　　2．福祉マグネット　234
　　3．市民意識の偏り　235　　4．中央政府の再評価　235

　　【注】236　【参考文献】236

第19章　公共政策とサードセクター　237

第1節　公共政策……………………………………………………237
　　1．公共政策　237　　2．公共政策の客体　238
　　3．公共政策の主体　241

第2節　3つのセクターと「新しい公共」………………………………243
　　1．3つのセクター　243　　2．「新しい公共」　245
　　3．選択的誘因の提供　250
　　4．3つのセクターの選択的誘因　251

第3節　日本のサードセクターと非営利法人制度……………………254
　　1．法人制度　254　　2．非営利法人制度の歴史的展開　257
　　3．非営利法人制度の改革　258
　　4．日本の非営利法人の多様性　262

　　【注】268

第20章　政治と国家　270

第1節　世界にある様々な国家………………………………………270
　　1．委任統治　271　　2．国家承認と破綻国家　272

  3．連邦制　273

 第2節　国家の要素……273

  1．国家の基本権と主権　274

  2．ウェーバーによる国家の定義
   ――領域と暴力，そして正統性　274

  3．ネーションと国民国家　275　　4．三権分立　276

 第3節　国家概念の誕生……277

  1．古代ギリシアのポリスと古代ローマのレス・プブリカ　277

  2．ルネサンスにおける国家概念の芽生え　278

 第4節　ホッブズのコモンウェルス論
   ――近代的な国家概念……280

  1．自然状態と社会契約，コモンウェルスの誕生　280

  2．授権，人格，代表　282

 第5節　おわりに……283

  【注】284　【参考文献】285

第21章　日本政治の歴史と政治制度　286

 第1節　はじめに……286

 第2節　選挙制度と執政制度……287

  1．選挙制度　287　　2．各選挙区制の特徴　288

  3．執政制度　289

  4．政治制度の組み合わせがもたらす政治過程　289

 第3節　日本政治における地方政治の実態……290

  1．選挙制度と執政制度　290

  2．日本の地方議会の影響力と潜在的優位性　291

  3．地方政治の構成実態　292

  4．知事・議会関係の実相　292

第4節　戦後日本政治の歴史と地方政治…………………………296
　1．55年体制の歴史的変遷　296
　2．戦後地方政治の変遷と特徴　297
　3．55年体制崩壊後の日本政治　300
　【注】301　【参考文献】303

　判例索引　306
　事項索引　307
　執筆者紹介　312

Part I
法学案内

第1章　法とは何か

第1節　「法学」の対象

1．「法学」の世界へようこそ

　読者諸君は「法学」を学修しようと思って，この本を手に取り，あるいは法学の講義に出席していることであろう。そういう皆さんに，「法学とは何？」と質問すれば，嘲笑混じりに「法を対象とする学問に決まっているでしょう」との回答が返ってくるであろう。

　この回答は「正しい」。正しいことは正しいのであるが，それでは，「『法学入門』と『法学概論』の違いは分かる？」と尋ねられて，答えられるであろうか。さらに，「そもそも『法』とは何？」「法と法律とは一緒なの？違うの？」と質問されて，読者諸君は正確に答えられるだろうか。おそらくどの分野の学問も，まずはその対象を確認するところから始めるものである。先ずは，「法学」という言葉から始めよう。

2．「法学」とは何か

　実は，一口に法学と言っても，大学で「法学」という講義を複数受講してみれば，担当する教員によって結構内容が違っていたりすることが分かる。通常多くの大学では専門科目として学習する個々の「憲法」や「民法」や「刑法」を学習する前に，先ず「法学」という科目を配していることが多い（正確には「多かった」というべきか……？）。ある法学者は，この「法学」は大別すると「法学入門」と「法学概論」の2つのタイプに大別できるとして，これを以下の通りに整理している。

　1つは，法の意義，法源，法の解釈など法の基礎理論を中心とするもので，これを「『法学入門』型」と名づけている。もう1つは，憲法，民法，刑法

など法の各分野についての概説を中心とするもので，こちらは「『法学概論』型」と名づけられている[1]。どちらから学修しても構わないが，すべての法に共通する基礎理論を学ぶことの重要性は理解して欲しいところである。「扇の要」に譬えられることもある学修内容だからである。

3．「六法」とは何か

さて，学修の最初歩として，「六法」という，おそらく読者諸君に聴き慣れた？言葉の意味を確認しておこう。先ほど，「法学概論」は法の各分野についての概説だと述べたが，各分野とは何であろうか。代表的なものは，「基本六法」だと言われることもある。この「六法」とは，読者諸君が参考書として手元に持っているであろう，その「六法」のことである。憲法，民法，刑法，商法，民事訴訟法，刑事訴訟法の6つの法律を指している。

ところが，読者諸君の手元にあるはずの「六法」を開いてみると，そこに収録されている法律はこの6つの法律だけでないことがすぐに分かるだろう。「地方自治法」「行政手続法」「労働基準法」「生活保護法」などの法律や「世界人権宣言」といったものも収録されているはずである。

多くの読者諸君は高校を卒業してすぐの方々が多いだろうが，高校で「日本史」を学んだ方は，箕作麟祥という明治時代の法律家の名前を聞いたことがあろう。日本は開国後欧米各国との不平等条約を撤廃しようとして，欧米の文化を取り入れようとした訳であるが，その時の重要な課題が欧米並みのの法律の制定であった。律令制に代えて欧米の法律を参考に日本の法律が作られたが，箕作麟祥はその仕事の多くに携わった。日本の法律の参考にしようとフランスのナポレオン法典の基本的な法律を訳して『仏蘭西法律書』という書物を著した。ここで収録されていたのが，憲法と翻訳されたフランスの5つの法律（今で言うところの憲法を除く上記の5つの法律）であった。「六法」という言葉がたくさんの法律を収録した「法令集」を指す言葉として用いられるようになった始まりは，同書の1873［明治6］年付のはしがきで用いられてからだといわれている[2]。「六法」とは「法令集」の「俗称」なのであって，実を言うと厳密な法律の概念という訳ではないのである。

4．法学を学ぶ意義

さて，読者諸君はこれから法学を学んでいくことになるが，従来の法学は法の「解釈学」が中心であった。昔は大学で法律学の講義といえば，大先生が毎年同じ古いノートを読み上げて，第1条から順に最後の条文まで，その解釈を解説していったそうである（幸か不幸か筆者が学生だった数十年前には，既にそのような講義はほとんどなかったが……）。

しかし，最近の法律学は，単に「法の解釈」にとどまらない。そもそも「正しい」「法の解釈」のためには，法そのものの分析，その法の背後のイデオロギー分析，その法による法現象の分析，これらについての歴史的分析が必要であり，これらの分析を行うことから，法学も単なる「教義学」ではなく，社会科学たりうると考えられるのである。そして，これらの分析を総合することによって始めて，法律学に要求される社会における諸矛盾の解決の糸口が得られると考えられよう。

法学を学ぶ諸君に銘記しておいてほしいのは，法学の学修で目指されるものの一つは，最高法規である日本国憲法に規定されている「人権」保障であるということである。「人権」という語に手垢がついていて，馴染めないという読者もいらっしゃるかもしれないが，そういった場合は自分の持っている「人権」のイメージと，本書における具体的な「人権」との違いを確認して欲しい。あるいは差し当たっての出発点としては，「人権」を「社会における諸問題の解決」と読み替えて頂いても結構である。

少なくとも，「法の抜け道」を知って，自分だけが得をしようという学問だと思っていると，法律学は退屈でしょうがない，ということになろう。読者の多くはせっかく若くて正義感にも燃えているであろうから，是非，「自分も社会における何かの問題の解決に少しは役に立ちたい」と思って読んで頂ければ幸いである。そうすれば，ひょっとすると法律学が「面白い」と感じるかも知れない!?

第2節　法の分類

1．基本六法

　せっかく前節で「六法」の意味を学習したので，ついでに本節では法の分類も学習しておこう。まず，基本六法を概観しよう。憲法は国家と個人の関係を定める法，国家の内部関係を定める法であって，すべての国内の法律の最高に位置する基本法である。近代以降の憲法は，そうやって，憲法によって国家権力に枠を嵌めて，個人の人権の保障を目指したのである。
　これに対して，民法は私人と私人との対等の者の間の法律関係を定めた法律である。お金の貸し借りのような財産関係ばかりでなく，結婚などの家族関係を定めているのも民法である。この私人対私人の一方又は双方が「商人」であるとき，例えば企業間の取引など企業に関しては，民法ではなく商法という法律が適用される。なお，会社の設立などの規定もかつては商法の中に規定があったが，現在は商法から独立して会社法という名の法律が設けられている。商法は民法の特別法ということになるが，その限界については議論のあるところでもある。刑法は憲法と同じく国家と個人の関係に関する法律ではあるが，そこで扱われるのは犯罪と刑罰である。
　ところで，例えばお金の貸し借りについては民法で定めているとしても，いざ法律通りに解決しようと思えば，相手の出方によっては最終的に裁判で決着しなければならないということにもなりうる。そこで，民事事件における民法や商法など(の権利義務関係)を実現するための手続を定める法律として民事訴訟法があり，刑事事件における刑法を実現するための手続を定めた法律として刑事訴訟法がある。
　これらの法律について，幾つかの分類の仕方があるので，以下，確認していこう。

2．実体法と手続法

　まず，実体法と手続法という分類がある。実体法とはある要件が満たされ

ればこういう法律効果，すなわち法律関係(たとえば婚姻)や権利義務関係(たとえば売買契約における代金の債権やその支払いの債務)が発生することを定めた法律である。上述の基本六法では，民法，商法，刑法などがこれに当たる。

これに対して，手続法とは，この実体法を実現するための手続を定めた法律である。先ほども述べたように，裁判の手続などを定めた民事訴訟法，刑事訴訟法がこれに当たる。

3．私法と公法

次に，私法と公法という分類がある。この分類の基準やこの分類を用いることの意義については見解の分かれるところであるが，簡単な説明として，まず比喩的にいえば，国家と個人のような「縦の関係」を定めた法が公法，私人と私人との関係のような「横の関係」を定めた法律が公法であると分類してよかろう。基本六法では，憲法，刑法のほか，手続法である民事訴訟法もこの公法に分類される。もちろん，刑事訴訟法も公法である。また，憲法の規定は国家についてのものが多いが，地方自治体などの公共団体の内部関係及び公共団体と私人との関係を規定した諸法律を総称して「行政法」という。つまり行政の組織と活動に関する法をひろく行政法という。この行政法も公法に分類される。

ただし，最近はこの分類の意義自体に対する疑問なども唱えられ，「公法」「民事法」「刑事法」と分類されることもある。現在の新しい司法試験もこの括りを用いている。この場合，「公法」には憲法，行政法が分類され，「民事法」には民法，商法，民事訴訟法が，「刑事法」には刑法，刑事訴訟法が分類される。

さらに，現代になっての新しい法領域として典型的な「現代法」と言われるものもある。

これは近代に発達した上述の基本六法に対して，近代の矛盾を修正するために生まれた新しい法領域のことである。領民・臣民がその支配者に支配従属した旧体制とは異なり，近代は人間を理性に基づく独立した人格と把え，個々の市民は互いに自由で平等な人格として扱われるべきこととなった。こ

の近代の「フィクション」は現代に至って貧富の拡大などにより現実における矛盾が明らかとなり，近代の「フィクション」をそのまま妥当させるとかえって不都合となる事態が生じた。例えば，雇用主と被雇用者が対等な人格だからと言っても，圧倒的に力の差のある場合に自由に雇用契約を結んでよいと言えば，そこで締結される雇用契約の内容は断然雇用主に有利な内容にしかならないであろう。この矛盾の修正のために「現代法」が登場する。いわゆる「社会法」や「経済法」がこの「現代法」に当たる。「社会法」は児童福祉法や生活保護法などを総称する「社会保障法」と労働基準法や労働組合法などを総称する「労働法」を指す。「経済法」はいわゆる独占禁止法などの総称である。

4．国内法と国際法

以上の分類は日本国内の法を前提にして説明してきたが，これらの国内法に対して国家と国家の関係を規律する国際（公）法という法領域もある。読者諸君の手元にある六法の最後の方に，「条約」あるいは「国際法」とのタイトルで編を立てられているものである。

戦後の国際社会において，国際連合が設立され，いわゆる「国連憲章」，「世界人権宣言」，「国際人権規約」が制定され，「人権の国際化」が目指されてきたが，特に最近の「人権の国際化」は目覚ましいものがあり，国際人権と国内法との矛盾がしばしば顕在化し，裁判でも争われるようになってきている。いまや国際法は「国際社会のルール」として，その重要性をさらに増している。

第3節 「法」とは何か

1．「法」とは何か

(1) Law とは何か

さて，次にそもそも「法」とは何かを検討していこう。先ず手始めに読者諸君が高校まで一生懸命に勉強した英語を取っ掛かりにしよう。「『法』を意

味する英単語は？」と問われれば，多くの人が「Law」と答えてくれるだろう。それでは，逆に，「Law」という言葉はどういう意味を持っているのであろうか。是非自分で英和辞典を引いてみて欲しい。そうすると，最初に「法」「法律」「法規範」という訳語が掲載されていようが，後ろの方を見ると「法則」「原則」という訳語が見つかるであろう。用例として「the law of universal gravitation 万有引力の法則」と挙げられている英和辞典を持っている読者もいらっしゃるかも知れない。

(2)　「自然的法則」と「規範的法則」

その通り。Lawとは法則なのである。法則と言うと用例に挙がっている万有引力の法則のように，自然科学の法則をイメージする方が多かろうが，これに対して「法」の方は，「規範的法則」なのである。法則には「自然的法則」と「規範的法則」があり，「法」は後者の「規範的法則」である。

例えば，大学において講義が行われる教室には，チョークが置いてあるだろう。このチョークを1本手に取ってもらいたい。ホワイトボードの教室であれば，ペンに代えてもよい。さて，このチョークを目の前に持ち，そっと手を離せば地球の重力に引っ張られてチョークは床に落下する。これは，同じチョークで同じ高さで手を離せばまったく同じように落ちていく。ニュートンはリンゴが木から落ちるのを見て，万有引力の法則を発見したと言われているが，ここで大事なのは，同じ条件であれば全く同じ現象が生まれるという点である。

(3)　規範とは何か

実は「規範的法則」もこれに非常によく似ている。意図的にチョークを床に落とすような教員は通常は稀で，多くの良心的な教員は，チョークを定められた場所に返すであろう。教卓の上にチョーク箱があればチョーク箱にしまうか，あるいは黒板のチョーク置きか粉受けに返すだろう。これは「チョークをつかったらきまった場所に返さなければならない」という「法」が存在するからであり，チョークを目の前から離すと落下するのと同様，誰がやっても同じようにチョークを返すはずである。これが規範的法則である。ただ，自然的法則と異なるのは，大体の教員は同じようにチョークを返すが不

心得者の教員もいて，チョークを床に落とすような教員が稀に存在する。だからこそ，「規範的法則」である法によって，そういうことの起こらないようにしようとするのである。

　因みに，この「規範」という言葉は，読者諸君には聞きなれない言葉かもしれない。「規範」とは，比喩的に言えば「物差し」「定規」のことである[3]。再びチョークを手にとって，このチョークの長さを正確に認識したいとき，見ただけで分かる人もいるかもしれないが，多くの人はチョークに物差しを当てて，このチョークは5cmであるとか6cmと認識することになろう。法も一緒であって，チョークを落とそうか否か逡巡しているところで，自分のチョークを落とすという行為に「チョークをつかったらきまった場所に返さなければならない」という物差しをあてはめて，「よし，やっぱり落とすのは止めよう」と決心するのである。「規範」とは行為の「物差し」のことである。「自然的法則」が事実として存在するな因果律（必然）であるのに対して，「規範的法則」は必然ではなく，「〜すべき」という「当為」なのである。

2．規範としての法

　法とは，このような「法則」として働く「物差し」であることが分かったが，それではこのような「物差し」が何故必要なのであろうか。それは，社会においては年齢も性別も職業も価値観も違う多くの人々がお互いに仲良く暮らしていくためである。個々の人間は1人で生きている訳ではなく，他者との関係の中で自己の人格を発展させていくのであるが，互いに勝手気ままに振る舞えば，人格の発展どころか，いつも喧嘩ばかりで心がすっかり荒んでしまうであろう。人間がお互いに社会で生きていくためにはこういう「物差し」通りに行動していればよいという，そういう善悪判断の物差しが必要である。ルールと言ってもよい。この人間がお互いに社会で生きていくためのルールのことを「社会(生活)規範」という。

　この人間がお互いに社会で生きていくためのルールである規範の代表例が「法」である。もちろん，読者諸君もすぐに気付くように，このようなルールは何も「法」に限らない。代表的な他のルールとして「道徳」が挙げられ

よう。「法」と「道徳」との違いについては、ここではとりあえず、法は外面的であるのに対して道徳は内面に働くものといった違いや、強制力の有無に両者の違いあるとする考え方にしたがい、その違いを確認しておくにとどめたい。まずは、法とは「規範」であること、規範とは善悪判断の物差しであることを理解して欲しい。

3. 法の機能と目的

　法は国家権力による強制を伴うとして、そうすると法の機能として行為の「物差し」としての「行為規範」としての機能と、強制のための最終的な裁判における「物差し」としての「裁判規範」としての機能があることが分かる。これらが法の規範的機能であるとすれば、その他に、法の社会的機能として、社会統制機能、活動促進機能、紛争解決機能、資源配分機能が挙げられることもある。社会統制機能とは、人々が一定の行動様式をとることを何らかのサンクションによって確保し、社会の規範的統合を維持する機能をいうとされるが、このような自由な活動の制限だけではなく、各人各様の目標を実現すために自主的に準拠すべき指針と枠組を提供し、私人相互の自主的活動を予測可能で安全確実にするという機能を果たしているともされ、後者の機能は活動促進機能とされる。そうすると紛争解決機能は、この2つの機能の実効性を確保するために不可欠の機能と位置づけられることになる。これに対して、資源配分機能は私人による直接の遵守や裁判所での一般的な適用を予定されていない各種の法関連機関の組織・権限・活動規準・手続を規定する規範であり、経済活動の規制、生活環境の整備、公的サービスの提供に用いられる手段としての法の機能であり、現代法の特徴として強調される機能でもある[4]。

　それでは、このような働きをする法の目的とは、そもそも何であろうか。この点についても種々の議論が存在するが、ここでは「正義」「合目的性」「法的安定性」を法の目的として確認しておきたい。「法」を意味するドイツ語のRechtは、「正義」をも意味する。英語のRight、フランス語のDroitも同様である。「正義」と「合目的性」は法の内容に結びつく理念であり、

「法的安定性」は法の機能に関する法理念とされる。「正義」とは広く正しいことを意味しようが、とはいえ何が正しいかはそれほど簡単に答えうるものでない。「合目的性」は功利的価値に結びつくものであり、法の適用の段階では、立法趣旨から認められる目的に沿うことである。「法的安定性」とは、通常は法そのものの安定性を指し、法の内容が一定していなければ、安心して行動できないということである。

4．「法」と「法律」

以上の検討から、さしあたり本章では、法とは「国家が強制すべきものとして制定するところの社会生活規範」[5]であるとしておきたい。なお、法が持つとされる強制力とは何かについてなどは議論のあるところである。法の活動促進機能に注目すれば強制力が背後に退くこともあろう。近時重要視されている、いわゆる裁判外紛争処理手続（ADR）や、前述の国際法を見ても強制力の中身については検討の余地がある。ただし、法の強制力を無視できない場合ももちろんありえる。

最後に、本章冒頭の「法」と「法律」の違いに言及しておきたい。まず、「法律」という言葉は多義的に用いられ、狭い意味では、上述の国会で制定された制定法を指すが、広い意味では、「法律」という言葉が「法」と同じ意味で用いられることも多い。この「法」という言葉の方は、時と所を超越して永遠に妥当するという自然法をも含む広い範囲を指して用いられる言葉でもある。なお、この「法」というものがどういう存在形式で存在しているのかについては、本書第2章の法源論を参照されたい

【注】
1) 五十嵐清『法学入門』（一粒社，1993年刷）i頁「はしがき」参照。同書はその後、同『法学入門〔第4版新装版〕』（日本評論社，2017年）として公刊されている。
2) 有斐閣から毎年9月下旬に公刊されている『ポケット六法』の付録『有斐閣六法の使い方・読み方』の「はじめに」を参照。同付録は六法の使い方が説明されている。また、六法以外の法律の学修に参考になる本の紹介のほか、「判決の読み方」にも言及する入門書として、道垣内弘人『プレップ法学を学ぶ前に〔第2版〕』（弘文堂，

2017年)を参照。
3) 高橋和之ほか編集代表『法律学小事典〔第5版〕』（有斐閣，2016年）200頁参照。特に初学者はぜひ手元に置いて適宜引きつつ学修されたい。
4) 田中成明『法学入門〔第3版〕』（有斐閣，2023年）42頁。なお，法の社会的機能について同36頁以下も参照。
5) 倉沢康一郎『プレップ法と法学』（弘文堂，1986年）56頁。

【参考文献】 （注または本書旧版で掲記したものを除く）
末川博編『法学入門〔第6版補訂版〕』（有斐閣，2014年）

〔陶山二郎〕

第 2 章　法源

第 1 節　法源の意義と種類

　法源とは，法の存在形式のことである。それは必ずしも条文の形で存在するわけではない。法源は通常，文字・文章で表現され所定の手続きに従って定立される成文法(成文法源)と，文字・文章の形にはなっていないが，社会における実践的慣行を基礎として成立する不文法(不文法源)とに区別される。成文法には，成文憲法，法律，命令，各種の自治法規などがあり，不文法には，慣習法，判例法，条理，学説などがある。
　法源の範囲や効力順序などは，大陸法系の成文法主義と英米法系の判例法主義とでは，伝統的にかなり異なった制度がとられている。わが国は，ドイツやフランスなどの大陸法系の制度を継受して，国家が制定した法を中心的な法源とする成文法主義を採用している。もっとも，成文法主義を採用している国であっても，国家制定法以外の法源が補充的な役割を果たしていることが多い。わが国でも，国家や自治体が制定する法のほかに，争いはあるものの，自治法規と呼ばれるものや，慣習法，判例法，条理が法源として認められている。以下，詳しく見ていこう。

第 2 節　制定法

　制定法は，わが国など成文法主義をとる大陸法諸国(本書第 5 章参照)においては，原則としてほかの諸々の法源に優先する第 1 順位の法源と位置付けられている。制定法は計画的に制定され，内容も体系的論理的に整序されており，明確で安定しているという長所がある。その反面，内容が抽象的でそれだけを読んでもよく分からないとか，改正に手間がかかるため社会の変化に

即応できないといった短所もある。

1．国家制定法

　国家が制定する法としては，憲法，国会の制定する法律（本書第1章参照），行政機関の定める命令（内閣の発する政令，各省の発する省令）が代表的なものである。もっとも，さまざまな国家機関が内部的に定める規則（国会の両議院が定める議院規則，最高裁判所規則など）も国家制定法のひとつとされている。

　このように，国家制定法は膨大な数にのぼるため，内容が重複したり相互に矛盾が生じる場合もないとは言えない。したがって，規範内容の矛盾・衝突が生じるのを避けるため，相互の効力関係についての原則が主に以下のように定められている。

① 上位規範は下位規範に優先し，上位規範と矛盾する下位規範は効力を持たない。つまり，憲法－法律－命令という上下関係が確立されており，法律は憲法に，命令は憲法および法律に反することはできない。
② 同等の効力をもつ制定法相互間では，「後法は前法を廃する」という原則により，時間的に後に成立したほうが優先する。
③ ある制定法と制定法が，一般法と特別法の関係にある場合には，「特別法は一般法に優先する」。一般法は特別法に規定がない場合についてのみ，補充的に適用される。たとえば，借地借家法という法律があるが，これは，民法という法律のなかの「賃貸借」という部分について，とくに詳しい規定を置いたものである。このような場合，民法と借地借家法は，一般法と特別法の関係にあるとされる。

2．条例・規則

　以上のような国家制定法のほか，公的機関が制定するものとしては，地方公共団体の自治立法権に基づく条例・規則がある。すなわち，地方公共団体の議会は，法律に反しない限りで条例を制定することができ（憲法94条），地方公共団体の長は，法令に反しない限りにおいて規則を制定することができ

る(地方自治法15条1項)。条例には、一定の範囲内で、懲役などの罰則をつけることができる(同法14条3項)。しかし規則では、行政罰として過料しか科すことができない(同法15条2項)。

3. 社会自治法規

このほか、公的な機関ではなく私的な団体が自治法規を策定した場合に、それに法源性を認めるかが問題とされている。たとえば、労働協約、就業規則、定款、普通契約約款などである。労働協約とは、労働条件などに関して労働組合と使用者または使用者団体との間で結ばれる契約のことであり、就業規則とは、使用者が事業場における労働条件や服務規律などを定めた規則のことである。定款とは、会社などの法人の組織・運営の基本的事項を定めたものであり(本書第12章参照)、普通契約約款とは、保険・運送などの営業について企業があらかじめ大量取引に画一的に適用するために作成する定型的な契約条項のことである。

このような私的な自治法規については、通常の契約のひとつと解すれば十分であるとの立場から、法源性を否定する見解も有力である。しかし、これらの自治法規は、一定の集団性を持つところが通常の契約とは異なる。すなわち、一定の関係にある人々をかなり広範囲にわたって一律に拘束する一般的規準を提供するものである。したがって、法源性を認めるのが適切と考えられる。

第3節　慣習法・判例法・条理

1. 慣習法

慣習法は、社会のなかで行われてきた慣行のうち、ある一定の条件のもと法的効力を持つに至ったもののことである。慣習法は、社会において一定の行動様式が繰り返し継続的に行われることによって定着し、かつ社会成員がそのような慣習を自分たちの行動の正当化理由や他人の行動に対する要求・非難の理由として用い、相互の行動・関係を調整しあうことによって法とし

て確信するようになった場合に法的効力をもつ。不文法の典型とされる。

わが国では，法の適用に関する通則法 3 条において「公の秩序又は善良の風俗に反しない慣習は，法令の規定により認められたもの又は法令に規定されていない事項に関するものに限り，法律と同一の効力を有する」と規定されており，これが慣習法の効力に関する原則的規定となっている。たとえば人身売買や村八分のように「公序良俗(＝ごく簡単に言えば，社会的妥当性のこと)」に反する慣習は別として，それ以外の慣習は，法令によって承認されている場合(境界線付近の建物に関する民法236条，入会権に関する民法263条および294条など)と，法令の規定が欠けている場合(温泉権など)には，法律と同順位の法源として認められている。

2．判例法

判例とは，先例として機能する裁判例あるいは判決例のことである。一度ある事件に対して一定の判決が下されると，その判決で示された一般的規準が先例となって，その後の同種の事件においても同じ内容の判決が下される場合がある。このような判決が繰り返されることになれば，その先例的機能が強化され，判例法となっていく。

わが国など成文法主義をとる大陸法系諸国では，原理的に言えば条文がすべてであり，裁判所の判断は裁判の当事者でなければ従う必要はないはずである。実際，裁判所法 4 条では，上級審の判決はその事件についてのみ下級審を拘束するに過ぎないとされており，判例の先例的拘束力が実定法上の明文で制度的に保障されているわけではない。それゆえ，裁判官は判例に必ず従わなければならない法的義務を一般的に負っているわけではなく，下級裁判所が上級裁判所の先例に反する判決を下すことも可能である。しかし，わが国でも実際の裁判実務では先例に従うことが通例とされているし，法律上も，最高裁判所による判例変更は大法廷で行わなければならないとされていたり(裁判所法10条 3 号)，最高裁の判例に反することを上告申立理由あるいは上告受理申立理由としている(刑事訴訟法405条，民事訴訟法318条)など，判例の変更はとくに慎重な手続きが要求されている。これらのことから，少な

第 2 章 法源 17

くとも間接的には，判例に法源としての拘束力が付与されていると考えるのが妥当であろう。

いずれにしても，裁判所は，よほどのことがない限り確立された判例に従って裁判をしており，個々の判決を正当化するために判例にも依拠することが裁判実務上の慣行として広く行われている。また，判例の積み重ねによって，制定法の具体的な意味内容が明らかにされることは少なくないし，内縁関係など，制定法にはなかった特殊な法概念が形成されることもある。現実に行われている法規範の具体的内容を知るためには，判例を無視することはできず，あらゆる法領域において判例なしに法を語ることは不可能であるとさえ言われる。

判例となり得る判決は，その権威性の高さから，基本的には最高裁判所やその前身である大審院の判決と考えるべきである。もっとも，とくに条文上の根拠もないのであるから，下級裁判所の判決も含め，それ以外の判決が判例となる可能性を全面的に排除する必要はない。ただし，判例の先例的拘束力は，一般的には，上級の裁判所の判例であればあるほど，また，繰り返し確認された判例であればあるほど強くなると言えよう。

3．条理

条理とは，社会生活において相当多数の人々が承認している道理・すじみちのことである。少々乱暴ではあるが，「一般常識」とおおむね同義と解しても，それほど支障はないであろう。裁判官は，制定法，慣習法，判例法の中に適切な裁判規準が見いだせない場合であっても判断を下さなければならない立場にある。したがってその場合には，条理に従って裁判すべきこととなる。条理の法源性は，1875［明治8］年の太政官布告103号裁判事務心得3条（「民事ノ裁判ニ成文ノ法律ナキモノハ習慣ニ依リ習慣ナキモノハ条理ヲ推考シテ裁判スヘシ」）によって認められている。

もっとも，実際上は条理だけに従って判断した裁判例はあまりなく，「権利濫用（民法1条3項）」，「公序良俗（民法90条）」「信義誠実（民法1条2項）」などの一般条項の具体的内容を確定するための手がかりとして用いられるこ

とが多い。また，たとえば民事調停の目的が「条理にかない実情に即した解決を図ること」と規定されている(民事調停法1条)ことなどからも伺えるように，条理は裁判外の法的紛争解決手続においても重要な役割を果たしている。

【参考文献】
田中成明『現代法理学』(有斐閣, 2011年)

〔鈴木俊晴〕

第3章　法の適用と解釈

第1節　法の適用

　社会で生じる様々な紛争に対して第一に行われるのは、紛争の当事者が話し合い、互いに譲歩しあって、解決の糸口を見出そうとすることであろう。これは「和解」や「示談」などと呼ばれる解決手段であるが、このような話し合いでも解決しない場合、あるいはそもそも話し合いすら成立しないような場合も当然ある。そのような場合のために、紛争解決の最終的手段として「裁判」があり、紛争当事者は裁判を通じて解決をはかることになる（本書第4章参照）。では裁判ではどのようにして紛争を解決しているのだろうか。裁判の流れに沿って見ていこう。

　裁判ではまず、紛争の当事者から事情を聞き、実際に起きた「事実」を認定することが行われる。しかし事情を聞くと言っても、それは容易な作業ではない。当事者双方の主張が食い違うことがあるからだ（むしろ裁判では食い違うことの方が多いだろう）。例えば、自動車の売買代金を巡る争いを想定してみると、Aさんの主張では「AはBに自動車を100万円で売った」となっているが、Bさんは「自動車はAから貰ったものだ」と主張するかもしれないだろう。そこで、両当事者はそれぞれ自分の主張を裏づける証拠を提示し、場合によっては証人に証言してもらい、自分の主張が真実であることを証明しなければならない。そして裁判官は、提示された証拠や証人の陳述などから「何が実際に起きたのか」を認定することになる。先の例で言えば、AさんがBさんに100万円で自動車を売ったときの売買契約書が証拠として提出され、これに対してBさんが「契約書は偽物である」という反証（事実を否定するための証明）をするか、「代金はすでに支払っている」ということを証明しない限り、「AがBに自動車を100万円で売ったが、Bはまだ代金100万

円をAに支払っていない」という事実が認定される。

次に行われる作業は，この認定された事実を法規範に当てはめることである。「特定の人に何か特定の行為をしなければならない義務」のことを法律用語で「債務」と言うが，事例のBさんはAさんに100万円を支払う債務を負っていることになる。Bさんの代金未払いによってAさんが何らかの損害を被っていたということも事実として認定されれば，Aさんは，Bさんに対して損害賠償を請求することができ，裁判所はAさんのこのような請求に応じて「BはAに賠償金○○円を支払え」という判決を下すことになる。これは認定された事実に，民法415条1項の「債務者がその債務の本旨に従った履行をしないとき又は債務の履行が不能であるときは，債権者は，これによって生じた損害の賠償を請求することができる。」という法規範をあてはめた結果である。つまり裁判は，「法」（この例では民法415条1項に規定された内容）を個別具体的に認定された「事実」に適用することで，紛争を解決しているのであり，このように「法」を現実に社会で起きた「事実」に当てはめることを**法の適用**という。これは，「AであればBである」（大前提），「ところでCはAである」（小前提），「ゆえにCはBである」という三段論法を法律の運用に採りいれたものであり，**法的三段論法**と呼ばれている。

しかし，裁判所で現実に行なわれている法の適用は，このように自動的に行われるものではない。例えば前述の民法415条では，損害賠償を請求する要件として「債務の本旨に従った履行をしない」ということが明記されているが，この「債務の本旨に従った履行」とは何かが問題となる。この文言を簡単な表現に置き換えると「約束した義務を果たすこと」という内容になるが，例えばこの「約束した内容」が「リンゴ10キログラムを引き渡すこと」であった場合，傷のついたリンゴを10キログラム引き渡すことは，「約束した義務」を果たしたと言えるのか。あるいは，リンゴ1トンを引き渡すことが「約束した義務」であった場合，1つでも傷があったら，義務は全く果たされなかったことになるのか。このように抽象的な条文の内容を個別具体的な事実に当てはめるには，条文に書かれている内容を読み解き，「なぜこの事実にこの法律が適用されるのか」あるいは「なぜ適用されないのか」を説

明する作業が必要になる。このような作業を**解釈**という。

第2節　法解釈の技術

　法の解釈は，通常，法律の条文の解釈を意味し，そこに書かれている意味内容を読み解くことが主な作業である。その際，条文を読み解くための技術が用いられる。それは**拡張解釈**，**縮小解釈**，**反対解釈**，**類推解釈**と呼ばれるものである。これらの解釈技術の中には，法律の内容・目的によっては用いられないものもあるので，各法律を解釈する際，注意しなければならない。

1．拡張解釈

　例えばあるマンションの規約に「犬を飼ってはならない」と言う規定があったとしよう。この規定が設けられた目的が犬に類似する生き物の飼育禁止にあったので，犬だけでなく狸も飼えないと解釈したい場合には，この規定の「犬」という言葉を「イヌ科の生き物」という意味にまで拡張して解釈する。そうすると，狸はイヌ科の哺乳類なので，「このマンションでは狸も飼えない」という解釈を導き出すことができる。このように，法規範で使われている言葉や文章について，当初想定されていた意味よりも広い意味で解釈することを拡張解釈と言う。

2．縮小解釈

　上記の解釈とは逆に，「犬を飼ってはならない」という規定は大型犬の室内飼育を禁じたものであったので，小型犬であれば問題ないという解釈をしたい場合には，「犬」という言葉を狭く解釈する必要が出てくる。つまり「犬を飼ってはならない」という規定を「大型犬を飼ってはならない」というように意味を狭めて解釈し，小型犬の飼育を可能にする方法である。このような解釈を縮小解釈と言う。

3．反対解釈

引き続きマンション規約の例で話を進めると、「犬を飼ってはならない」という規定は、「犬以外の動物は飼っても良い」という意味にも読める。つまり「犬」ではない猫は飼っても良いということになる。このように規定の趣旨が規定外の事項には及ばないとする解釈を反対解釈という。「女性専用車両」は女性だけが利用できる車両であるが、「男性は利用できない」と書いていなくても、「女性専用」という文言を反対解釈することで男性利用不可の結論は導き出すことができる。

4．類推解釈

ではマンションの規約「犬を飼ってはならない」という規定によって、犬ではない猫の飼育も禁止したい場合には、どうすればよいか。そこで登場するのが類推解釈である。これは、法規範の言葉や文章の内容を一般化することで、その法規範が本来適用されるべき事案と重要な点において類似する事案にも、その法規範を適用しようとする解釈である。犬と猫は人間によってペットとして飼育される動物という重要な共通点を有している。そこで「犬を飼ってはならない」とする規定を「ペットを飼ってはならない」という、より一般化された内容で理解することで、猫の飼育も禁止するように解釈することができる。

　この類推解釈は、法が制定された当時には想定されなかった事態に対処する役割を果たしている。拡張解釈と似ているが、類推解釈は規定された言葉や文章に制約されない点で、より柔軟に解釈することができる。但しその反面、法の内容を恣意的に解し、濫用される危険もあるため、被告人の人権を守るために刑法では類推解釈を禁じている（本書第9章参照）。

5．結論の多様性

以上のように、「犬を飼ってはならない」という1つのルールは、解釈技術を使うことによって様々な意味に解釈できる。結局、解釈する人間がどのような結論を欲しているのかという主観によって、法の解釈は変わってしま

うことになる。そのような観点から，法の解釈は客観性に乏しく，法解釈学は科学とは呼べないのではないかという議論もかつて盛んに行なわれた。ここでは法解釈学の科学性という議論には立ち入らないが，法律学を学ぶ上で，「多様な解釈が存在する」ということは十分に認識しておく必要がある。

　こうした結論の多様性との関係において，法解釈の技術は，決定した結論と条文を結び付ける役割を果たす。法の解釈においては，まず，どの結論を採るのかを決定することから始まり，その結論を条文の文言と結びつけるために，法解釈の技術が用いられる。では，多様な結論の中からどれを選べばよいのか。その選択の手法が次に述べる法の解釈方法である。

第3節　法の解釈方法

　法を解釈する方法としては，**文理解釈**，**体系解釈**，**目的解釈**の3つが代表的な方法として存在している。

1．文理解釈

　文理解釈とは，法規範で使われている言葉と文章に忠実な解釈を行うことをいう。例えば，「未成年者が法律行為をするには，その法定代理人の同意を得なければならない。」（民法5条1項）という条文がある。これは，未成年者が契約をする場合，親などの法定代理人から同意をもらわなければならない，という内容の規定であるが，「未成年者」は成年に達していない者を意味するので，成年になれば親の同意を必要としない，という解釈が導かれる。日本語の言葉と文章を文法どおりに解釈するという点で，文理解釈は国語の解釈と本質的に共通するものがあり，「文法的解釈」とも呼ばれている。

　しかし，法律で使用されている言葉には，「法律用語」として特有の意味が与えられていることがあり，同じ言葉でも日常用語と異なる場合がある。例えば「又は」と「若しくは」はいずれも日常用語では選択的接続詞として特に区別されずに用いられているが，法律の条文の中で使用される際には，「（A若しくはB）又はC」というように，大きな選択肢の区分けをするときに

「又は」を使い，小さな選択肢の区分けをするときには「若しくは」を使うことになっている。例を挙げると「人を殺した者は，死刑又は無期若しくは5年以上の懲役に処する。」(刑法199条)という条文は，殺人に対する刑罰を死刑と懲役刑に大きく分け，その懲役刑をさらに無期と有期(5年以上)に分けている。つまり，死刑であるか懲役刑であるかという選択がまずあり，懲役刑であるならさらに無期と有期の選択がある，という意味になる。したがって，文理解釈をするには国語の解釈力だけでは足りず，さらにある程度の法律に関する予備知識が必要になる。

2．体系解釈

　ある条文を解釈する際には，他の法文も考慮し，体系上調和のとれた解釈がなされなければならない。このような解釈を体系解釈という。前述の民法415条を例にすると，この条文に出てきた「債務の本旨に従った履行をしないとき」という要件は，そのまま文言どおりに解釈すると「約束した義務を果たしていないとき」となるが，別の条文に「双務契約の当事者の一方は，相手方がその債務の履行……を提供するまでは，自己の債務の履行を拒むことができる。」(民法533条)と規定されていることにも注意しなければならない。というのは，この533条の意味を簡単な言葉で表わすと「相手が自身の義務を果たさない限り，自分も義務を果たさなくて良い」ということになるので，約束した義務を果たさなくても良い場合が415条以外のところに規定してあるからだ。それゆえ415条を解釈するのに，この条文だけしか念頭に置かず，533条の意味内容を考慮に入れなかったら，矛盾した解釈に陥ってしまいかねない(詳しくは「債権法」の講義で習う)。このようなことにならないように，他の条文との関連にも目を向け，体系的に捉えることが条文の解釈には必要である。

　また，法律の条文には似たような内容の概念がいくつも登場することがあり，それぞれの条文を解釈するには，そこに出てくる概念を他の類似する概念との関係で理解する必要が出てくる。例えば，民法370条には「抵当権は……その目的である不動産……に付加して一体となっている物に及ぶ」と規

定されている。そして民法87条1項には「物の所有者が，その物の常用に供するため，自己の所有に属する他の物をこれに附属させたときは，その附属させた物を従物とする」という規定があり，民法242条「不動産の所有者は，その不動産に従として付合した物の所有権を取得する」という規定がある。恐らくどれも一読しただけでは意味が分からないと思うので，ここでは簡略化して，370条に出てきた「物」を「付加物」，87条に出てきた物を「従物」，242条に出てきた物を「付合物」と呼ぶこととし，それぞれの説明をする。「従物」の具体例としては，建物に備え付けられた畳がそれに該当する。「付合物」については，建物の柱に使用された高価な一本杉の丸太などがそうである。両者の違いはそれぞれ物として独立性を有しているかにあり，畳であれば容易に取り外せるが，建物の柱にされた丸太の場合には建物を取り壊さなければ取り外すことが困難な状態にあるので，上記のように区別できる。
では「抵当権」という権利の効力が及ぶ「付加物」とは何か。370条の意味内容を解釈するには，まずこの「付加物」を説明しなければならない。具体例を出して説明すると，抵当権とは借金を返せなくなったときの保証として利用される権利であり，例えば，借金の保証として建物に抵当権を設定した場合，借金の返済ができなくなれば，その建物を売却してその代金でお金を返すことになる。370条の「付加物」という概念に「従物」や「付合物」は含まれるのか，という問題はここで生じる。つまり，建物と一緒に売却される物に柱の高級丸太や畳がふくまれるのか，という問題である。付合物の柱は建物の一部と化しているので，付加物に含まれるとしても，従物の畳の場合，抵当権が設定された後に新しいものと交換されることもあり，議論の余地が生じる（詳しくは「物権法」の講義で習う）。それゆえ370条の解釈には87条及び242条の規定との関連を明確にする必要があり，もし，370条だけを見てその条文の意味内容を解釈したならば，他の条文との整合性を欠き，説得力のないものとなるだろう。

3．目的解釈

　文理解釈や体系解釈によって妥当な結論に至らない場合には，解釈の対象

となっている法規範の目的に目を向け，この目的に従った解釈をすることになる。このような解釈を目的解釈と言う（目的論的解釈とも言う）。例えば書店で「立ち読み禁止」という張り紙がしてあったとしよう。これも1つのルールであり，その書店でのいわば「法」である。ではこの書店で商品の単行本を座って読んでいた場合，このルールに違反することになるだろうか。立って読んではいないが，このルールを作った目的は「商品である本を買わずに読みふけることを禁止する」ということにあるから，立って読もうと座って読もうと，「買わずに読みふけっている」ことには変わりがないので，目的解釈をするとルールに違反した行為となる。

4．解釈と結論——発見のプロセスと正当化のプロセス

　法の解釈においては，決まった答えが用意されているわけではない。また裁判所の見解が絶対的に正しい解釈であるというわけでもなく，有名な学者が主張している説が正しいわけでもない。重要なのは説得力のある説明ができているかどうかである。「拡張解釈」，「縮小解釈」，「反対解釈」，「類推解釈」はそうした説得力に最低限必要な論理性を与える技術であり，いわば結論を正当化するためのプロセスである。それに対して，本節で述べた「法の解釈方法」は結論を発見するためのプロセスと言え，様々な結論が考えられる中で，どの結論を選択すべきなのかを決定する作業である。ニュートンとリンゴの木の話を例にすれば，リンゴの木からリンゴが落下するのを見て，ニュートンが「引力」の存在に気付いたのは，発見のプロセスであり，「引力」の存在を，物理学的に数式などを用いて証明する作業が正当化のプロセスである。そしてこれは結論の妥当性を確保するための作業でもある。法の解釈では，理屈や論理の上では非の打ちどころがなくても，著しく公平や公正に欠ける結論では受け入れられないし，結論が妥当であっても，条文とのつながりを論理的に説明できないものはルールとして不安定である。それゆえ2つのプロセスは，車の両輪であり，どちらも欠かせない作業である。

　なお，結論発見のプロセスには，以上に述べた「法の解釈方法」だけでなく，**利益衡量**という手段が，特に民法では採られている。利益衡量とは，問

題となっている事例において，当事者のいかなる利益が対立しているのかを明らかにした上で，当該状況においてはどの利益を優先させ，どの利益を劣後させるべきか，という判断をする思考形式である。これにより，優先される利益を有している側が勝訴するという結論が導き出されることになる。

【参考文献】
　星野英一『法学入門』（有斐閣，2010年）
　伊藤滋夫『民事法学入門』（有斐閣，2012年）
　五十嵐清『法学入門〔第4版新装版〕』（日本評論社，2017年）
　より専門的な文献として（ある程度法律を学んだ後に読むことをお勧めする）
　平井宜雄『法律学基礎論覚書』（有斐閣，1989年）『続・法律学基礎論覚書』（有斐閣，1991年）
　瀬川信久「民法の解釈」『民法講座 別巻1』（有斐閣，1990年）
　広中俊雄『民法解釈方法に関する十二講』（有斐閣，1997年）

〔石井智弥〕

第4章　紛争解決と法

第1節　裁判制度

　私達は様々な社会生活のルールに従って暮らしている。このルールが守られなければ争いが生じ，その際ルールに従った解決が図られる。これは国のルールである法律であっても同様であり，法律が遵守されず争いが生じた場合には司法権を有する「裁判所」が法律に基づき紛争解決を図る。裁判所が行う裁判には民事裁判と刑事裁判がある。両者の目的や内容は大きく異なるため，本章では第1節において裁判制度の概要，第2節で民事裁判，第3節で刑事裁判の内容を説明する。

1．審級制度

　日本は公正な裁判の実現を図るため第1審，第2審，第3審の3つの審級を設けて，当事者が望めば原則3回まで審理を受けられる制度を採用している（三審制度）。例えば，地方裁判所の判決に不服がある当事者は第2審である高等裁判所に不服申立て（控訴）をすることができ，高等裁判所の判決に不服がある当事者は更に第3審である最高裁判所に不服申立て（上告）をすることができる。なお第1審には簡易裁判所，家庭裁判所，地方裁判所，第2審には地方裁判所（第1審が簡易裁判所の場合），高等裁判所，第3審には高等裁判所（第1審が簡易裁判所の場合），最高裁判所がある（**図1**参照）。個々の裁判所は，それぞれ独立して裁判権を行使し，たとえ下級裁判所であっても上級裁判所の指揮監督を受けることはないが，下級裁判所の裁判に不服のある当事者から上訴があったときは，上級裁判所は下級裁判所の裁判の当否を審査する権限を有し，当該事件に関する限り上級裁判所の判断が下級裁判所の判断より優先し下級裁判所を拘束する。このような制度を審級制度という。

2．裁判所の種類

　裁判所には，最高裁判所，高等裁判所，地方裁判所，家庭裁判所，簡易裁判所がある。最高裁判所は憲法によって設置された唯一かつ最高の裁判所で長官および14人の最高裁判所判事によって構成される。最高裁判所における裁判は全員で構成する大法廷（定足数9）と5人ずつで構成する3つの小法廷（定足数3）で行われる。高等裁判所は日本の8か所の大都市（東京，大阪，名古屋，広島，福岡，仙台，札幌，高松）に置かれているほか6か所の都市に支部が設けられている。また特別の支部として東京高等裁判所に知的財産高等裁判所（特許権など一定の知的財産に関する事件を取り扱う）が設けられている。高等裁判所における裁判は原則として3人の裁判官から成る合議体により審理される。地方裁判所は全国に50か所あるほか支部が203ある。地方裁判所の事件は単独裁判官または原則として3人の裁判官から成る合議体で取り扱われる。家庭裁判所は全国に50か所あるほか支部が203，出張所が77ある。家庭裁判所は法律的判断を下すことを目的とするだけでなく，家庭や親族の間で起きた問題が円満に解決されることを目的にし，それぞれの事案に応じた適切で妥当な措置を講じ将来を展望した解決を図るという理念に基づき創設されている。簡易裁判所は全国に438か所ある。簡易裁判所は民事事件については訴訟の目的となる物の価額が140万円を超えない請求事件について，刑事事件については罰金以下の刑に当たる罪および窃盗，横領などの比較的軽い罪の訴訟事件等について第1審の裁判権を持っている。その他，簡易裁判所には身近な民事紛争を話し合いで解決するための調停という制度がある。民事調停では当事者双方の言い分を十分聴いて双方の合意を目指す。

第2節　民事裁判

1．民事紛争解決のための制度

　民事紛争を解決するための制度として，調停・仲裁・訴訟がある。調停とは，当事者の話合いによりお互いが合意することで紛争の解決を図る手続をいい，民事事件について行われる民事調停，家事事件について行われる家事

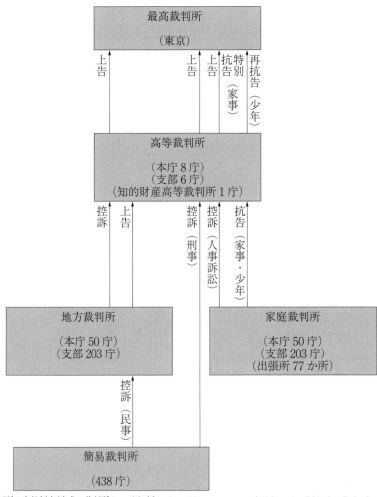

裁判所の審級制度(出典:裁判所ウェブサイト⇒ http://www.courts.go.jp/about/sosiki/gaiyo/index.html)

図1　裁判所の審級制度

調停,労働審判手続(労働者と事業主との間の労働関係のトラブル)について行われる調停がある。調停は法に拘束されるものではなく条理に反しない限り法と異なる内容の調停案であっても認められる。次に仲裁とは,現在生じて

いる紛争または今後生じる可能性のある紛争の解決について，第三者である仲裁人の判断に当事者が従う旨の合意をすることをいう。仲裁は裁判所において行われる手続ではないが，仲裁人により当事者の合意のほか法律および衡平と善などを事実に適用して判断される。最後に訴訟とは，国家機関である裁判所が主宰する強制力を伴う紛争解決手続であり，民事訴訟，刑事訴訟，行政訴訟等の区分がある。そのうち民事訴訟は私人間の権利関係に関する紛争の解決を目的とするものである（「2．民事訴訟手続」参照）。訴訟における判断は法律に基づき行われる。その他，第三者が当事者間に介入し紛争解決を図る手段として ADR（Alternative Dispute Resolution，裁判外紛争処理）がある。これには第三者を介在させつつ当事者における解決案の合意形成を目指す調整型 ADR と当事者が合意した第三者が判断して決着をつける裁断型 ADR がある。ADR は手続が簡易・迅速で費用も安く，個別の紛争の実態にそった柔軟な解決を図ることができることから近年その果たす役割が重要視されている。

2．民事訴訟手続

　民事訴訟手続とは，個人間の法的な紛争（主として財産権に関する紛争）について裁判官が判決することにより紛争の解決を図る手続をいい，適正かつ迅速な紛争解決のため裁判所が公平な判断を示すことを目的とする。民事訴訟手続の理念は，当事者意思の尊重，手続の公益性・適正・迅速にある。民事訴訟手続に関する法律は多数あるが，本節では民事訴訟法を中心に説明する。なお，民事訴訟では判決のほか和解によっても裁判を終了させることができる。以下，民事訴訟手続の流れや原則などについて説明する。

　(1)　手続の流れ

　民事訴訟手続は原告（訴えを提起した人）により請求内容等が記載された訴状が裁判所に提出されることにより開始する。裁判所は訴状に必要な事項が記載されているかどうかを審査した後，第1回口頭弁論期日を指定し，被告（訴えられた人）に対し期日の呼出状とともに訴状の副本を送達する。その後，被告が答弁書（訴状に対する自分の言い分を書いて裁判所に提出する最初の書面）

を提出すると裁判所は当事者双方の言い分を整理し，提出された証拠等に照らし合わせながら争いのある事項を明らかにする（争点整理）。その後，裁判所は整理された争点に的を絞った証拠調べを行い，訴訟が裁判をするのに熟したと判断すると口頭弁論を終結し判決を言い渡す。この一連の手続きは，以下(2)から(5)の原理や基準に従い行われる。

(2) 訴訟要件

訴訟要件とは，判決をするための要件（前提条件）をいい，訴訟要件を満たさない訴えは裁判所により却下され裁判所による判断は行われない。訴訟要件には，①裁判所に関するもの，②当事者に関するもの，③訴訟物に関するものがあり，①として裁判所が管轄権をもつこと，②として当事者が実在すること，当事者能力をもつこと，訴訟能力をもつこと，当事者適格をもつことなど，③として訴えの利益があること（裁判制度を利用することが当事者間の紛争の解決にとって必要かつ適切であること），別の判決が既に存在していないことなどがある。

(3) 処分権主義

処分権主義とは，訴訟手続の開始やその範囲の特定，さらには訴訟の終結などについて，訴訟当事者の自律的な判断による決定権限とその自己責任を認め裁判所はその決定に拘束される原則をいう。処分権主義の下では，裁判所は当事者が申し立てていない事項について判決をすることはできず（民事訴訟法246条），当事者により申立てられていない事項や申立てを超えて裁判をすることは認められず，それに対し当事者は訴え提起後でも法が定める要件に該当する場合（民事訴訟法261条）自由に訴えを取り下げることも，和解により訴訟を終了させることもできる。処分権主義は民事訴訟手続の理念である当事者意思の尊重をその基礎に置く。

(4) 弁論主義

弁論主義とは，裁判の基礎となる訴訟資料の提出を当事者の権能かつ責任とする原則をいう。弁論主義の根拠は，民事訴訟の対象となっている権利関係は通常，私人間で自由に処分できるものであるから，訴訟でその存否が問題となった場合においても，どのような条件下で，またどのような資料に基

づいて存否を決定するかは当事者の自由に委ねられてよいこと(当事者意思の尊重)にある。

(5) 自由心証主義

自由心証主義とは,裁判所は当事者により提出された証拠から得られる証拠資料の信用性を吟味しながら,心証を形成して事実認定(ある事実があったのか,なかったのかを判断すること)を行うこと,法は裁判官が心証形成を行う際に利用する証拠や経験則(経験から帰納された事物の判断をする場合の前提となる知識や法則)を制限せず,裁判官の自由な選択に委ねているという法原理をいう。裁判所は判決をするにあたり口頭弁論の全趣旨及び証拠調べの結果をしん酌して,自由な心証により事実についての主張を真実と認めるべきか否かを判断する(民事訴訟法247条)。つまり,裁判官は処分権主義や弁論主義という制限を受けつつ提出された証拠等を基に自由に判断を行うことができる。

(6) 判決の既判力

既判力とは,裁判が形式的に確定すると,その内容である一定時における権利または法律関係の存否についての裁判所の判断が以後,その当事者間において同じ事項を判断する基準として強制通用力をもつという効果をいう。判決を受けた当事者は,その判決で示された判断を前提として行動しなければならず,他方,裁判所もこれに反する判断をすることができないという拘束を受けることにより,裁判所により示された判断が紛争の終局的な解決基準として通用することになる。判決の既判力により法的安定性と紛争解決の基準性が与えられるため,訴訟制度の信頼性を維持するために不可欠の制度的効力である。

3．民事裁判手続のデジタル化

民事訴訟手続においてもデジタル社会の実現に向け IT 化が進められている。これまで民事訴訟手続は,①訴えの提起は書面提出による,②口頭弁論(法廷)のウェブ参加は認められない,③記録(書面)の閲覧は裁判所でしなければならないとされていた。しかし,裁判手続の一層の迅速化及び効率化等

を図り民事裁判を国民がより利用しやすいものとする観点から、2022〔令和4〕年5月18日に民事訴訟法等の一部を改正する法律（令和4年法律第48号）が成立、25日に公布され、民事訴訟制度の全体的なIT化が図られた（令和4年改正）。さらに民事訴訟以外の民事裁判手続についての全面的デジタル化を図るため、令和5年6月6日に民事執行手続、倒産手続、家事事件手続等の民事関係手続のデジタル化を図るための規定の整備等を行う改正法（民事関係手続等における情報通信技術の活用等の推進を図るための関係法律の整備に関する法律〔令和5年法律第53号〕）が成立、14日に公布された（令和5年改正）。これらの改正概要は以下のとおりである。

民事裁判手続のデジタル化（改正概要）

令和4年改正（民事訴訟制度）	
✓ オンライン提出等 　・訴状のオンライン提出 　・裁判所による送達のオンライン化 ✓ ウェブ参加等 　・口頭弁論・音声のみ参加の要件緩和 ✓ 記録の閲覧等 　・訴訟記録の原則、電子化 　・インターネットでの裁判記録の閲覧	公布後4年以内の全面施行
令和5年改正（民事裁判手続）	
✓ インターネットを利用した申立て等 ✓ 判決の電子化対応 ✓ 事件記録の電子化	公布後5年以内の全面施行

第3節　刑事裁判

1. 日本の刑事裁判の特色

　刑事裁判を西欧の歴史においてみれば、中世末期から近世にかけて発達した糺問主義の手続が近代に至って弾劾主義にかわっていく歴史といえようか。裁判官（糺問官）が主体となって手続を開始し、客体としての被告人との間で

の手続を職権で進める方式を糾問主義であるとすれば，弾劾主義はたとえば被害者などの裁判所以外の者の訴によって手続を開始し，被告人，訴追者，裁判所の互いに独立した三者による三面構造で手続が進められる方式といえよう[1]。

これに対して，現代の日本の刑事裁判の特色として，対立する2つの見方が存在した。綿密な捜査と慎重な起訴，詳細な事実認定による「精密司法」として現状を肯定的に捉える評価と，長期間にわたって警察留置場(いわゆる「代用監獄」)で身柄を拘束する「人質司法」の下，捜査の中心は自白追及であり公判では無批判にその調書(書面)にされた(場合によっては虚偽の)自白を採用して有罪判決を下すとして「調書裁判主義」「自白偏重主義」と批判する見解である。前者の立場に対する後者の立場からの批判においては，強大な捜査機関による糾問的な捜査手続中心の刑事手続である点に着目して，「糾問的検察官司法」と批判する見解も見られた。

このような評価の対立は，日本の刑事裁判では，ほぼ99％が有罪となるという現実に対する評価の対立でもある。上級審と下級審を繰り返して冤罪が明らかとなった戦後の松川事件，八海事件，後述する再審手続において冤罪が明らかになった四大死刑再審事件(免田事件，財田川事件，松山事件，島田事件)や2024年に死刑事件で再審無罪判決が言い渡された袴田事件の存在は，刑事裁判が有罪判決を下す「セレモニー」として形骸化しているのではないかとの疑問を抱かせる。少なくとも，被疑者・被告人は有罪判決が確定するまでは無罪として扱われ(無罪推定)，黙秘権や弁護権といった防御権が保障され，無罪方向での十分な反証活動を憲法・刑事訴訟法上は保障される。これらの保障を欠いたまま，有罪判決を言い渡すことは，日本国憲法が保障する適正手続に反するといわなければならない。

2．捜査手続

刑事裁判は大きくは捜査手続(公判前手続)と公判手続の前後2つに分けられる。日本の刑事裁判は被疑者を周囲から切り離して身柄を捜査機関の手の内に留め，強く自白を追及してその獲得された自白を重視して有罪判決が言

い渡されているという「人質司法」「自白偏重主義」の構造的問題が存するとの立場からは，冤罪の防止と救済のために捜査過程の改革が課題となる。

　捜査機関には，第1次的捜査機関としての警察官と第2次的捜査機関としての検察官がある。捜査とは，犯罪の嫌疑が認められる場合に被疑者を特定し，その被疑者と嫌疑が認められる犯罪とを結びつける証拠を収集・保全する行為である。捜査における強制の処分はあくまで例外であり，原則は任意捜査である。

　犯罪が発生し，被疑者が特定され，逃亡の虞等がある場合には逮捕という短時間の身柄拘束が可能となり，これに引き続いて更なる身柄拘束の理由と必要性が認められる場合に勾留という身柄の拘束が可能となる。最大23日間の身柄拘束である。この間に，警察は捜査を遂げ，検察官は起訴するか否かを決する。この23日という長期間に自白強要が行われることがあり，捜査の中心が自白獲得となっているとの認識から，虚偽自白を防ぐなどのために，この起訴前の被疑者段階における弁護人の援助の重要性が自覚され，1990年代になり弁護士のボランティアによる当番弁護士制度が創設され，全国で実施されている。無料で弁護士と初回の接見ができる制度である。

　また，後述する刑事司法改革に伴い，重大事件について被疑者国選弁護制度が段階的に実施され，さらに現在では勾留された全事件については貧困等の事由により被疑者国選弁護制度の対象となるに至っているが，逮捕されてから勾留状が発せられた後までの間隙があるほか，そもそも，被疑者取り調べにおける弁護人立会いは一連の改革の中でもいまだ具体化していない。

3．公判前整理手続

　検察官が被告人を裁判所に起訴(公訴提起)すると，事件は裁判所で審理されることとなるが，第1回公判が開始される前に，公判前整理手続という制度が，裁判迅速化法の制定もあり，新たに導入された。公判の審理を継続的，計画的かつ迅速に行うためのものであり，後述の裁判員裁判では，この手続を必ず開かなければならない。公判で予定される主張と証拠を事前に検察官が明らかにする(部分的な証拠開示)ことを義務として，公判での争点を絞り，

効率的な公判の運用を目指すものであるが，最高裁はこれを合憲としたものの，憲法上，黙秘権が保障される被告人側にもあらかじめ主張を明示して証拠調べを請求する義務を課すことに対して批判もある。

4．公判手続と裁判員制度

　公判では，検察官が「合理的疑いを容れない」程度まで犯罪事実を立証し，被告人・弁護人側は無罪方向での防御が保障される。従来は職業裁判官のみによる裁判体によって公判が行われていたが，2009［平成21］年から選挙人名簿から無作為抽出された国民と職業裁判官の合議体による「裁判員制度」が重大事件に限り実施されている。

　刑事裁判での主要な活動は，事実認定，法律の解釈・適用，量刑であるが，裁判員制度は事実認定と量刑の双方を行う点では，国民の司法参加の制度として英米で行われている陪審制度と異なり，むしろ参審制度と類似している。

　この裁判員制度は，司法制度改革審議会での最終意見書で実施が盛り込まれた。同審議会が開かれたの背景として，従前の日本弁護士連合会などにみられる冤罪防止と国民に身近な司法制度を目指した司法改革と，90年代半ばに規制緩和の一環として財界や政府与党が提起した司法予算の拡大等の提案とが，同床異夢のまま審議会の設置となったという面が大きいと思われるが，その後の一連の(刑事)司法改革の動きが続くこととなった。

　同意見書では「国民の健全な社会常識」を刑事裁判に反映させると謳われたが，同意見書は国家が国民に「統治主体意識」を育てさせるとの発想から出発しているもので，その後の検討会議の議論からも刑事裁判の目的たるべき「冤罪防止」の観点から構想されたものとは言い難いとの有力な批判もある。「国民総動員」「現代の赤紙」と批判されるのはそのためである。特に死刑事件は国民にとっての大きな負担となることが予想される。

　裁判員制度導入から10年後の2019年に最高裁は同制度を総括して，前述の精密司法・調書裁判から核心司法・公判中心主義を実現するための取組が進められ，「概ね順調に運営されてきた」と評している。しかし，裁判員候補者の欠席率や辞退率は高く，事実認定についても「国民の健全な社会常識」

よりも上級審による裁判官の経験則が用いられているとの指摘もある。裁判員の守秘義務によって検証を困難にしているとの批判もある。

　裁判員制度の導入による，自白偏重主義への影響の内容とその意味については今後も十分な分析が必要であるし，司法の真の民主化を目指すのであれば，国民の処罰感情を安易に量刑に総動員させないよう，今後も注視していく必要がある。

5．上訴

　第1審の地裁・簡裁の実体裁判に対しては，高等裁判所への控訴という不服申立が可能であり，控訴審の判断に対しては最高裁判所への上告という不服申立が可能である。不服申立の手段が尽きれば判決は確定する。日本の刑事裁判の上訴は「事後(審査)審」と呼ばれ，原判決の瑕疵を事後的に審査するものであるが，無罪判決に対する検察官上訴はこのような上訴の性質にそぐわないのではないかとの批判もある。

6．再審

　再審制度は民事裁判でも存在するが，刑事裁判においては「無辜の不処罰」のための制度として特に重要である。確定した有罪判決(のみ)に対して新証拠を基に裁判のやり直しを行う制度である。近時では特に一旦下級審で下された裁判のやり直しを命じる決定(再審開始決定)を上級審が取り消す事案が目立ってきており，冤罪救済のために制度を見直すべきとの指摘が活発になってきている。これに対して法務省は法改正に消極的との報道もあり，今後の動向が特に注目される。

7．その他

　通常の刑事裁判のほか，簡便な手続として略式手続等があるが，適正手続保障の観点からの検討を必要としよう。また，少年非行については少年審判制度があるが，そこで審判の対象となるのは非行事実の存在に基づく少年の「要保護性」である点で，刑事裁判とは異なる。

戦後すぐに制定された現行少年法は，2000[平成12]年からの短期間のうちに5回の改正が行われ，5回目にあたる2021年の改正では，18歳，19歳の者を「特定少年」として少年法の適用対象としつつ，いくつかの特例を定めた。起訴後の推知報道禁止解除もそのひとつである。改正のたびに厳罰化のための改正でないかという懸念も示されてきた。少年法は非行に対して，処罰ではなく少年の「健全育成」を目指しているからである。改正論議はそのような少年法の理念の後退でないかに留意すべきであろう。

【注】
1) 刑事法の使いやすいコンパクトな用語辞典として，古いものであるが，中山研一編『刑事法小事典』（成文堂，1996年）を参照。

【参考文献】　（注または本書旧版で掲記したものを除く）
裁判所ウェブサイト（https://www.courts.go.jp/index.html）
法務省民事局令和5年6月資料（https://www.moj.go.jp/content/001398165.pdf）
法務省民事局令和5年12月資料（https://www.moj.go.jp/content/001408247.pdf）
伊藤眞『民事訴訟法〔第8版〕』（有斐閣，2023年）
藤田広美『講義民事訴訟〔第3版〕』（東京大学出版会，2013年）
内田博文＝春日勉＝大場史朗 編『省察刑事訴訟法』（法律文化社，2023年）
白取祐司『刑事訴訟法〔第10版〕』（日本評論社，2021年）
牧野茂＝大城聡＝飯考行編『裁判員制度の10年　市民参加の意義と展望』（日本評論社，2020年）

〔**福田智子**（第1節～第2節），**陶山二郎**（第3節）〕

第5章　法の歴史と世界の法制度

第1節　世界の法体系

1．法圏と法圏分類基準

　世界の法は，一定の分類基準にしたがって，さまざまな法圏(法系)に分類することができる。たとえば，アデマール・エスマン(Adhémar Esmein)は，各国の法を，歴史的な形成過程に着目して，ロマン系，ゲルマン系，アングロサクソン系，スラヴ系およびイスラーム系に分類している。また，レヴィ・ユルマン(Lévy-Ullemann)は，世界の法を，法の存在形式(法源)を基準にして，大陸法圏，英語諸国法圏およびイスラーム法圏に分類して，その特色を明らかにしようとしている。このうち法源は，法の分類基準としてもっとも用いられる基準であり，法は大きく成文法と不文法に分類できることは周知の通りである。わが国における法の形成過程で，明治期から強い影響のあったドイツおよびフランスは，成文法主義を採用する大陸法系の国々であり，第2次世界大戦後，日本国憲法の制定を契機に影響をもつようになったアメリカは，イギリスとともに，不文法である判例法を基調とする英米法系の国である。

2．法の生成・発展における歴史的側面の重要性

　法圏や法体系は，世界の法をある特定の基準にしたがって分類したものであり，したがって，その限りで相対的な分類にすぎず，その国の法秩序全体の特色を明らかにするものではない。しかしながら，これらの分類基準のなかでも，法の生成発展という歴史的な側面は，法秩序全体に与えた影響という点において，第1の，そして，その法秩序を理解するための重要な基準ということができる。たとえば，英米法系の中核をなすイギリス法は，中央集

権的な統一国家形成の早さのゆえに，全国的な慣習をもとに判例法を形成することができ，そのために，すでにヨーロッパ大陸において勢力を振るっていたローマ法の影響を受けることが少なかった。むしろ，判例法の形成にあずかった裁判官や，その供給源ともなった弁護士ら，一元的な法曹団によって，法的知識を擁護する上からも，外国法であるローマ法の進入は強く阻止されたのである。

　これに対して，大陸法系に属するフランス法(ロマン系)とドイツ法(ゲルマン系)は，ローマ法による影響の度合いにおいて違いがある。フランスは，北部で早い時期から慣習法が発達し，しかも国王の命令によってその採録(記録化)も行われたため，固有法である慣習法が統一的な法典編纂まで生き延びることができ，南部で広く適用されていたローマ法とうまく融合させることによって，独自の法の生成をみることができた。その一方で，ドイツは統一国家の形成の遅れから，広範な慣習法の形成が遅れており，19世紀の国家統一にあたって，いきおいローマ法を全面的に借用することによって，近代的な法整備を行ったという特色がある。しかしながら，ドイツ法では，ローマ法の導入に際して法学者が有力な役割を果たしており，このような一定の法の担い手が，法の生成や発展に寄与したという点において，イギリス法に通じる特徴を有している。

3．法の生成・発展における法の担い手の重要性

　そもそも，判例法にせよ法律にせよ，近代国家の成立による議会や裁判所の確立を前提とするのであり，したがって，それ以前の社会において有効な規範は，むしろ，人々の生活から発生した慣習(法)といえる。すなわち，程度の差こそあれ，西欧では慣習法が法の原初的形態をなしているのであって，地域的な慣習に盛り込まれた個人の権利や自由を確保する手だてとして，固有の法が発展した。イギリスにおけるマグナ・カルタ(1215年)以降の権利の宣言も，従来から伝統的に認められてきた国民の権利の確認を，国王に対して求めたものであった。ローマ法を全面的に継受したドイツでさえ，固有の慣習法が存在した点で例外ではない。たとえば，ドイツの統一的な法典編纂

に際して，ローマ法の研究に専念した学派をロマニスティンというのに対して，ドイツ固有の慣習法をもとに，法典編纂に臨んだ学派のことを，ゲルマニスティンと呼ぶことが知られている。

したがって，固有の法としての慣習法の存在と，権力者に対する権利や自由の確認，そして，これらを法として発展せしめる法律家の存在は，法がその地において確立し，有効に機能していくための重要な要素であり，例えれば「車の両輪」とさえいえる。しかし，わが国における法の生成や発展にあたり，果たして，固有の法や，権利や自由の確認が前提とされたのであろうか。あるいは，それらが有効に法律に昇華させられることはあったのか。また，そもそも，その際に有力な役割を果たした法律家は存在したのであろうか。この点に関する分析を中心に，以下，イギリス法とアメリカ法，フランス法とドイツ法の生成の特色を概観しながら，わが国における法の継受について考察することにしたい。

第2節　英米法と大陸法

1．イギリス法の生成と発達

イギリス法の歴史は，ウィリアム（1世）による1066年のイングランド征服に始まる。国王は，中央集権的な国家体制を整備する一環として，全国的な司法制度を整備した。当初，国王に随伴して国内を巡回していた裁判官たちは，紛争解決の基準として各地域の慣習法を発見して，これを判決において宣言することにより判例法を形成していった。したがって，全国に共通する法という意味で，このような判例法を，「コモン・ロー」(common law)と呼んだ。しかも，裁判官は次第に国王から独立して活動するようになり，国民の権利を防禦する役割も果たすようになっていった。

判例法であるコモン・ローは，法の一貫性を確保するため，事実関係(とりわけ「主要事実」)を同じくする先例の「判決理由」(*ratio decidendi*, レイシオ・デシデンダイ)にしたがって，現在の裁判がなされるべきであるという「先例拘束性の原理」の適用を受けた。しかも，事実認定のために陪審制が

採用されたことも特色である。しかしながら，先例拘束性の原理は，訴訟開始の許可状の発給に際して次第に厳格に適用されるようになり，また，陪審の収賄などによる裁判の不正が明らかになるにつれて，コモン・ロー裁判所による救済に限界が生じるようになった。また，社会の進展にともなう新たな訴訟形式(信託による訴えなど)に対する要求が高まり，14世紀以降，それまで令状の発給を担当していた国王の役人である大法官のもとで裁判が行われるようになり，「衡平法」(equity)といわれる別の判例法の体系が形成されるようになった。ただし，衡平法はコモン・ローと対立するものではなく，コモン・ローを前提として，これを修正・補完する機能を果たしているのであり，いわば特別法的な存在であるといえる。

衡平法にかかわる裁判を担当した大法官は，当初，聖職者であったこともあり，衡平法には教会法(カノン法)の影響もみることができ，裁判官が当事者尋問の能力を有したため，陪審を採用することもなかった。また，裁量権を行使しながら，コモン・ローの形式性を克服するように救済がなされたこと，金銭的な賠償を中心としたコモン・ローによる救済に比べ，対人的な命令を含む判決がなされた点などに，その特色をみいだすことができる。ただし，衡平法も判例法であるため，固定化は免れず，さらなる法の修正や変更が求められた場合には，裁判官以外の者に，その職責が求められなければならないことになる。すわなち，第二次的法源としての制定法(statute)の登場である。しかし，その主な機能の発揮は，名誉革命(1688年)以後の議会主権の確立を待たなければならなかった。

2．法の支配と議会主権

イギリスの議会は，「女を男にし，男を女にすること以外，何事をもなすことができる」といわれるくらい(18世紀のスイス法学者，ド・ロルムの言葉)，その万能性が特色とされている。しかしこれは，議会によって制定される法律が，同時に憲法として機能することを比喩した言葉でもある。すなわち，イギリスには成文の憲法典は存在しないものの，マグナ・カルタ以来の各種の宣言，法律および判例法などが，いわゆる「憲法律」を形成しているので

ある。法律は，判例法を明文化，明確にする目的で制定される場合があるものの（法典化法律），もっとも多いのは，判例法を補完し，あるいは修正するためにだされる法律である。

判例法主義を基調とするイギリスでも，制定法の果たす役割は次第に増加しており，特別法として存在する制定法は，一般法である判例法，とりわけコモン・ローにまさる効力を有している。なお，かつて「コモン・ローの獅子」とも呼ばれたコーク（E. Coke）は，コモン・ローの優位，ひいてはコモン・ロー裁判所の優位という意味で，「法の支配」（rule of law）の原理を説いたことがある。たとえば，「国王といえども神と法のもとにある」というブラクトン（H. Bracton）の言葉を引いて，当時の国王による専制政治に対抗したことは有名である。しかし，イギリスの名誉革命が議会と裁判所の協働において実現したところから，コークの主張自体は成就することはなかった。しかしながら，司法権の相対的優位という国家体制それ自体は，イギリス法を継受したアメリカ法において，裁判所による違憲審査制度の確立という点において，結実をみることになった。

3．アメリカ合衆国の建国と法の継受

アメリカ植民地では，コモン・ロー上の権利（「代表なければ課税なし」）の確認を求めるイギリス本国との政治闘争を通じて，イギリス法の継受が決定づけられることになった。そして，独立した13の州（主権を有する邦）は，本国に対抗する必要から，一定の主権を連邦に委譲して，強力な連邦国家を形成することを望んでいく。そこで，同じく国家の属性を有し，憲法を有する州との権限関係を明確にするために，アメリカ合衆国憲法が制定されることになった（1787年）。ただし，連邦の権能は，外交や防衛，合衆国として統一を要する事項など，連邦国家の存立に不可欠な，制限列挙的なものに限定されるべきであると考えられている。したがって，一般の市民生活にかかわる事項は州法で規律されるという，三権の水平的分立のみならず，連邦と州間の国家機能の垂直的分立も徹底されている。

その結果，アメリカ合衆国にとって憲法は，連邦と州，および州相互をつ

なぎ合わせる紐帯，もしくは扇の要ともいえるのであって，国家権力の行使にあたり適合性がもっとも強く要請される，国家存立の基礎である。したがって，アメリカ合衆国にとって「法の支配」とは，むしろ「憲法の支配」の原理とも換言することができる。しかし合衆国憲法には，このような国家行為の憲法適合性を担保する制度は置かれていなかった。しかし，1803年のマーベリ対マディソン事件(Marbury v. Madison, 1 Cranch 137, 2 L. Ed.60)において，連邦最高裁判所は，合衆国憲法が規定しない訴訟について，連邦最高裁判所に第1審管轄権を認めた連邦裁判所法を違憲と宣言することをより，違憲審査制度を確立することになった。コーク流の司法権の優位が，判例を通じて確立されたことになる。

　このような制度は，わが国のほか，ドイツやフランスなどの大陸法系の諸国にもみることができる。ただし，ドイツおよびフランスが，特別の裁判所あるいは国家機関を設けて違憲審査を行っているのに対して，アメリカおよびわが国では，一元的な司法裁判所がこの審査を担当している点に違いがある。

4．フランス法とドイツ法

　明治期初頭のわが国の法典編纂に与えた影響，ならびに，それ以降の法学の進展，とりわけ公法学の発展に与えた影響力の点において，フランス法は独自の存在意義を有している。フランスは16世紀ごろまでに，北部の慣習法地域と，ローマ法の影響を受けた南部の成文法地域という，明確で広範囲にわたる二元的な法域を有するようになった。さらに，慣習法については，15世紀に国王の命令によって採録が行われるようになったため，19世紀の統一法典の編纂まで，十分にその存在を主張することができた。ナポレオンの命によって編纂された，1804年の民法典(Code Civil des Français)は，北部と南部出身の委員によって検討されたため，「慣習法と成文法の和解」と例えられることがある。その編纂に際しての影響の面から，フランスの民法典は「ナポレオン法典」(Code Napoléon)とも呼ばれており，これに続く1806年の民事訴訟法典，1807年の商法典，1808年の治罪法(刑事訴訟法典)，1810年の

刑法典をまとめて,ナポレオン五法典と呼ばれている。

　一方,ドイツは長らく小国に分裂していたため,広範あるいは有力な慣習法の生成をみることがなかった。そのため隣国フランスにおいて1804年に民法典の編纂をみて以来,ドイツにおいても統一的な法典を編纂すべきであるという論争が起こることになった。『ドイツのための一般民法典の必要性について』(1814年)を著したティボー(A. F. J. Thibaut)に対抗して,サヴィニー(F. K. von Savigny)は,『立法と法律学のための現代の任務について』(1814年)をおおやけにし,性急な法典編纂は法の進展を阻害するものであり,法の歴史的な研究を通じて,ドイツの法を発見していくことが最善であると説いた。

　結局,この論争はサヴィニーの勝利に終わることになり,その後に,歴史法学派を立ち上げた彼は,ドイツの法のなかでも,歴史的にかかわりの深いローマ法,とりわけ,その中核をなす「学説彙纂」(パンデクテン)の研究に没頭していくことになった。このような学問を「パンデクテン学」といい,その成果は,サヴィニーの影響を強く受けたヴィントシャイト(B. Windscheid)を通して,彼の関与のもとに進められた編纂事業により,ドイツ民法典(B.G.B.)に結実していくことになった。

5．ローマ法と法の担い手

　学説彙纂はそもそも,紀元後間もないローマ帝国における,「解答権」(*ius respondendi*)を有する法学者の法的見解に起源を有し,これが6世紀における東ローマ国王,ユスティニアヌス(Justinianus)による編纂事業,ついで,12世紀のボローニャ大学における解釈による体系化を通じて,次第にドイツに伝播していったものである。したがって,その生成のみならず,理論的な進展においても,法学者が有力な役割を果たしており,それはドイツにおける継受においても例外ではない。そのため,ドイツではローマ法の包括的な継受がなされたといえ,かずかずの法学者の活躍の上に,学問的継受が成し遂げられたという点に特色がある。法の生成や発展において,固有の法のみならず,法発展の担い手の存在は,法自体がその地で開花する有力な要素であ

るが，それでは果たして，わが国ではどうであったろうか。

第3節　法の継受と日本法

1．明治期における法の継受

　歴史的にみると，わが国では3度外国法の影響を受けている。まず7世紀以降，当時の隋・唐から法制を採り入れて，律令制度を整備した時期，ついて明治期以降，フランス・ドイツを中心とする大陸法を継受して，近代法を整備した時期，そして第2次世界大戦後，アメリカ法の影響のもとに，現代法の基礎を確立するにいたった時期である。このうち，現在のわが国の法に対する影響の面では，大陸法およびアメリカ法が支配的である。わが国は明治維新後の近代化にあたり，西欧諸国と結んだ不平等条約を撤廃するためにも，西欧的な法整備が急務とされた。民法典の編纂にあたり，江藤新平が箕作麟祥に述べた「誤訳も妨げず，ただ速訳せよ」という言葉は，あまりにも有名である。

　明治政府は，維新後の混乱を収束するために，まず刑法にあたる「新律綱領」(1870[明治3]年)と「改定律例」(1873[明治6]年)の制定を急いだが，これらはあくまで，幕府時代の刑律の延長にすぎなかった。1871[明治4]年の条約交渉の結果，近代法整備の必要性を自覚した政府は，当時，民法典(1804年)を編纂していたフランス法を参照して法整備をなすことを決し，ボアソナード(G. E. Boissonade)を招聘して旧刑法，治罪法(刑事訴訟法)，および民法の編纂にあたらせた。旧刑法および治罪法はともに1880[明治13]年に公布され，1882[明治15]年から施行されている。

　一方，商法はドイツ人のロエスレル(K. F. H. Roesler)に1881[明治14]年，民事訴訟法はテヒョー(H. Techow)に1884[明治17]年起草が委ねられ，いずれも旧民法と同じく，1890[明治23]年に公布された(民事訴訟法は翌年より施行)。ただし商法は，旧民法と同じくフランス法を中心に編纂が進められたのに対して，民事訴訟法はもっぱらドイツ法が参照された点に違いがある。ただ，民法(うち財産法)はフランス法のみならず，当時の最新の法であった

イタリアやベルギーなどの民法も参照されたことは特筆に値しよう。

　しかし，自由民権運動の高まりのなかで，1881[明治14]年に国会開設の詔勅が発せられ，翌年の憲法草案の起草準備のための伊藤博文の渡航（プロイセン）を契機として，法の継受に大転換が生じることになる。すなわち，1889[明治22]年に公布された明治憲法（1890[明治23]年施行）が，プロイセン型の絶対主義的な憲法を模範としたところから，1893[明治26]年に施行を予定していた旧民法，および商法の施行をめぐり，延期か断行かの論争が起こることになった。商法は，1893年にその一部が施行されたものの，旧民法は結局，1892[明治25]年に法律により施行が延期（満4年）された後，財産法に関する部分は1896[明治29]年に，当初から日本人（熊野敬三，磯部四郎ら）による起草が進められてきた家族法の部分ですら，1898[明治31]年に廃止されることになった。それは，「民法出でて忠孝亡ぶ」という穂積八束の論文に代表される，急速な西欧化に対する反動あらわれともいえるのである。

2．戦後における法の継受

　これ以後は，「ドイツ法でなければ法でない」といわれるほど，ドイツ法全盛の時代をむかえることになった。改めて民法典は，1893[明治26]年から穂積陳重，富井政章，梅謙次郎らを起草委員として，当時公表されていたドイツ民法典第1草案（1888年）を参考にして編纂が進められた。また，岡野敬次郎，梅謙次郎，田部芳らにより起草され，改めて1899[明治32]年に公布・施行された新商法は，さらに1911[明治44]年の法典においてドイツ法的な色彩を強めていく。1907[明治40]年公布の新刑法（1908[明治41]年施行），治罪法を改正した1890[明治23]年の旧刑事訴訟法の全面改正となる1922[大正11]年の刑事訴訟法が，いずれもドイツ法を参照したところから，このような傾向はより決定づけられることになった。

　以後，大正期において部分的に英米法の影響を受けることはあったが，アメリカ法への転換を決定づけられることになったのは，第2次世界大戦における敗戦と，アメリカ法の影響を強く受けた日本国憲法が制定されたことによることは周知のとおりである。個人の尊重と法の下の平等を理念とし，各

種の人権を手続的にも保障しようとする日本国憲法の原理は，既存の法制度にも大きな変革を迫ることになった。その影響は特に，民法の家族法に関する部分，刑事訴訟法などにおいてみることができる。また改めて，憲法の生存権の規定(25条)や勤労者の権利・労働基本権の規定(27条・28条)を具体化するために，各種の社会保障法や，労働基準法，労働組合法，労働関係調整法などの労働三法が制定されるようになる。アメリカ法の影響は，とりわけこれら労働法制や，経済規制立法(独占禁止法)などで顕著である。

3．わが国における法の継受の特色

　以上の考察から明らかなように，わが国の法制はドイツ法の基礎の上に，アメリカ法による修正を積み重ねた，二重構造を採用している点に特色がある。しかし，法の継受は，あくまで急速な近代化や敗戦といった政治的な経緯を反映するものであり，特にわが国の国情を考慮したとはいえない側面がある。とりわけ，権利の承認や固有法の生成を前提とすることなく，上から押し進められた法改革は，法の担い手の不在とも関連して，わが国における法の機能や実効性を阻害する要因ともなっているといえるのではないだろうか。今後，わが国に法が根づいていくためにも，私たちは，法が権利の体系であることを意識して，その遵守の社会的な意義や必要性について，認識を深めていくことが重要であろう。

【参考文献】
大木雅夫『比較法講義』(東京大学出版会，1992年)
田中和夫『英米法概説〔再訂版〕』(有斐閣，1981年)
真田芳憲『法学入門』(中央大学出版部，1996年)
五十嵐清『法学入門〔第4版〕』(日本評論社，2017年)
五十嵐清『比較法ハンドブック〔第3版〕』(勁草書房，2019年)
勝田有恒＝森征一＝山内進編著『概説西洋法制史』(ミネルヴァ書房，2004年)

〔古屋　等〕

Part II
法学各論

第6章　立憲主義と憲法
―― 歴史から学ぶ ――

第1節　憲法と国家

　私たちが生活する上で，社会との関わり抜きに生きていくことはできない。社会とは人々の集合体であるから，社会を構築し維持する上で一定のルールが必要である。法治国家においてはそのルールが法であり，憲法もその1つである。憲法が他の法と異なるのは，国家の組織のあり方を規定しているという点である。

　憲法が生まれる契機となったのは，君主の権力を制限するために，憲法に自由や人権の保障を定めたことによる。したがって，立憲主義(constitutionalism)とは，憲法によって，国家から諸個人の自由や人権を保護するという考え方のことである。そのため，立憲主義に基づく憲法の特徴として，第1に国民主権が挙げられる。現在においては，通常，間接民主政，すなわち国民によって選ばれた代表による議会政治が行われる。

　また，第2の特徴として，人権保障と権力分立が規定されている点が挙げられる。憲法は人権保障を目的として生まれ，発展してきたのであるから，憲法の存在理由は諸個人の人権保障にある。そして，国家権力の集中が諸個人の人権を侵害してきたことに鑑み，憲法による国家権力の分立，つまり権力分立が定められている。1789年のフランス人権宣言16条が「権利の保障が確保されず，権力分立が定められていない全ての社会は，憲法をもたない」と規定しているのは，それを端的に示している。以下，どのように憲法が生まれ，発展してきたのか，歴史とともに見ていくこととしよう。

第2節　中世における憲法の誕生と発展

　歴史上，最も早く立憲主義が生まれ，その発展に寄与したのはイギリスであった。1215年のマグナ・カルタ（Magna Carta, 大憲章）は世界最古の憲法として名高いが，これは，当時の国王ジョンの治世下で繰り返された戦争によって戦費がかさみ，王が徴税権を濫用する等の度重なる失政がきっかけとなって生まれたものである。これらの措置に反発した貴族たちと王が結んだ協約がマグナ・カルタであり，そこには，現在でいうところの「財産権」や「人身の自由」といった内容が規定されている。とりわけ有名な39条には，「自由人は，その同輩の合法的裁判によるか，または国法によるのでなければ，逮捕，監禁，差押，法外措置もしくは追放を受けまたはその他の方法によって侵害されることはない」と書かれており，「人身の自由」の淵源となる権利が規定されている。マグナ・カルタの内容は，幾度かの修正の後に受益者の範囲を拡大し，さらに，マグナ・カルタに反する法律は無効である旨が付加され，マグナ・カルタは「根本法（fundamental law）」として扱われることになる。

　聖職者であり，裁判官でもあったブラクトン（Henry Bracton）は，著書『イングランドの法と慣習』の中で「国王自身は何人の下にもあるべきではない。ただ，国王といえども神と法の下にある」という有名な言葉を残している。ブラクトンの著作の中心的課題は「統治」と「司法」の区別であり，前者には王の自由裁量を認めるが，後者にはそれを決して認めないとする。したがって，裁判官は国王の意思ではなく，法に従って臣民の権利を認めなければならないとされており，早くも13世紀にイギリスでは「法の支配」の概念が存在していたのである。その後1世紀に渡ってマグナ・カルタは法律にはほとんど現れなくなり，忘れられた存在となっていたが，エドワード・コーク（Sir Edward Coke）のマグナ・カルタ論により再び蘇ることとなる。マグナ・カルタは，イギリス各地の慣習を合理性の基準（一般慣習）へと統一することによって生まれた法，すなわち「コモン・ロー（common law）」に

吸収され，これと融合して「コモン・ロー」優位論が登場した。コークはマグナ・カルタを包摂するコモン・ローは根本法(fundamental law)であり，いかなる立法よりも優位すると論じたのである。

中世のイギリスで発祥した議会制は，絶対王政の時代にあっても存続し続けた。議会が，パーラメントという明確な意味を持って使われ始めたのは早くも13世紀のことであり，単なる王への助言を超えて討議を意味するようになる。さらに代議制機構としても機能するようになり，14世紀の半ばには，議会の組織や機能が庶民院と貴族院という現在の二院制の原型となる議会を形成するに至る。すなわち，イギリスにおける議会制の確立は，議会と王との対立によって生まれ，議会の権限を拡大することによって発展していったのである。

1628年の「権利請願(Petition of Right)」は，マグナ・カルタ，権利章典と並んでイギリスの3大法典と呼ばれ，憲法史の中でも重要な位置を占めている。イングランドは，エリザベスⅠ世の死去により王位継承者が不在となったため，スコットランドからジェームズ1世を国王として迎え，イングランドとスコットランドの共同統治を行った。しかし，新国王は「法に拘束されない王権の行使こそ真に自由の政治である」とする「王権神授説」を主張した。これは，イギリス伝統の「王は法の下にある」という「法の支配」と相対立する概念であり，裁判所や議会と対立することとなる。そこでコモン・ロー裁判所で首席裁判官を務めたのが，コークである。司法の場においても王権神授説を強硬に主張する国王に対し，コークは上述のブラクトンの言葉を引用し，法の支配の伝統を示したのである。しかし，裁判官の身分が保障されていなかった当時のイングランドにあって，コークは国王によって首席裁判官を罷免される憂き目に遭う。そして，ジェームズ1世が死去し，弟のチャールズ1世が即位した後にはさらに王と議会との関係が悪化したため，1628年に出されたのがこの「権利請願」である。裁判官を罷免されたコークは庶民院議員に転身して権利請願を起草し，またも王権神授説に対抗したのである。この権利請願はマグナ・カルタに基づいて起草され，13世紀以来のイギリスの伝統であるコモン・ローの精神が規定されている。その内容は議

第6章　立憲主義と憲法　55

会の同意のない課税だけでなく，強制借款についても禁止しており，不法な逮捕・投獄などを行わないことを国王に求めたものであった。王は，一旦は請願を認めたものの，議会を解散した後11年にわたって議会を召集せず，意に沿わない者を逮捕・投獄するなどの強権政治を行ったため，王と議会との対立は先鋭化してやがて武力衝突となり，ピューリタン革命（1642-60年）が発生した。

　ピューリタン革命後にクロムウェルによる共和制国家が樹立したが，それは軍事独裁政権であった。国民たちは共和制政府に不満を抱き，クロムウェルの死後，共和制政府はわずか11年で終焉を迎え，1660年には王政復古してチャールズ2世が即位した。チャールズ2世は財政や外交等で議会と対立したが，その死後に即位したジェイムズ2世は，カトリック教徒の重用や議会の承認なく常備軍を設置しようとするなどの数々の圧政により，議会とのさらなる対立を引き起こした。そのため，国内では王への不満が高まり，1688年に起こった名誉革命によってジェイムズ2世が追放され，ジェイムズ2世の娘であるメアリ2世とその夫でオランダ総督であったウィリアム3世が共同即位したのである。この名誉革命は，単に王政を復古させただけでなく，議会制の復活・承認をも意味するものであった。そして，この即位に正統性を与えるために1689年に制定された「権利章典（Bill of Rights）」は，①議会の承認のない王による法律の停止や無執行の禁止，②議会の承認のない王による課税の禁止，③議員の免責特権や議会内における表現の自由，④議会の承認のない王の平時における常備軍の徴収および維持の禁止などが規定された。すなわち，君主主権から議会主権への主権の移譲，イギリス臣民の古来の権利（権利と自由）の確認，議会法による王位継承の原則という立憲君主制が確立されたのである。さらに特筆すべき点は，平時における王の常備軍の徴収・維持の禁止という平和主義の萌芽ともいえる規定が定められたことである。また，1701年の「王位継承法」は，王による裁判官の罷免権を否定することによって裁判官の身分保障を確立し，司法権の独立が保障された。

　このように，イギリスはマグナ・カルタ，権利請願，権利章典といった憲法上の権利や自由の発展に大きく寄与してきた。これらにおいて宣言されて

いる権利や自由は,「この王国の人民の」権利であると記されている点で共通しているが,普遍的な「人権」とは大きく異なっており,近代的な「人権」規定をもつ憲法の出現には,18世紀まで待たなければならなかったのである。

第3節　アメリカ諸州憲法とフランス人権宣言

　イギリスの植民地支配から独立したアメリカ合衆国では,1776年から79年にかけてアメリカ諸州憲法において人権宣言が設けられた。たとえば,ヴァージニア州憲法1条は「全ての人は,生来ひとしく自由かつ独立しており,一定の生来の権利を有するものである。これらの権利は,人民が社会を組織するにあたり,いかなる契約によっても,その子孫からこれを奪うことのできないものである」と定めている。

　また,1789年のフランス人権宣言も1条において「人は,自由かつ権利において平等なものとして出生し,かつ生存する。社会的差別は,共同の利益の上にのみ設けることができる」と定められている。それ以前の憲法が,特定の身分の者の権利のみを規定していた憲法であったのに対し,アメリカ諸州の憲法やフランス人権宣言は,身分制を否定した「自由」と「平等」という人権の根本原則を宣言した「人一般の権利」,つまり「人権」を規定したという点で画期的であった。

　アメリカ独立革命はアメリカを植民地化していたイギリスによる支配,フランス革命は絶対王政下での身分制による人民への圧政が,それぞれ革命の契機となったため,この2つの革命にとって「自由」と「平等」という概念はまさに核となる思想であった。これらの思想の礎となったのは,ロック(John Locke)やルソー(Jean-Jacques Rousseau)といった思想家たちが説いた「社会契約論」である。これは,人間は生まれながらにして自由かつ平等といった権利,つまり自然権(natural rights)をもっているが,国家が存在しない状態,つまり自然状態(state of nature)では万人による闘争が避けがたいため,自然権を確実なものとするために社会契約(social contract)を結び,国家

に権力の行使を委任するという考え方である。この考え方によれば，国家とは人民の自然権の保障がその存在理由であるため，憲法は自然権を実定化したものということになる。

　19世紀に入ると，アメリカやフランスからの影響を受けてドイツをはじめとする多くの国家で成文の形式をとる成文憲法が規定され，日本も1889年に大日本帝国憲法を制定している。しかし，これらの多くは誰もが平等に権利・自由をもつ「人権」ではなく，国家が権利を付与する「国民権」を認めるに過ぎず，このような権利は「外見的人権」と呼ばれる。

第4節　ワイマール憲法と社会権

　19世紀には，市民革命を経て身分制から解放された市民が自由かつ平等な市民が競争を通じて経済活動を行うことが広く認められ，競争を通じて社会の調和が図られると考えられるようになった。とりわけイギリスで起こったこの考え方によれば，国家の役割は個人の私有財産の保護や治安維持といった最小限の任務に限るべきであるとされ，このような国家観は，自由国家，消極国家または否定的な意味合いで夜警国家と呼ばれている。19世紀以降の産業の技術革新や工業化は産業革命をもたらしたが，他方で，人々の間に深刻な貧富の格差を生み出した。それまでは身分制を否定することによって平等が確保されると考えられていたが，資本主義の発展は，人々の間に身分制に代わる新たな不平等を生ぜしめたのである。

　この新たな不平等の克服に最初期に取り組んだ憲法として名高いのが，ワイマール憲法である。第1次大戦で敗北したドイツ帝国は11月革命を経て，ヴィルヘルム2世がオランダに亡命したため，ワイマール共和国として再出発することになり，1919年，ワイマール憲法が制定された。この憲法は，当時世界で最も民主的な憲法だと見なされていたが，中でも画期的であった点は，「社会権」を規定したことである。ワイマール憲法は，「経済生活」の章において「経済生活の秩序は，すべての者に人間に値する生活を保障する目的をもつ正義の原則に適合しなければならない」（151条）と規定し，労働者

の諸権利を認め，国家に経済的な保護を課したのである。

　国家が社会権を行使するためには，当然ながら財源が必要である。したがって，ワイマール憲法は「所有権は，義務を伴う。その行使は，同時に公共の福祉に役立つべきである」(153条3項)と規定し，財産権に制約を設けている。すなわち，マグナ・カルタ以来，財産権は伝統的に不可侵の権利であると解され，フランス人権宣言17条にも「財産権は，これを侵してはならない」と規定されていたが，ワイマール憲法の出現によって，財産権は不可侵の権利から公正な配分を重視する「実質的平等」という考え方に大きく舵を切ることとなった。

　したがって，それ以前の憲法が「自由権(国家からの自由)」，すなわち，国家が人々の生活にみだりに干渉することを防ぐ目的で規定されていたのに対し，ワイマール憲法の登場により，国家が諸個人の生活に積極的に関与し，労働者の諸権利や生存権といった「社会権(国家による自由)」の保障をも国家に課すように変化を遂げたのである。

第5節　大日本帝国憲法と日本国憲法

　翻って日本にあっては，1867[慶応3]年に徳川幕府による天皇への大政奉還が行われ，封建制は解体されて日本は近代国家として歩み始めた。五箇条の御誓文(1868[慶応4]年)にも「広ク会議ヲ興シ万機公論ニ決スヘシ」と書かれているように，民選議会への要求が巻き起こり，政府は成文憲法の制定を急いだ。この頃，民間人の間でも様々な憲法草案が作られ，なかには有名な五日市憲法など議院内閣制や民主政の基本原則など先進的な内容のものもあり，それらは戦後，日本国憲法の起草にも参考にされることとなる。

　憲法起草のために欧州に派遣された伊藤博文は，当時の政府内部の多くが望むように天皇の権力を維持するためにはイギリス流の議会中心の制度よりもドイツ流の中央集権的な立憲君主制が好ましいと考え，主にドイツやオーストリアの憲法を参考に憲法草案の作成を行った。

　1889[明治22]年，日本では初めての近代憲法となる大日本帝国憲法(以下，

明治憲法と記す)が制定された。明治憲法は立憲主義的憲法の形式をとってはいたが，神権主義的で君主制的な内容の強い憲法であった。西洋諸国では，絶対主義の存在とその解体によって長い時間をかけて自由と平等を基本とした近代的な憲法へと変化を遂げている。それに対して明治憲法は，絶対主義的権力構造の確立と同時に近代的な憲法原理の導入という相矛盾した意図の並存が要請されたのである。

　明治憲法の最も特徴的な点は，天皇主権だという点である。その根拠は神の意志であり，「大日本帝国ハ万世一系ノ天皇之ヲ統治ス」(1条)と規定されている。そして，天皇は「国ノ元首ニシテ統治権ヲ総攬」するとされ，立法・司法・行政など全ての国家作用を統括すると規定された(4条)。したがって，権力分立が不十分であり，立法権においては帝国議会は天皇の立法権を「協賛」するに過ぎず(5条)，議会の関与なく天皇単独で行うことのできる天皇大権を広く認めており，行政権が議会の抑制を受けずに広く行政権を行使することが可能であった。また，司法権においては，裁判所は司法権を「天皇ノ名ニ於テ」行うに過ぎず(57条)，行政事件は司法裁判所とは別の行政裁判所が設置され，出訴の内容も法律での規定に限定されていたため，行政事件の裁判権は大きく制限されていた。行政権については，「国務各大臣ハ天皇ヲ輔弼シ其ノ責ニ任ス」とあり，天皇の国務上の行為は大臣の輔弼(つまり助言)によるべきものとされていたが(55条)，内閣の規定すらなかった。したがって，内閣制度は憲法上の制度ではなく，各国務大臣は天皇に対して責任を負うだけで憲法上議会に対して責任を負う必要はなかった。そして，とりわけ軍の統帥に関する大権(11条)が内閣や議会の関与なく認められていたことが大きな問題として挙げられる。さらに，人権保障という面からも不十分であり，明治憲法は「臣民権」を認めたが，それは誰もが生まれながらにしてもつ「人権」という観念ではなく，天皇が臣民に対して恩恵として与えたものに過ぎなかった。しかも，「法律の留保」という考え方によって，法律による人権制約が広汎に認められていたのである。

　このように，非民主主義的な要素を多分にもつ明治憲法であったが，とりわけ大正デモクラシー期には，明治憲法を民主的に解釈しようとする動きが

高まった。「憲政擁護運動」(1912[大正元]年，1924[大正13]年)は政党内閣の確立を目指して起こり，政党内閣制を目指して「憲政の常道」を主張した。しかし，昭和に入って全体主義の台頭とともに議会主義は勢力を失い，1931[昭和6]年の満州事変を契機として軍国主義が強まることになる。

　1945[昭和20]年，第2次大戦で日本は連合国に無条件降伏し，ポツダム宣言を受諾した。このポツダム宣言の内容は「日本国国民の間に於ける民主主義的傾向の復活強化に対する一切の障碍を除去すべし言論，宗教及び思想の自由並びに基本的人権の尊重が確立されるべきこと」，「日本国民の自由に表明せる意思に従い，平和的傾向を有し，かつ責任ある政府が樹立されるべきこと」などの要求が含まれていた。したがって，このポツダム宣言の内容は明治憲法の内容と大きく矛盾していたため，明治憲法の改正が必要とされたのである。

　そのため，政府は松本烝治国務大臣を主任とした松本委員会を組織し，草案を作成したが，その内容は天皇主権原則への変更がないなど，民主的な憲法とは程遠いものであった。その内容に失望した総司令部は日本政府が自ら民主的な憲法を創出することはできないと結論づけ，天皇の地位，戦争放棄，封建制の廃止を提示したいわゆるマッカーサーの3原則を基礎として，総司令部案(マッカーサー草案)を起草した。日本側は，総司令部案に基づいて起草し，総司令部との折衝の末，「憲法改正草案要綱」が国民に公表された。新しく構成された帝国議会の衆議院と貴族院において，帝国憲法改正案として提出され，各々若干の修正を加えた後に圧倒的多数で可決され，1947[昭和22]年5月3日に「日本国憲法」は施行された。

第6節　戦後の憲法と人権の国際化

　上述したように，18世紀に生まれたアメリカ諸州の憲法やフランス人権宣言は，ロックやルソーなどが説いた自然権思想に基づいて身分による権利を否定して近代的な人権を規定し，19世紀以降，西欧には立憲主義的な憲法を規定する国が多く現れた。しかし，それらの憲法の多くは，アメリカ憲法や

フランス人権宣言とは異なり，普遍的な「人権」ではなく「国民権」を規定するに過ぎなかったのである。しかし，2度の大戦や，とりわけナチス・ドイツによるユダヤ人への迫害はこのような人権概念の再考を促すものとなった。すなわち，国民にのみ認められる権利保障ではなく，人は皆，出自や国籍に関係なく平等に権利を享受するという人権の観念が普遍化したのである。そして，それは国家による権利付与という考え方に基づく「法律による人権保障」から，人権思想を明文化するという「法律からの保障」という考え方への転換だけでなく，長期にわたって立法権の進歩に伴って発展してきたヨーロッパの立憲主義の考え方の大きな転換をも意味している。

　第2次大戦後には，人権を国内法的に規定するだけではなく，超国家レベルでの規定の動きも高まった。1948年には，国際平和と人権の国際的な保障を目的として世界人権宣言が採択された。1966年に国際連合総会で国際人権規約が採択され，日本も1979年に批准している。特筆すべき点は，この国際人権規約は世界人権宣言とは異なり，加盟国を直接拘束する条約だという点である。その後，日本が加盟した条約では，結社の自由及び団結権の保護に関する条約(1950年発効，日本は65年に批准)，難民の地位に関する条約(1954年発効，日本は81年に加入)，女子に対するあらゆる形態の差別の撤廃に関する条約(1981年発効，日本は85年批准)，児童の権利に関する条約(1990年発効，日本は94年批准)などがある。

第7節　立憲主義の現在と日本国憲法

　本章で見てきたように，憲法の歴史とは，国家権力を抑制して諸個人の権利や自由を獲得するための歴史であり，日本国憲法にもそれらの多くの理念が充填されている。

　例えば，マグナ・カルタ，権利請願，権利章典に規定された「財産権」は，日本国憲法では29条の財産権，そして83条以下に「租税法律主義」(租税は財産権の侵害となりうるため，法律によって厳密に定められなければならないという考え方)として規定されている。マグナ・カルタをはじめ権利請願，権

利章典，フランス人権宣言などに記されている「人身の自由」は，国王等の国家権力による不当な逮捕や監禁，拷問等の恣意的な刑罰権が行使されていたことから，それを禁止することを目的としており，日本国憲法18条は「奴隷的拘束からの自由」，31条以下で「適正手続主義」や「罪刑法定主義」などを定めている（本書第9章参照）。

アメリカ諸州の憲法やフランス人権宣言に示されている「法の下の平等」は，14条の「法の下の平等」に定められ，ワイマール憲法に規定された「社会権」は，日本国憲法においては25条に「生存権」，26条に「教育を受ける権利」，27条・28条に「勤労者の諸権利」として規定されている。

また，明治憲法は権力分立が不十分であり，立法権については，明治憲法では広く天皇大権が認められ，行政権による立法も可能であった。そのため，日本国憲法は41条で国会が国権の最高機関であることと唯一の立法機関であることを宣言し，43条で国会が「全国民を代表する選挙された議員」で組織され，国民の代表機関であると定めている。さらに，明治憲法では行政権は天皇に属し，内閣がそれを輔弼するに過ぎなかったが，日本国憲法は行政権は内閣に属すると規定した（65条）。そして内閣総理大臣に内閣の首長としての権能を認め，行政権の行使については国会に対し連帯して責任を負うと定めている（66条）。司法権においては，明治憲法では天皇に属しており，裁判所は「天皇ノ名ニ於テ」司法権を行使するものと規定していたが，日本国憲法は，司法権は裁判所に属するとし（76条），また，裁判官の身分保障の規定（76条等）や司法権の自主性を確保するための定め（77，78，80条等）によって司法権の独立を明確化している。

専制政治の下で人権が侵害されるのは常であり，天皇主権を規定した明治憲法もまた例外ではなかった。そのため，民主主義は国民主権，すなわち国民が国の政治体制を決定する権限をもつことを要請するのであり，国民主権の下ではじめて自由や人権の保障が可能となる。したがって，日本国憲法が前文で「人類普遍の原理」として人権と国民主権を規定しているのは，そのような理由に基づく。そして，国民主権原理に基づいて，日本国憲法は天皇を国政に関する権能をもたない日本国および日本国民統合の象徴であるとす

る象徴天皇制を採用している（1，4条）。

　さらに，平和なくして人権，とりわけ生存は確保できないため，平和主義の原理も人権や国民主権と密接に結びついている。「平和主義」を規定した憲法は，古くは権利章典の「王の常備軍の禁止規定」から1791年のフランス憲法の「征服のための戦争放棄」条項，第2次大戦後ではフランス第4共和制憲法，イタリア憲法，ドイツ基本法，韓国憲法など決して珍しいものではなく，国際連合憲章にも戦争の違法化が明文化されている。それらは，「武力による平和」を是認する西欧の平和主義に基づいており，第2次大戦の戦勝国の意向に沿って規定された国際連合憲章もまたその考え方に裏打ちされている。

　しかし，日本国憲法に規定されている「平和主義」の画期的な点は，武力による平和を否定した世界に類を見ない徹底的な非武装・平和を規定しているということにある。憲法前文に「われらは，平和を維持し，専制と隷従，圧迫と偏狭を地上から永遠に除去しようと努めてゐる国際社会において，名誉ある地位を占めたいと思ふ。われらは，全世界の国民が，ひとしく恐怖と欠乏から免かれ，平和のうちに生存する権利を有することを確認する」と規定されているのは，まさにその理念を記したものである。このように，先人たちによる権利と自由の獲得の歴史は，21世紀の日本に生きる私たちの権利もまた日本国憲法を通じて保障し，さらに，日本国憲法は最も先進的な平和主義の思想を世界に提示しているのである。

【参考文献】
樋口陽一『六訂 憲法入門』（勁草書房，2017年）
芦部信喜『憲法〔第8版〕』（岩波書店，2023年）
辻村みよ子『憲法〔第7版〕』（日本評論社，2021年）
佐藤幸治『立憲主義について』（左右社，2015年）
伊藤正己『憲法入門〔第4版補訂版〕』（有斐閣，2006年）
伊藤正己＝加藤一郎編『現代法学入門〔第4版〕』（有斐閣，2005年）
末川博『法学入門〔第6版補訂版〕』（有斐閣，2014年）
加藤紘捷『概説イギリス憲法〔第2版〕』（勁草書房，2015年）
篠原一『ヨーロッパの政治』（東京大学出版会，1986年）

初宿正典＝辻村みよ子『新解説世界憲法集〔第5版〕』（三省堂，2020年）
髙木八尺＝末延三次＝宮沢俊義編『人権宣言集』（岩波文庫，1957年）

〔伊藤純子〕

第7章　外国人と法

第1節　外国人をめぐる法制度

　わが国において，国際化社会の到来が叫ばれて久しいが，現在ではさらなる国際化の波が押し寄せている。いわゆる「国際化」は，「モノ」「カネ」「ヒト」の移動にともなう国家間の障壁を撤廃，あるいは，削減する効果をもたらしたとされるが，わが国では「ヒト」の移動，なかでも日本人以外の外国人の入国には，今なおさまざまな障壁があるといえるのではないだろうか。そのような障壁は，わが国における高齢化・少子化に向けた対策にも影を落としている。すなわち，1980年代半ばから急増したとされる外国人たちは，わが国に仕事や勉学の場を求めて来日した人たちが多数であった。しかし，現在ではむしろ，少子化にともなう労働力人口の減少や大学の定員割れ，あるいは産業の国際競争力を高めるためにも，外国人はわが国にとって欠かせない存在になりつつある。ただし無秩序な受入れは，わが国の主権維持にとって脅威になりかねないばかりか，実際の生活を担う地方公共団体への過度の負担を招きかねない。それでは，外国人と日本人との共存共栄のためには，国際的な視点から，どのような対策や法的規律が望まれるのだろうか。

1．外国人の入国と在留資格

　外国人の人権は，わが国に入国している外国人についてはじめて問題とすることができる。外国人は一般に，国際慣習法上，入国の自由を有しないとされており，いかなる条件で入国を認めるべきか，その判断は各国の裁量に委ねられている。そのため，わが国では出入国の要件について「出入国管理及び難民認定法」（以下，「入管法」と略す）が制定されている。同法2条1号によれば，「外国人」とは「日本の国籍を有しない者をいう」とされている。外

国人の入国や上陸には，有効な旅券(パスポート)を有するといった要件のほか(同法3条1項1号)，一連の上陸拒否事由(同法5条)がないことが必要であり，さらにその在留には，一定の資格要件が必要とされている(同法2条の2)。

在留資格は，入管法の別表第1および第2に掲げられている。第1表は，わが国における一定の活動を条件に在留を認める場合であり，就労を認めるもの(1「外交」「公用」「教授」「芸術」「宗教」「報道」，2「高度専門職」「経営・管理」「法律・会計業務」「医療」「研究」「教育」「技術・人文知識・国際業務」「企業内転勤」「介護」「興行」「技能」「特定技能」「技能実習」)と，そうでないもの(3「文化活動」「短期滞在」，4「留学」「研修」「家族滞在」)に分類できる(なお，両者を含む「特定活動」がある)。別表第2は，一定の身分または地位を有するものとして在留を認める場合であり(「永住者」「日本人の配偶者等」「永住者の配偶者等」「定住者」)，就労に制限はない。

このほか，第2次世界大戦以前より引き続き日本に在留しながら，平和条約の発効により日本国籍を失うにいたった朝鮮半島・台湾出身者とその子孫については，1991[平成3]年から「日本国との平和条約に基づき日本の国籍を離脱した者等の出入国管理に関する特例法」(いわゆる「平和条約国籍離脱者等入管特別法」)に基づき，「特別永住者」として永住が認められている。

なお政府は，2018[平成30]年に経済財政運営の基本方針である「骨太方針」に，外国人労働者の受け入れ拡大に向けた在留資格の創設を盛り込んだ。これを受けて，同年に改正された入管法では，就労を目的とした新たな在留資格として「特定技能」が新設され，特定分野で必要な知識・経験を必要とする1号と，熟練した技能を要する業務に従事する2号が規定された。両者の違いは日本語の水準(1号あり)，在留期間(1号は上限5年)，家族帯同(1号は不可)などにあるが，従来までの「技術・人文知識・国際業務」や「技能」といった要件とは異なり，いわゆる単純労働者を受け入れるものではないかという議論や，これまでの政策を変更し，「移民」を容認する方向に転換したのではないかという指摘もなされている。

2．外国人をめぐる現在の状況

外国人は，その居住や身分関係を明らかにするために，かつては外国人登録法による登録が義務づけられていた。2012[平成24]年より，新たな在留管理制度が発足することになり，入管法上の在留資格をもって3か月を超えて在留する中長期在留者に「在留カード」が交付されることになった(入管法19条の3)。有効期間は16歳以上の永住者・高度専門職2号が7年間，それ以外の資格者は在留期間の満了時までで，出国から1年以内に再入国する場合には，再入国許可手続を原則不要とするという「みなし再入国許可」が適用されることになった(後出)。

2023[令和5]年末時点における在留外国人数は約341万人であり，10年前と比べて約134万人，約1.65倍に増加した(出入国在留管理庁調べ)。2023年10月1日時点でのわが国の総人口が約1億2,435万人であるから(総務省統計局調べ)，総人口に占める割合は約2.74％におよぶ。在留資格別での在留外国人数の推移は**表1**のとおりである。中長期在留者のなかでは，永住者が最も多く，ついで技能実習，留学の割合が高い。特別永住者は2013[平成25]年末時点では全体の18.1％を占めていたが，近年では次第に減少し，2023年末時点では8.2％となり，10年間で約9万2,000人減少した。

出身(国籍・地域別)にみると，中国がもっとも多く，ついでベトナム，韓国，フィリピン，ブラジル，ネパール，インドネシアの順であるが，在留資格別にみると明確な特色がある(**表2**参照)。在留外国人のうち，中国籍は永住者，韓国籍は特別永住者が最も多く，中国籍の約40％が永住者，韓国籍の約62％が特別永住者が占めている。一方，技能実習は約50％をベトナム国籍，約18％をインドネシア国籍，約9％をフィリピン国籍の者が占めている。同じく特定技能も，ベトナム国籍者が半数を超える約53％を占めており，次いでインドネシア国籍約16％，フィリピン国籍約10％の順となっている。それは，ASEAN全体に占める人口の割合が，インドネシア40.5％，フィリピン17.0％，ベトナム14.5％となっていることにもよるが，失業率がインドネシアとフィリピンでは高いこと(IMF, World Economic Outlook database 2024年4月による推計値)，ベトナムは技能実習生や留学生として来日した人が特定

表1 在留資格別在留外国人数の推移(法務省出入国在留管理庁資料)

在留資格	令和元年末 (2019年末)	令和2年末 (2020年末)	令和3年末 (2021年末)	令和4年末 (2022年末)	令和5年末 (2023年末)	構成比 (%)	対前年末 増減率 (%)
総数	2,933,137	2,887,116	2,760,635	3,075,213	3,410,992	100.0	10.9
中長期在留者	2,620,636	2,582,686	2,464,219	2,786,233	3,129,774	91.8	12.3
教授	7,354	6,647	6,519	7,343	7,226	0.2	-1.6
芸術	489	448	385	502	580	0.0	15.5
宗教	4,285	3,772	3,034	3,964	4,143	0.1	4.5
報道	220	215	207	210	212	0.0	1.0
高度専門職	14,924	16,554	15,735	18,315	23,958	0.7	30.8
高度専門職1号イ	1,884	1,922	1,885	2,030	2,281	0.1	12.4
高度専門職1号ロ	11,886	13,167	12,257	13,972	17,978	0.5	28.7
高度専門職1号ハ	570	676	648	1,116	2,219	0.1	98.8
高度専門職2号	584	789	945	1,197	1,480	0.0	23.6
経営・管理	27,249	27,235	27,197	31,808	37,510	1.1	17.9
法律・会計業務	145	148	139	151	159	0.0	5.3
医療	2,269	2,476	2,482	2,467	2,547	0.1	3.2
研究	1,480	1,337	1,161	1,314	1,301	0.0	-1.0
教育	13,331	12,241	12,915	13,413	14,157	0.4	5.5
技術・人文知識・国際業務	271,999	283,380	274,740	311,961	362,346	10.6	16.2
企業内転勤	18,193	13,415	8,593	13,011	16,404	0.5	26.1
介護	592	1,714	3,794	6,284	9,328	0.3	48.4
興行	2,508	1,865	1,564	2,214	2,505	0.1	13.1
技能	41,692	40,491	38,240	39,775	42,499	1.2	6.8
特定技能	1,621	15,663	49,666	130,923	208,462	6.1	59.2
特定技能1号	1,621	15,663	49,666	130,915	208,425	6.1	59.2
特定技能2号	0	0	0	8	37	0.0	362.5
技能実習	410,972	378,200	276,123	324,940	404,556	11.9	24.5
技能実習1号イ	4,975	1,205	211	3,310	3,531	0.1	6.7
技能実習1号ロ	164,408	74,476	24,005	161,683	167,734	4.9	3.7
技能実習2号イ	4,268	4,490	2,818	878	2,255	0.1	156.8
技能実習2号ロ	210,965	258,173	202,006	83,508	163,274	4.8	95.5
技能実習3号イ	605	707	779	1,206	982	0.0	-18.6
技能実習3号ロ	25,751	39,149	46,304	74,355	66,780	2.0	-10.2
文化活動	3,013	1,280	821	2,400	2,581	0.1	7.5
留学	345,791	280,901	207,830	300,638	340,883	10.0	13.4
研修	1,177	174	145	497	714	0.0	43.7
家族滞在	201,423	196,622	192,184	227,857	266,020	7.8	16.7
特定活動	65,187	103,422	124,056	83,380	73,774	2.2	-11.5
永住者	793,164	807,517	831,157	863,936	891,569	26.1	3.2
日本人の配偶者等	145,254	142,735	142,044	144,993	148,477	4.4	2.4
永住者の配偶者等	41,517	42,905	44,522	46,999	50,995	1.5	8.5
定住者	204,787	201,329	198,966	206,938	216,868	6.4	4.8
特別永住者	312,501	304,430	296,416	288,980	281,218	8.2	-2.7

表2 主要国籍・地域別 在留資格別在留外国人数（2023年末）（法務省出入国在留管理庁資料）

国籍・地域	総数	中長期在留者	永住者	技能実習	技術・人文知識・国際業務	留学	家族滞在	定住者	特定技能	日本人の配偶者等	特定活動	その他	特別永住者
総数	3,410,992	3,129,774	891,569	404,556	362,346	340,883	266,020	216,868	208,462	148,477	73,774	216,819	281,218
中　　国	821,838	821,166	330,810	28,860	92,141	134,651	76,131	29,615	13,468	26,426	9,942	79,122	672
ベトナム	565,026	565,021	24,505	203,184	93,391	43,175	52,523	6,536	110,648	6,686	11,918	12,455	5
韓　　国	410,156	156,277	75,675	0	24,125	14,671	9,040	7,177	246	11,824	3,520	9,999	253,879
フィリピン	322,046	321,996	139,534	35,932	9,632	2,927	5,266	60,446	21,367	26,201	4,611	16,080	50
ブラジル	211,840	211,808	115,287	0	531	890	557	72,187	4	15,933	180	6,239	32
ネパール	176,336	176,333	7,145	2,199	32,862	55,604	50,382	1,293	4,430	1,353	713	20,352	3
インドネシア	149,101	149,093	7,632	74,387	6,675	7,741	5,009	2,694	34,255	2,488	4,467	3,745	8
ミャンマー	86,546	86,546	2,963	26,352	10,511	12,177	2,063	2,590	11,873	689	15,983	1,345	0
台　　湾	64,663	63,618	25,016	5	13,832	8,154	2,872	1,651	222	4,617	3,017	4,232	1,045
米　　国	63,408	62,538	19,856	0	8,416	4,142	4,630	1,562	11	12,480	245	11,196	870
タ　　イ	61,771	61,759	21,738	11,287	2,884	4,209	792	4,358	4,359	7,552	606	3,974	12
ペルー	49,114	49,111	33,151	48	70	194	59	11,363	19	1,630	71	2,506	3
インド	48,835	48,830	8,754	790	12,177	1,845	11,816	882	230	576	850	10,910	5
スリランカ	46,949	46,949	4,007	1,752	12,223	10,378	10,230	684	995	1,346	635	4,699	0
バングラデシュ	27,962	27,962	4,177	1,147	5,620	7,231	6,016	634	285	514	546	1,792	0
パキスタン	25,334	25,332	5,340	73	4,653	1,255	6,469	1,780	9	1,110	681	3,962	2
朝　　鮮	24,305	477	360	0	0	0	0	79		33	0	5	23,828
カンボジア	23,750	23,750	1,734	14,187	616	649	227	233	4,664	464	597	379	0
英　　国	19,909	19,814	6,880	0	3,350	1,100	930	233	5	3,037	1,164	3,115	95
モンゴル	19,490	19,487	1,495	2,636	3,433	4,799	4,027	469	902	449	572	705	3
その他	192,613	191,907	55,510	1,717	25,204	25,091	16,981	10,402	470	23,069	13,456	20,007	706

（注1）「技能実習」は，技能実習1号イ，1号ロ，2号イ，2号ロ，3号イ及び3号ロの合算です。
（注2）「特定技能」は，在留資格「特定技能1号及び2号」の合算です。

技能の在留資格に変更するケースが多いこと（https://global-saponet.mgl.mynavi.jp/visa/5998）によっている。今後，技能実習制度の廃止と育成就労制度の創設と特定技能への移行を想定すると，これら3国の占める割合は引き続き高くなることが予想される。

3．外国人をめぐる今日的な問題

なお，就労可能な在留資格で入国した者が，在留資格を離れて就労した場合や，就労不能な在留資格で入国した者が，「資格外活動の許可」（入管法19条2項）を受けずに就労した場合，あるいは，在留期間の更新を受けることなく在留を続けて不法在留となった者，不法入国者や，不法上陸者が報酬そ

の他の収入をともなう活動を行った場合は、「不法就労」となり、罰則の適用を受けることになる（同法70条以下参照）。不法就労者のうちもっとも多いと推計されるのが、在留期間経過後も在留を続ける不法残留者による就労活動である。出入国在留管理庁による統計によると、2023［令和5］年1月1日時点でのわが国の不法残留者数は約7万人とされ、前年度と比較して5.6％、約3,700人増加した。2008［平成20］年の統計が約15万人であったことと比べれば半数以下に減少しているが、不法残留となった時点での在留資格では、短期滞在者がもっとも多い66.1％（約4万6,600人）を占めており、この点を含めて、在留管理政策にさらなる対策が求められるといえる[1]。

　また、わが国への外国人の入国に関連して、難民の受け入れに関わる認定制度にも着目されなければならない。そもそも外国人の入国は、難民も含めて同一の法律で扱われており、出入国と難民認定はともに、法務省の入国管理局で一体的に処理されてきた。難民認定に関する調査も、入国審査官の中から指定された難民調査官によって担われており、その審査の中立性や公平性にも問題があった。さらに、限られた期間内で自らが難民であることを証明しなければならず、また認定のための基準も必ずしも明確とはいえなかったため、難民認定率はきわめて低く、国際的にもその対応が求められてきた。2005［平成17］年には不認定を中立的に審査する難民認定参与員制度が導入され、2018［平成30］年の改正法により、出入国在留管理庁が法務省の外局として整備されるなど、改善もなされてはいるが、人権保障の観点からは大きな問題が残されているといわざるをえない。

第2節　外国人に対する人権保障

1．人権の国際的保障

　外国人といえども人間であって、人たるに値する権利や自由は当然に認められなければならない。最高裁判所も、「いやしくも人たることにより当然享有する人権は不法入国者と雖もこれを有する」（最2小判昭和25［1950］年12月28日民集4巻12号683頁）と述べている。人権とは元来、人間が生まれなが

らに有する基本的な権利や自由であり，国家などから与えられたわけではない天賦のものである。したがって，所属している国家との関係は一応無視してもよいのであって，そのために，基本的人権は各種の宣言や条約によっても国際的な保障がなされている。1948年の国連総会で採択された「世界人権宣言」や，この宣言に法的拘束力を与える目的で条約化された，1966年の「国際人権規約」(「経済的，社会的及び文化的権利に関する国際規約」〔A規約・社会権規約〕，および，「市民的及び政治的権利に関する国際規約」〔B規約・自由権規約〕)などがそれである。

たとえば，社会権規約の2条2項は，「この規約に規定する権利が人種，皮膚の色，性，言語，宗教，政治的意見その他の意見，国民的若しくは社会的出身，財産，出生又は他の地位によるいかなる差別もなしに行使されることを保障することを約束する」と規定する。また，自由権規約の2条1項においても，「その領域内にあり，かつ，その管轄の下にあるすべての個人に対し，人種…［上記に同じ］等によるいかなる差別もなしにこの規約において認められる権利を尊重し及び確保することを約束する」と規定されている。わが国は，国際人権規約を1979［昭和54］年に批准したものの，一部の内容については依然として留保しており，また，人権侵害に際しての個人通報を定めた自由権規約の選定議定書も，未だ批准されていない。しかしながら，憲法前文に定められた「国際協調主義」の理念にしたがって，人権が最大限保障されるべきであることはいうまでもないであろう。

2．外国人の人権享有主体性

今日の憲法学の支配的見解(学説)によれば，日本国憲法第3章(「国民の権利及び義務」)が外国人にも適用されることに争いはなく(人権保障の「消極説」に対する「積極説」の優位)，また保障の範囲や内容についても，憲法上の規定のしかた(「何人も」と定めるか「国民」と規定するか)にかかわりなく，人権の性質に応じて保障されると解するのが通説・判例である(「文言説」に対する「性質説」)。たとえば，外国人の政治活動の自由が問題とされた「マクリーン事件」(最大判昭和53［1978］年10月4日民集32巻7号1223頁)において，最

高裁判所は「憲法第3章の諸規定による基本的人権の保障は、権利の性質上日本国民のみをその対象としていると解されるものを除き、わが国に在留する外国人に対しても等しく及ぶものと解すべき」であると述べている。しかしながら、外国人に対してすべての人権が保障されているというわけではなく、人権の類型や性質に応じて、一定の保障の限界を認めることができる。

外国人といっても、生活の実態やわが国とのかかわりの程度に差異があり、そのために保障されるべき人権の種類や内容にも、何らかの相違が生じるのはやむをえない。一般に外国人の類型として、定住外国人、一般外国人および難民の3つが用いられることが多い。このうち難民については、その認定に固有の問題があることはいうをまたないとしても、申請が認められた在留資格未取得の外国人には、「定住者」の在留資格が与えられるため（入管法61条の2の2第1項）[2]、ここでは、特に区別して論じる必要はないように思われる。むしろ、人権の享有主体として問題とされる外国人として、わが国との関係の密度（期間）に着目して、永住資格を認められた「定住外国人」（一般永住者・特別永住者、それらの配偶者・子どもなど）と、それら以外の、在留に期限のある「一般外国人」（定住者を含む）を区別して考察する必要があるように思われる。なぜならば、定住外国人には、人間が国家の成立以前から自然権的に有するとされる自由権のみならず、国家との一定のかかわりにおいて認められる基本権（参政権および社会権）も、十分保障されるに値すると考えられるからである。

第3節　外国人に保障される人権の範囲

1．人権の保障範囲と入国の自由

自由権は、その保障の必要性や社会的な影響力を基準として、一般に精神的自由権、経済的自由権、人身の自由に分けられている。このうち「公共の福祉」原理により、法律により一定の調整がなされるのは、精神的自由権のうち、「表現の自由」（21条）をはじめとする外面的な自由権と、憲法22条および29条が規定する経済的自由権である。ただし、表現の自由については、

その有する社会的・政治的な意義を考慮して、権利そのものが有する内在的な制約のみが及ぶと理解されるべきであり、それは「必要不可欠」な場合にのみ、「必要最小限度」の程度に限られなければならない。これに対して、経済的自由権は経済社会の調和のとれた発展のために、より強い制約を受ける場合が想定されており、政策的な外在的制約が加えられることがある。

この点に関して、経済的自由権に分類される憲法22条1項は、「何人も、公共の福祉に反しない限り、居住、移転及び職業選択の自由を有する」と規定する。そこで、外国人がわが国に「入国する自由」も、この「居住、移転の自由」含まれるのかが問題となるが、最高裁判所は、「国際慣習法上、外国人の入国の許否は当該国家の自由裁量により決定し得るものであって、特別の条約が存しない限り、国家は外国人の入国を許可する義務を負わない」(最大判昭和32[1957]年6月19日刑集11巻6号1663頁)と述べている。すなわち、「憲法22条1項は、日本国内における居住・移転の自由を保障する旨を規定するにとどまり、外国人がわが国に入国することについてはなんら規定していない」という主旨である(前出「マクリーン事件」最高裁判決)。

2．出国・再入国の自由

そこで「滞在」も入国の継続と考えられるところから、外国人に対する在留の可否についても国の裁量に委ねられると解されている(前出「マクリーン事件」最高裁判決)。これに対して、「出国の自由」は外国人にも保障されると解されているが、その根拠については争いがある。憲法22条2項の「外国移住、国籍離脱の自由」を根拠として、憲法上の保障を主張する見解も有力であるが、入国の自由が国際慣習法を根拠としていることに対応させて、出国の自由も、国際慣習法に委ねられると解するのが妥当である。この点に関して、自由権規約12条は、「すべての者は、いずれの国(自国を含む。)からも自由に離れることができる」(2項)、「何人も、自国に戻る権利を恣意的に奪われない」(4項)と規定している。

他方、再入国の自由についても、改正前の外国人登録法による指紋押捺拒否を理由として、わが国への再入国が拒否された「森川キャサリーン事件」

(最1小判平成4［1992］年11月16日集民166号575頁)において，最高裁判所は，つぎのように述べている。「我が国に在留する外国人は，憲法上，外国へ一時旅行する自由を保障されているものでないことは，当裁判所大法廷判決［上記昭和32年6月19日判決および前出「マクリーン事件」最高裁判決——筆者注］の趣旨に徴して明らか」であり，外国人の再入国の自由は憲法22条により保障されるものではない。また，自由権規約の解釈(12条4項の「自国に戻る権利」に「定住国に戻る権利」を含ませること)を通じて，再入国の自由の国際的保障を主張する見解も有力であるが，この主張に対しても，「自国」という文言を「国籍国」と解することは正当であること，またそもそも，指紋押捺の拒否を理由とする法務大臣の不許可処分は，社会通念に照らして著しく妥当性を欠くとはいえないことが明らかにされている。

　ただこの点，新たな在留管理制度により，「みなし再入国許可」(入管法26条の2)が導入されたことは評価されてよいであろう。前出の中長期滞在者について，出国の日から1年以内に再入国する場合は，原則として通常の再入国の許可を不要とするものであり，特別永住者については，出国から2年間の再入国許可が有効とされることになったからである。

3．居住の要件と職業選択の自由

　指紋押捺は在留管理の一環として，かつては外国人登録法において義務づけられていたが，外国人のプライバシーを侵害することや，日本国民の住民登録と比べて外国人を不当に差別するものであるという批判を受けて，一連の指紋押捺拒否運動が展開されたことがあった。そこで，1987［昭和62］年の法改正により，一度押捺したことのある者については，2回目以降の押捺が原則不要に改められ，1992［平成4］年の法改正で，一般永住者および特別永住者に対しては廃止されることになった。そして，1999［平成11］年の法改正でようやく全廃されることになった。しかし，最高裁は1995［平成7］年の判決において，指紋押捺制度は戸籍制度のない在留外国人の同一性確認のために合理性・必要性があるとして，合憲であると判断していた。また，前述のように2012［平成24］年より新たな在留管理制度が発足し，わが国に在留資格

をもって中長期の在留が認められることになった外国人には，新たに身分事項や在留資格(期間)や顔写真が貼付された「在留カード」が交付されることになった。新制度により，在留期間の上限の延期(3年から5年)や，みなし再入国許可制度が導入されたことは前出のとおりであるが，「在留カード」の常時携帯が罰則づきで義務づけられているなど，依然として問題とされる点は多い(入管法23条2項，同法75条の3)。

なお，永住者，日本人や永住者の配偶者，日系人やその配偶者をはじめとする定住者には就労に制限はないといえ，国籍を理由として，一部の職業の選択に制限が置かれている。とりわけ公務員としての就任のうち，各種議員や首長などの特別職については，国・地方自治体やその機関を代表するところから日本国籍を求められるのはやむをえないとしても，一般職としての公務員についても，国の場合は人事院規則8-18(採用試験)9条1項3号によって受験資格が否定されている。一方，地方公務員については，受験にあたり国籍条項を撤廃する自治体も増えており，職員としての採用の途も開かれつつあるが，警察官や消防士，管理職としての採用については，公権力の行使または国家意思の形成への参画に携わることを理由に採用を拒否する「当然の法理」の適用があるとされている。これは内閣法制局を通じて1953[昭和28]年に明らかにされた政府見解にすぎない。しかも，行政活動の多様化・非権力化が進む一方で，外国人の公務就任をあまりに硬直的に理解するものであり，問題が残る。

4．社会権の保障
(1) 外国人に対する社会権の保障

憲法25条1項は，「すべて国民は，健康で文化的な最低限度の生活を営む権利を有する」と規定する。人間が生まれながらに有する本来的な自然権である自由権と比較して，社会権は人たるに値する生存のために，一定の社会的な給付を国家に対して請求できる権利である。そのため，国家への帰属の有無がその保障の可否の重要な判定基準になると考えられないこともない。このような点は，従来の学説でも，社会権は「まず各人の所属する国によっ

て保障されるべき権利を意味するのであり，当然に外国によっても保障されるべき権利を意味するのではない」[3]と述べられてきたところでもある。判例も，「社会保障上の施策において在留外国人をどのように処遇するかについては，国は，特別の条約の存しない限り，当該外国人の属する国との外交関係，変動する国際情勢，国内の政治・経済・社会的諸事情等に照らしながら，その政治的判断によりこれを決定することができるのであり，その限られた財源の下で福祉的給付を行うに当たり，自国民を在留外国人より優先的に扱うことも，許される」としている。その上で，1981[昭和56]年改正前の国民年金法81条1項に定める障害福祉年金の支給対象者から在留外国人を除外することも，立法府の裁量の範囲内に属すると判断している（いわゆる「塩見訴訟」，最1小判平成元[1989]年3月2日判時1363号68頁）。

しかし，障害福祉年金の受給を求めた塩見さんは，障害の発生当時(1959[昭和34]年)こそ韓国籍ではあったものの，国民年金保険法の改正による国籍条項の撤廃(1981[昭和56]年)前の1970[昭和45]年に日本国籍を取得しているのであり，当然に受給資格を有していると考えられること。また，国による生存権の保障について，最高裁判所はあまりにも広い立法裁量を認めていると解される点など，問題が残る。

(2) 国籍条項の撤廃と残された問題

人たるに値する生存のために一定の給付を要求できることは，基本的人権の保障の前提をなすものであり，この点において，外国人を区別すべき特別の理由はない。実際にも，健康保険，厚生年金保険，雇用保険，労災保険などの被用者保険については，その対象者を日本国民に限定する国籍条項は当初から存在しなかった。また，国民年金法，国民健康保険法，児童手当法，児童扶養手当法，特別児童扶養手当法には国籍条項が置かれていたものの，1979年に批准した国際人権規約（社会権規約2条2項），1981年に加入した「難民の地位に関する条約」（第4章）が，それぞれ社会権の保障に関して内外人平等処遇の原則を掲げていたところから，1981年以降，順次撤廃されている。

ところで，生活保護法は1条で，生活に困窮する「国民」に対して国の最低限度の生活を保障している。しかしながら，1954[昭和29]年の厚生省社会

局長通知によって,「外国人は法の適用対象とならないのであるが, 当分の間, 生活に困窮する外国人に対しては一般国民に対する生活保護の決定実施の取扱に準じて」, 必要とされる保護が行われてきた。しかし, 1990 [平成2] 年の入管法改正にともない, 当時の厚生省は生活保護の準用を別表第2にある永住者, 日本人・永住者の配偶者等, 定住者に限定するという指示を行った (1990 [平成2] 年10月25日厚生省保護課の生活保護指導監督職員ブロック会議における口頭指示)[4]。現実には, 各地方公共団体の裁量によって生活保護は認められてはいるものの, 最高裁では永住外国人について適用対象者ではないとの判断が下されていることもあり, 問題がある (最2小判平成26 [2014] 年7月18日判例地方自治386号78頁)。

また, 国民健康保険法は, かつてその被保険者を, 市町村および特別区 (現行法は都道府県) の区域内に「住所を有する者」と規定していたところから (同法5条), 非正規滞在者や, 1年未満の滞在予定の正規滞在者は, 国民健康保険に加入できないなどの「通知」も存在している (1992 [平成4] 年3月31日厚生省保険発第41号)。この点について, 最高裁判所は,「住所を有する者」とは,「在留資格を有しないものを被保険者から一律に除外する趣旨を定めた規定であると解することはできない」と判示している (最1小判平成16 [2004] 年1月15日民集58巻1号226頁)。にもかかわらず, 従来の通知と同様の内容が, 国民健康保険法施行規則1条でも確認されている。そのため, 医療費の支払いができない非正規滞在者や短期滞在者の医療費の未払いに対応するため, かつて行き倒れの人たちを救うために機能していた「行旅病人及行旅死亡人取扱法」(明治32年法律93号) の適用を再開させて, 事態の対応に乗りだした地方自治体もある。しかしこの法律も, その適用はあくまで旅行者に限られるため, 住居を定めて就労する外国人には適用されないという問題がある。

その他, 1981年の国民年金保険法における国籍条項の撤廃以後も, 適切な経過措置がとられなかったために, 十分な受給年限を確保できないなどの理由で, 無年金となってしまった外国人の問題も残されている。

5．政治的な意見表明権としての参政権の保障

　憲法上の社会権の実現が、国による積極的な立法措置を必要とし、また、その運用に際しても、国の財源が大きく影響することは否めないとしても、自由権は、人間が本来有する基本権であるため、その最大限の保障が前提とされなければならない。なかでも、精神的自由権の制約は、前述したように、「必要不可欠」な場合に、「必要最小限度」の範囲に限られるべきである。それは、とりわけ「表現の自由」が、自己の意見の表明を通じて、政治的に働きかけていくための重要な手段であるからに他ならない。しかし、このような主権的な要素を有するためか、外国人による政治活動の自由について最高裁判所は、「わが国の政治的意思決定又はその実施に影響を及ぼす活動等外国人の地位にかんがみこれを認めることが相当でないと解されるものを除き、その保障が及ぶものと解するのが、相当である」と述べている（前出「マクリーン事件」最高裁判決）。

　そもそも、わが国での主権にかかわる参政権の行使については、憲法15条において、「公務員を選定し、及びこれを罷免することは、国民固有の権利である」と規定されており、この条文を具体化した公職選挙法においても、国政レベル（衆議院議員および参議院議員）ならびに地方レベル（地方公共団体の議会議員および長）の選挙において、「日本国民」にのみ選挙権が認められている（選挙権について公職選挙法9条、被選挙権について同10条、地方参政権について、地方自治法11条・18条・19条参照）。これらは、最高裁判所によっても追認されている（国会議員の選挙権について、最2小判平成5［1993］年2月26日判時1452号37頁、被選挙権について、最2小判平成10［1998］年3月13日集民187号409頁、地方議会議員の選挙権について、最3小判平成7［1995］年2月28日民集49巻2号639頁）。

　ただし、地方参政権については、これを外国人（とりわけ永住外国人）に対しても認めるべきであるとする学説が有力である。それは、憲法15条1項が公務員の選定罷免権を、「国民固有の権利」と規定しているのに対して、憲法93条2項が、地方公共団体の長や議会議員などの公務員を、「その地方公共団体の住民が、直接これを選挙する」と規定しているところによる。この

点，地方公共団体の組織や運営のありかたについて規定した憲法92条は，これらの事項を「地方自治の本旨」に基づいて，法律で規定すべきであること明らかにする。この「地方自治の本旨」には，地方の行政ができる限り国政から独立して行われるべきであるという「団体自治」の原理に加えて，その地域の事務が，住民の意思によって処理されるべきこと，すなわち「住民自治」の原理が含まれることがよく知られている。そこで，生活の本拠をわが国に有し，その実態においても日本国民と変わらない永住外国人に対しては，地方参政権を認めることも憲法上で許容されているとする学説が有力である。また，外国人の地方参政権について，前述した平成7 [1995]年2月28日の最高裁判決が，「我が国に在留する外国人のうちでも永住者等であってその居住する区域の地方公共団体と特段に緊密な関係を持つに至ったと認められるもの」に，法律によって地方参政権を認めることは，憲法上禁止されているものではないと判示したことも，以上の見解の支えとなっている。

6．外国人の参政権保障の必要性

国民と国家を関連づける理論に，「国民主権」という概念がある。これは，国家の権力が国民に由来することを根拠づける原理であり，それゆえに国家権力の正当性が基礎づけられることになる。ここで，そもそも国家への権力の信託者は，有名な社会契約説によれば，みずから憲法制定を通じて権力を信託した国民たちであった。しかしながら，その場合の国民とは国家の創造者としての国民であって，特に国籍が問題とされていたわけではない。もっとも，現在のように憲法が制定された主権国家においては，外国人による権力行使も，「自力救済の禁止」原則により，一般的に禁止されているのであり，当該国家の法律の拘束を受けて，課税などの一連の義務にも服しているわけである。

ところで，「民主主義」とは国家権力の行使に国民相互による「話し合い」を求める原理であった。であるならば，事後に当該国家に所属することになった定住外国人であっても，権力の付託者であり法の拘束を受ける限りにおいて，その権力の行使のあり方について意見を言えて当然であろう。国家権力は，「権力分立」の原則により，その性質に応じて分立して行使されている

が,「法の支配」の原則を受けて,事前に定められた法によって行使されることを必要とする。「立憲主義」の原則からしても,憲法によって具体化された法律以下の法により,国家目的である人権は実現されるべきだからである。

　外国人とはいえ,自らの幸福を追求しうる一個人である。主権(＝国家権力)に服する限り,その主権の行使のあり方について意見を述べられなければならない。現代国家が法(法律)によって遂行される法治国家であり,立法府が国民の選挙によって選ばれた代表者によって組織され,その議論と総意によって立法がなされるのであれば,少なくとも主権に属する者は,その国籍に関わらず,代表者の選出に際して自己の意見が表明できなければならないであろう。とりわけ,身近な地方政治であればなおさらである。

　改めて,普遍的な国際原理から,あるべき人権の保障とそのための統治原理について再考が求められているといえる。とりわけ,「話し合い」を本質とする「民主主義」は,その過程(手続)を重要視する。最終的には多数決で決せざるをえないとしても,少数意見は最大限に尊重されなければならない。ましてや,強行採決などはあってならないことはいうまでもないのである。

【注】
1)　出入国在留管理庁「本邦における不法残留者数について(令和5年1月1日現在)」。
2)　山田鐐一＝黒木忠正＝髙宅茂『よくわかる入管法〔第4版〕』(有斐閣,2018年)257頁。
3)　宮沢俊義『憲法Ⅱ〔新版〕』(有斐閣,1974年)242頁。
4)　手島孝＝安藤高行『憲法新教科書』(法律文化社,2007年)20頁。

【参考文献】
芦部信喜『憲法学Ⅱ 人権総論』(有斐閣,1994年)
日本弁護士連合会編集委員会編『定住化時代の外国人の人権』(明石書店,1997年)
後藤光男『共生社会の参政権』(成文堂,1999年)
近藤敦編著『外国人の法的地位と人権擁護』(明石書店,2002年)
中川義朗『現代の人権と法を考える〔第2版〕』(法律文化社,2006年)
関東弁護士会連合会編『外国人の人権』(明石書店,2012年)
西日本新聞社編『新 移民時代』(明石書店,2017年)

〔古屋　等〕

第8章　私人の権利救済と行政法
―― 抗告訴訟のしくみを学ぶ ――

第1節　行政法で学ぶこと

1．はじめに

次のような事例を想定してほしい。

　N県S町に住むAは，四肢に障害があり，肢体不自由者(学校教育法施行令5条1項1号)に該当するが，普通学校であるS町立O小学校に入学した。Aは，同校での6年間，特別支援学級の担任教員の補助を受けながら，教室移動が必要な科目も含めてすべての授業を普通学級の児童らと共に受け，入学当初，試験時間を延長する等の配慮を受けていたが，卒業時にはいずれも他の児童らと同じ時間内で行うことができるようになった。
　A及び両親は，中学校入学に際して，S町立P中学校への就学を希望する旨をS町教育委員会(＝処分行政庁)に申し入れたが，当該教育委員会は，Aを就学させるべき学校としQ特別支援学校を指定し，就学通知書を送付した。Aと両親はP中学校に入学するために裁判で争いたいと考えている。なお，Aは小学校在学中に受けていた適切な支援を受けることができれば，通常学級に在籍することが十分可能である。

　上記の事例において，Aと両親は，特別支援学校への入学を指定したS町教育委員会の決定を不服として訴えを提起することとした。このように，行政を相手方として訴えを提起することを行政争訟という。行政争訟には「行政事件訴訟」と「行政不服申立て」の2つの訴えのしくみが存在し，これらは，行政法のなかでも「行政救済法」とよばれる分野において学ぶことである。本章では，行政争訟の基本(特に上記の事例で用いる行政事件訴訟の抗告訴訟)について学ぶことにするが，まずは，行政法という学問分野について簡

単に説明しよう。

2．行政法とは？

　行政は，教育，福祉，まちづくり等，さまざまな活動を行っており，これらを規律する法律を総称して行政法とよぶ。「行政法」という名前の法律は存在せず，行政にかかわる法律すべてが行政法の対象となり，学問分野としての行政法は，①行政作用法，②行政組織法，③行政救済法，にわけることができる。

(1) 行政作用法

　行政作用法とは，行政活動についての法のことをさす。行政活動とは，行政主体（＝国や地方公共団体等）が行う活動のことであり，行政主体の私人への関わり方について規律する行政法のことを行政作用法という。

　行政主体は，様々なかたちで私人にかかわってくる。行政法理論は，行政の活動や行為が，私人の権利にどのような影響を及ぼすのかということに着目して，行政活動を分類している。たとえば，警察のしごとの中には，(a)運転免許の交付や取消しのように，私人に対して権利を与えるものや剝奪するもの，(b)真冬に酔っぱらって道に倒れている人の保護のように，私人の身体に直接強制を加えるもの，(c)交通安全や振り込め詐欺の防止等の呼びかけのように，広報活動を行うものなど，様々なものが含まれる。行政法理論では，(a)の活動のように私人の権利や義務に影響を及ぼすものは，行政行為・行政処分，(b)のように，即時に私人の身体や財産に対して実力行使を行うものは即時強制，というように行政の活動をさまざまなタイプに分類しており((a)(b)以外にも，行政立法，行政計画，行政指導等多岐にわたる），行政作用法においては，これらの観念について学ぶことになる。

(2) 行政組織法

　行政組織法とは，行政の組織構成や各組織への権限配分に関する法のことをさし，この分野では行政の組織がどのような法に基づいて構成されているかを学ぶことになる。国や地方公共団体などの行政主体は，法人格を有し，独自の行政組織をもっている。それぞれの行政組織は「行政機関」により構

成されるのであるが，ここでいう行政法理論上の「行政機関」と法律に規定される行政機関とは異なるので注意が必要である。行政法理論上の「行政機関」とは簡単に言ってしまえば，組織を構成するさまざまな役職についている公務員ということになる。たとえば，国レベルでは，大臣や次官等はそれぞれ1つの「行政機関」であり，△△省に所属する公務員はすべて，それぞれが「行政機関」ということになる。地方公共団体においても同じことがいえる。多くの行政活動は，公務員とよばれる自然人によって行われるが，「行政機関」である公務員は，自分の利益のために活動しているのではなく，国や地方公共団体(＝行政主体)のために活動しているのであり，公務員(＝「行政機関」)の活動は国や地方公共団体(＝行政主体)の活動とみなされ，その結果生じた権利や義務は，国や地方公共団体に属することになる。

先ほど説明した行政作用法が，行政が私人に対して行う対外的な行為を対象とするのに対し，行政組織法は，「行政機関」と「行政機関」の相互間で行われる行政の内部的な行為を対象とする。

(3) 行政救済法

行政救済法とは，主として行政と私人との間の紛争を解決するための法のことをさし，この分野では行政によって権利・利益の侵害を受けたと考える私人が，救済を求める際のルールについて学ぶことになる。大きく，行政争訟と国家補償に分けることができるが，前者は主として行政の処分そのものを問うものであり，後者は，発生した不利益に対して金銭的な保障を問うものである。

最初に述べたように，本章の目的は行政争訟の基本を学ぶことであるので，次節では行政救済法の概要をまとめたうえで，行政争訟について説明する。

第2節 行政救済法の概要

1.「裁判的救済の原則」とは？

行政法理論において「法律に基づく行政の原理」という言葉がある。私人の権利義務に影響を与える行政活動は，法律の授権に基づいて行われなけれ

```
                  ┌ 行政争訟 ┌ 行政不服申立て  (行政不服審査法)
                  │         └ 行政事件訴訟    (行政事件訴訟法)
行政救済 ┤
                  └ 国家補償 ┌ 国家賠償        (国家賠償法)
                            └ 損失補償        (憲法29条3項)
```

図1　行政救済法の体系

ばならないということであるが，時として行政が法律の適用を誤り，違法な活動を行うことがある。「法律による行政の原理」のもとでは，適法状態を維持するために「裁判的救済の原則」がとられており，違法な行政活動によって私人の権利利益が侵害された場合，裁判所による実効性のある権利利益の保護が保障されている。私たちは，日本国憲法32条に基づき「裁判を受ける権利」を保障されているが，行政法理論における「裁判的救済の原則」は，行政上の法律関係について「裁判を受ける権利」が保障されていることを意味する。

　「裁判的救済の原則」を支えるのは，行政争訟と国家補償の制度である。行政争訟には，行政庁に対して違法・不当な行政活動の是正を求める行政不服申立てと，裁判所に対して違法な行政活動の是正を求める行政訴訟がある。一方，国家補償は，権利利益の侵害に対して，金銭による補償を目的とするものであり，民法上の損害賠償制度に該当する国家賠償と，適法な行政活動によって損失を発生させた場合にその塡補を行う損失補償の2つに分類される。行政争訟については後ほど詳述するので，ここでは，国家補償について簡単に説明しておこう。

2．国家賠償

　日本国憲法17条において，公務員の不法行為による損害について，法律の定めるところにより，国・地方公共団体に損害賠償を求めることができる旨が定められている。明治憲法の時代には「国家無答責の法理」がとられており，国または地方公共団体の賠償責任に関する一般的な法律の規定は存在しなかったが，日本国憲法17条の規定をうけて国家賠償法が制定されること

なった。

　国家賠償法は，全部で6か条からなる法律であり，2つの賠償責任を定めている。国家賠償法1条1項において「公権力行使責任」，2条において「営造物管理責任」が規定されており，前者は公務員等の違法な公権力の行使に起因する損害の賠償責任，後者は国・地方公共団体の公の営造物の設置・管理に起因する損害の賠償責任のことをさす。たとえば，警察官がパトカーで強盗犯人を追跡中に，不注意で通行人をはねてしまった場合には，1条1項の「公権力行使責任」が問われることになる。2条の「営造物管理責任」の「営造物」とは，公の目的に供される物や施設を指すものとされ，これには道路などの人工公物や，河川や海岸のような自然公物も含まれる。公立小学校の遊具が倒壊したために負傷した場合や，堤防の構造や管理に問題があったためにそれが決壊して洪水が起き，民家が水没した場合などは，営造物に瑕疵があったため私人に損害が及んだとして，「営造物管理責任」が問われることになる。

3．損失補償

　損失補償とは，国・地方公共団体の適法な活動により国民が被った「特別の犠牲」に対する金銭的な補塡である。「特別の犠牲」とは，所有している土地に道路が設置されることになり，当該土地が収用されるケース等が典型例としてあげられる。国家賠償法の場合とは異なり，道路の設置，土地の収用等，行政の活動は適法に行われていることが特徴であり，「特別の犠牲」に対しては照応の原則に基づき，相応の金銭的な補塡が行われる。なお，「損失補償法」といった損失補償一般について定める法律の規定は存在しない。

　以上，行政救済法の概要について簡単にまとめたが，ここからは本章のテーマである行政争訟の基礎について学ぶこととする。

第3節　行政争訟の基礎

上述したように，違法あるいは不当な行政活動が行われた場合に，そのような行政活動によって権利利益の侵害を受けた者は，行政争訟を通じてその活動の是正を求めることとなる。行政争訟には，行政庁に対して違法・不当な行政活動の是正を求める行政不服申立てと，裁判所に対して違法な行政活動の是正を求める行政訴訟があり，本節ではそれぞれの仕組みについて学ぶこととする。

1．行政不服申立て
(1)　行政不服審査法の目的

行政不服申立てとは，違法・不当な行政活動によって私人の権利利益が侵害された場合に，その是正と当該私人の救済を行う制度で，行政過程の中に組み込まれたものである。行政不服申立ての目的は，行政不服審査法1条1項に定められており，「この法律は，行政庁の違法又は不当な処分その他公権力の行使に当たる行為に関し，国民が簡易迅速かつ公正な手続の下で広く行政庁に対する不服申立てをすることができるための制度を定めることにより，国民の権利利益の救済を図るとともに，行政の適正な運営を確保することを目的とする」される。

(2)　行政不服申立てのメリット・デメリット

行政不服申立てのメリットとしては，①裁判所に訴訟を提起するのに比べ，簡易迅速な手続による私人の権利救済が可能である，②行政が自らを統制する手段として機能する，③違法・適法の法律要件適合性の審査だけではなく，行政裁量の範囲内における公益目的適合性（当・不当）の審査が可能である，④定型的紛争につき行政過程内で処理することにより裁判所の負担が軽減される，等があげられる。

これに対して，デメリットとして，①裁判所に比べ紛争処理機関の第三者性が劣る，②審理手続のルールが訴訟に比べて厳格でなく，審査の公正と救

済の確実性に問題がある等の指摘がされてきたが，2014[平成26]年に行政不服審査法が改正され，これらの問題に対して抜本的な解決がはかられた。

(3) 行政不服申立てのしくみ

改正前の行政不服審査法において，不服申立ての手続は，異議申立て，審査請求，再審査請求の3段階にわけられていたが，2014年の行政不服審査法の改正は，その手続を「審査請求」に一元化した(行政不服審査法2条。例外的に「再調査の請求」〔同5条〕や「再審査請求」〔同6条〕を行うこともできる)。私人により審査請求が行われると，職員のうち処分に関与しない者(審理員)による公正な審理が行われ(同9条)，有識者から成る第三者機関による裁決の点検(同43条)が行われる。

なお，行政不服申立てと行政事件訴訟のいずれを提起するかは，原則として自由に選択できることになっているが，個別法において不服申立前置のしくみがとられている場合には，行政不服申立てを行った後でないと，行政事件訴訟を提起することができない。2014年の法改正前には，不服申立前置のしくみをとっている法律は96本存在したが，法改正後は49本まで減少している。

2．行政事件訴訟

(1) 行政事件訴訟の類型

私人が行政主体を相手に訴えを起こす場合，なんでも自由に訴えることができるわけではない。行政事件訴訟に限ったことではないが，裁判所に訴えを起こす場合，法律上一定のルールが定められている。ルールに従わずに訴えが提起された場合，裁判所はその内容を審理することなく，入り口の段階ではねつけることになる。このようなルールのことを訴訟類型や訴訟要件といい，行政事件訴訟法は行政事件訴訟を起こす際のルールを細かく定めている。

行政事件訴訟法は，まず，2条において行政事件訴訟を抗告訴訟，(公法上の)当事者訴訟，民衆訴訟，機関訴訟の4つに分けている。これらの4つのうち，抗告訴訟(3条)と(公法上の)当事者訴訟(4条)は主観訴訟とよばれ，

私人の個人的な権利利益の保護を目的とする。抗告訴訟はさらに，取消訴訟（3条2項・3項），無効等確認訴訟（3条4項），不作為の違法確認訴訟（3条5項），義務付け訴訟（3条6項），差止訴訟（3条7項）と分類され，当事者訴訟も実質的当事者訴訟と形式的当事者訴訟に分類される。これに対し，民衆訴訟（5条）と機関訴訟（6条）は客観訴訟とよばれ，私人の権利利益ではなく，客観的に行政作用を適法な状態に保つことを目的とする。

なお，少し難しい話になるが，主観訴訟は個人の権利利益を保護するものであるので裁判所法3条1項にいう「法律上の争訟」に該当するが，客観訴訟は，客観的に適法状態を維持するためのものであるので「法律上の争訟」には該当せず，個別法で認められた場合のみに裁判を起こすことが可能となる。

行政事件訴訟法は，それぞれの訴訟類型について厳格な訴訟要件を定めており，訴訟要件を満たさない場合には，訴えは入り口でしりぞけられることになる（＝却下判決）。従来，行政事件訴訟において訴訟要件の判断は厳しく，原告の訴えはなかなか認められなかった。2004［平成16］年の行政事件訴訟法の改正は，このような問題に対応するためのものでもあった。

(2) 抗告訴訟

行政事件訴訟の中心となるのは抗告訴訟であり，なかでも取消訴訟がその中心となる。行政事件訴訟法3条1項は，抗告訴訟を「行政庁の公権力の行使に関する不服の訴訟」と規定しており，抗告訴訟はさらに，取消訴訟（処分の取消しの訴え，裁決の取消しの訴え），不作為の違法確認訴訟，無効等確認訴訟，義務付け訴訟，差止訴訟に分類される。理論上は，法律で定められたこれらの訴訟類型の他に，法定外の抗告訴訟（＝無名抗告訴訟）も認められるとされるが，最高裁が実質的に無名抗告訴訟を認めたことはない。

なお，「行政庁の公権力の行使に関する不服の訴訟」のうち，「行政庁」とは，行政主体のために意思決定をし，それを外部に表示する権限を持つ行政機関のことをいう。「公権力の行使」とは，行政庁が国民に対して優越的地位にある場合を意味するとされる。法律の規定が「公権力の行使に関する」となっているのは，公権力の行使・不行使の両方が含まれるからである。

```
主観訴訟 ┌抗告訴訟（3条） ←本章で主に扱っていること。
         │   取消訴訟・無効等確認訴訟・不作為の違法確認訴訟・義務付け訴訟・差止訴訟
         └当事者訴訟（4条）
              形式的当事者訴訟・実質的当事者訴訟
客観訴訟 ┌民衆訴訟（5条）
         └機関訴訟（6条）
```
図2　行政事件訴訟の類型

1) 取消訴訟

取消訴訟とは，「処分」あるいは「裁決」の「取消し」を行う訴訟で，この両者をあわせて「取消訴訟」という（行訴法3条2項・3項）。取消訴訟中心主義（取消訴訟の排他的管轄）といわれ，抗告訴訟を提起する場合には，取消訴訟が可能であれば取消訴訟をもちいて訴えを提起しなければならない。取消訴訟の提起が難しい場合に，無効等確認の訴え等，他の訴訟類型を活用することになる。

「行政庁の処分」とは，「行政庁の法令に基づく行為のすべてを意味するものではなく，公権力の主体たる国または公共団体が行う行為のうち，その行為によって，直接国民の権利義務を形成しまたはその範囲を確定することが法律上認められているもの」であり，「正当な権限を有する機関により取り消されるまでは，一応適法性の推定を受け有効として取り扱われ」，「その無効が正当な権限のある機関により確認されるまでは事実上有効なものとして取り扱われ」るものである（東京都ごみ焼却場事件判決〔最1小判昭和39［1964］年10月29日民集18巻8号1809頁〕）。

2) 無効等確認訴訟

無効等確認訴訟は，処分または裁決の瑕疵があまりにも重くて「無効」または「不存在」というべきと主張して提起するものである。処分が，無効または不存在の場合は，処分がなされたはじめから全くなんらの法的効果もないのだから，訴訟の形としては，法的効果がないことを「確認する」ということになると考えられている（行訴法3条4項）。もっとも，無効等確認訴訟

は,「当該処分又は裁決に続く処分により損害を受けるおそれのある者その他当該処分又は裁決の無効等の確認を求めるにつき法律上の利益を有する者で,当該処分若しくは裁決の存否又はその効力の有無を前提とする現在の法律関係に関する訴えによつて目的を達することができないものに限り,提起することができる」とされるように,訴えを提起できるケースは限定されている(行訴法36条)。

3) 不作為の違法確認訴訟

不作為の違法確認訴訟とは,行政庁が法令に基づく申請に対して,相当の期間内に何らかの処分や裁決をするべきであるにもかかわらず行わない場合に,行政が法律上すべきことを行わないことを,違法であると裁判所に確認してもらうものである(行訴法3条5項)。

なお,訴えを提起することができるのは,処分又は裁決についての申請をした者に限定されている(行訴法37条)。

4) 義務付け訴訟

義務付け訴訟と差止訴訟は,2004年の行政事件訴訟法の改正により新たに法定化された訴訟類型である。義務付け訴訟には理論上,行政過程において私人の申請が予定されている場合と,そうではない場合の2つが想定される。一般的に,前者を①申請型の義務付け,後者を②非申請型の義務付けとする。

①申請型の義務付け訴訟は,処分又は裁決を申請する権利があることを前提として,申請が拒否されたり,不作為状態が続いている場合に,申請を認容し,一定の処分や裁決を行うよう行政庁に求めることができるものである(行訴法3条6項2号)。申請型の義務付け訴訟の場合,不作為の違法確認訴訟や拒否処分の取消訴訟ないし無効等確認訴訟を併合して提起しなければならない(行訴法37条の3第3項)。

②非申請型の義務付け訴訟は,私人が申請権をもたない場合であっても,義務付け訴訟によって第三者への規制権限の行使などを行政庁に求めることができるものである(行訴法3条6項1号)。非申請型の義務付け訴訟の訴訟要件は厳しく,原告が義務付けを求めるにつき,「法律上の利益」を有し,かつ,「一定の処分がされないことにより重大な損害を生ずるおそれがあり,

かつ，その損害を避けるため他に適当な方法がないときに限り」提起が認められている(行訴法37条の2第1項)。

5) 差止訴訟

差止訴訟は，行政庁が一定の処分または裁決をすべきでないにもかかわらずこれがされようとしている場合において，行政庁がその処分または裁決をしてはならない旨を命ずることを求める訴訟である(行訴法3条7項)。行政庁による不利益処分や強制執行を将来受けるおそれがあると考える者が，こうした措置を予防するために提起することができる訴訟とされる。訴訟要件は，原告が差止めを求めるにつき「法律上の利益」を有し，「行政庁がその処分若しくは裁決をすべきでないこと」が，「根拠となる法令の規定から明らかであると認められ」，又は「行政庁がその処分若しくは裁決をすることがその裁量権の範囲を超え若しくはその濫用となると認められる」ことと規定されている(行訴法37条の4第3項・5項)。

差止訴訟も2004年の改正によって初めて明文で定められたが，それ以前においても，最高裁は一定の要件を満たせば差止訴訟の提起が認められる可能性があると判示していた。

第4節　おわりに

行政法で学ぶことは，いかにして行政活動の適法性を維持し(行政作用法)，違法な行政活動を是正するか(行政救済法)ということである。本章は，抗告訴訟を中心に行政救済法の概要について説明を行ったにとどまるので，行政法について興味を持たれた方は，下記の参考文献にあげた教科書を是非読んでみてほしい。

冒頭の事例において，Aと両親はS町教育委員会がAを就学させるべき学校としてQ特別支援学校を指定したことを不服とし，訴えを提起することとした。この場合，原告であるAと両親は，行政争訟のうち行政事件訴訟の抗告訴訟，なかでも義務付け訴訟を提起して，S町立P中学校への入学を求めることとなる。裁判においては，S町教育委員会の判断(行政法理論では

「行政裁量」という)の是非が審査され，その判断に誤りがある場合には，Q特別支援学校を就学すべき学校と指定したことの違法性が認められる。本事例は，奈良地決平成21〔2009〕年6月26日判例地方自治328号21頁をベースにしたものであるので，興味のある方は，是非オリジナルの決定文を読んでほしい。

【参考文献】
藤田宙靖『行政法入門〔第7版〕』(有斐閣，2016年)
大橋洋一『社会とつながる行政法入門〔第2版〕』(有斐閣，2021年)
大浜啓吉『行政法総論〔第4版〕』(岩波書店，2019年)
大浜啓吉『行政裁判法』(岩波書店，2011年)
橋本博之『現代行政法』(岩波書店，2017年)
櫻井敬子＝橋本博之『行政法〔第6版〕』(弘文堂，2019年)
宇賀克也『行政法概説Ⅱ〔第7版〕』(有斐閣，2021年)

〔今川奈緒〕

第9章　犯罪と刑法

第1節　「刑法」とは何か

　メディアなどでの報道に限らないが，社会で起きた特定の犯罪のインパクトに比例して，「犯罪が激増した」「犯罪が凶悪化した」といったコメントをいろいろな媒体で目にしたり，同様の感覚を持つことは，むしろ珍しくもないことであろう。しかし，このところの日本社会において，単純な犯罪の「激増」や「凶悪化」の事実が存在しないことはむしろ常識になってきているといえようか。

　近時の現象としては2023[令和5]年版の『犯罪白書』でも指摘されている通り，2020年からの新型コロナウィルス感染症を受けた外出自粛要請によるであろう刑法犯認知件数の減少傾向が関連措置の終了に伴い若干の数字の上昇が見られるものの，増加に転じたとまでは言い切れないとされている。また，翌年の『犯罪白書』では，感染拡大前の水準を下回っているものの，その水準に一層近づいていると指摘されている[1]。

　なお，諸外国に比べて犯罪が少ないということも，それに関連する多様な問題の当否はさておき，少なくとも事実のようである。犯罪白書において示されている米英仏独との2021年における犯罪発生率の比較では，たとえば殺人の数字では米国6.8，英国1.1，フランス1.1，ドイツ0.8に対して日本は0.2と圧倒的に低い。感染症前後でも日本の状況に変化は見られない。近時，見られる動きとしては家族間暴力やサイバー犯罪，特殊詐欺事件の検挙件数の増加，強制性交等の認知件数の増加は指摘されている。

　もっとも，客観的な犯罪状況とは別に，主観的ないわゆる「体感治安」と呼ばれるものが悪化しているということは，それが主観的なものであるだけに慎重な対応が必要である。しかし，これについても既に「治安は，客観的

には悪化しておらず，安心感が失われたといっても，それは社会文化的境界の衰退のためであった。……私は，日本の刑事司法に対する高い評価を変えていないが，厳罰を排し，赦しを与え，ひとりひとりを個別に丁寧に扱う，よき伝統の継承が危ぶまれていると感じるところもある」といった指摘がされている。境界が生きていた社会においてこそ「日本は犯罪の少ない安全な社会である」との「安全神話」が成り立ちえる[2]とすれば，SNSの普及などにより情報の境界が低い社会になるのにつれて，主観的なそれが低下するのは，むしろ当然のこととともいえようか。

客観的な犯罪状況以上に「体感治安」といわれるものが悪いということが，単に必要以上の心配というにとどまるのであれば，まだ無視しうるかもしれないが，昨今の刑事立法の「インフレ」状況に鑑みると，その原動力となっていないかが，疑われるのである。刑罰依存社会ともいえようか。例えば過去3度廃案となった共謀罪が2017年に「テロ等準備罪」として創設されたが立法時の議論においてそもそも同罪の新設がテロ対策として役に立たないことが指摘されていた。

刑事立法の「インフレ」がなぜ問題かというと，それが「市民刑法の治安刑法化」[3]という動きによるものとうかがわれるからである。「市民」が「市民による市民のための市民の統治，簡単にいえば市民の利益を国家刑罰によって保護すること」[4]を任務とする刑法を「市民刑法」とすれば，主体であるべき「市民」を統治の客体として，国家権力が社会や国家の平穏・秩序などを維持することを任務とする刑法のことを「治安刑法」という。昨今の刑事立法は，主観的に（のみ？）低下しているらしい「市民的安全の擁護という名の下に国家刑罰権を市民の日常生活の隅々にまで浸透させることを目的とし，市民的秩序の『実力的』貫徹をめざす動き」が下支えしていると指摘されている。このような動きは「市民的治安主義」と呼ばれている。市民的治安主義によって「市民刑法の治安刑法化」が起こっているが，「市民の自由」を掘り崩す理由として，国家権力が「市民の安全」を持ち出しているというアイロニーであり，この皮肉を理解しうることも刑法学を学ぶ意義であろう。

第2節 「犯罪」とは何か

1.「市民刑法の治安刑法化」の例としてのポスティング弾圧

このような「市民刑法の治安刑法化」の具体例の1つとして、政治的ビラなどを住居の扉ポストに投函するいわゆる「ポスティング」という行為に対して住居侵入罪を理由に刑罰を下した事例を挙げることができる。2004[平成16]年から2005[平成17]年にかけて同種の事件が相次いで起こった[5]が、さしあたり、「立川(反戦ビラ)事件」をみておきたい。検察官の主張によれば、事実は以下のとおりという。

被告人のA，B，Cは、共謀の上、「自衛隊のイラク派兵反対！」などと記載したビラを防衛庁(当時)立川宿舎(以下「立川宿舎」という。)の各室玄関ドア新聞受けに投函する目的で、約1時間、自衛隊東立川駐屯地業務隊長Dらが管理し、Eらが居住する立川宿舎の敷地に立ち入った上、同宿舎の階段1階出入口から各室玄関前まで立ち入り、もって正当な理由なく人の住居に侵入した。

また、後日、被告人B及び被告人Cは、共謀の上、「ブッシュも小泉も戦場には行かない」などと記載したビラを立川宿舎各室玄関ドア新聞受けに投函する目的で、約30分間、Dらが管理し、Eらが居住する立川宿舎の敷地に立ち入った上、同宿舎の階段1階出入口から各室玄関前まで立ち入り、もって正当な理由なく人の住居に侵入した。

投函されたビラには、被告人らが所属する反戦グループ「立川自衛隊監視テント村」と印字されており、その連絡先住所及び電話・ファクシミリ番号等が明記されていた。被告人らが後日逮捕されるまでの間、AとCが個人的に立川宿舎の居住者から抗議されたことはあるものの、それ以外は、自衛隊ないし防衛庁関係者からも警察からも一切、接触、連絡はなかったという。この事件について、裁判所の判断は分かれた。

第1審判決[6]は、被告人全員に無罪を言い渡した。また、1審判決は、本件の起訴に対して、いきなり検挙して刑事責任を問うことは、表現の自由の

趣旨に照らして疑問の余地なしとしないとして疑問を呈した。これに対して，控訴審[7]は，ビラ配り禁止の貼り札などから，管理権者らの意思に反するものであることが明らかであるとして，被告人全員に罰金刑の有罪判決を言い渡した。なお，控訴審判決はいわゆる「自衛官工作」の意味を持つものであることは明らかとの評価も示している。

　最高裁[8]は表現の自由との関係について，本件では，表現そのものを処罰することの憲法適合性が問われているのではなく，ビラの配布のために「人の看守する邸宅」に管理権者の承諾なく立ち入ったことを処罰すること，すなわち表現内容ではなくて表現方法の憲法適合性が問われているに過ぎないとの理解の下，被告人らの上告を棄却した。ビラ配布が犯罪とされることによる表現の自由に対する委縮効果が大いに危惧されるところであるが，まさに個人の利益の擁護を理由にして政治的主張を公表する機会を奪っているという構図自体は，否定できないものといえよう。控訴審のようにこれを「工作」と評価するというのであれば，反戦運動に対する「弾圧」との批判も説得力を持つこととなろう。

2．犯罪の定義

　ところで，このようなポスティングという法益侵害の程度が軽微な事案に接すると，「犯罪」とまでいうのは「厳しすぎる」という疑念も生じようか。そもそも「犯罪」とは何かと問われれば，多くの人が「悪い」ということに関連することを答えるだろう。「殺人」，「窃盗」などの罪名を答える人もいるだろう。しかし，何が犯罪かということは，実はそれほど自明のことではない。そもそも日常生活において，たとえば「信号無視」が道路交通法によるものではあっても「立派」な犯罪にあたることを自覚して暮らしている人は，ほとんどいないのではなかろうか。実は「犯罪」とは何かということは，それほど自明のことではない。私達が自由を脅かされずに生きていくために，「犯罪」とは何かを厳密に探求する学問が刑法学である。

　一口に「犯罪」と言っても，何を「犯罪」と考えるかは人によって異なることもある。時代や場所によっても異なりうる。犯罪の定義として，「刑罰

という法律効果が科せられる前提となる人の行為」とされることもあるが,この定義は「刑罰」に対応するのが「犯罪」であることは分かるものの,そもそもその行為が何故「犯罪」とされるのかについて答えてくれる訳ではない。

社会に存在する逸脱行為の全てが犯罪となるわけではなく,実は多くの逸脱行為のうち,特に処罰が必要なものだけを法律によって「犯罪」としているに過ぎない。そればかりか,実際の行為が法律で定められた「犯罪」に該当するか否かも同様に,考えが異なることが稀ではないことである。立川反戦ビラ事件では,裁判所によって無罪有罪が異なっていた。しかし,何が犯罪であるかが曖昧では,いつ自分が犯罪者にされてしまうか分からない訳で,安心して社会生活を送ることもできない。そのため,犯罪の成立要件を厳密に確定しておく必要が生ずる。

そこで,最低限,刑法学上「犯罪」を定義すると,「構成要件に該当する違法かつ有責の行為」とされるのである。

3．構成要件

(1) 構成要件

しかし,「犯罪とは構成要件に該当する違法かつ有責の行為」と言われても,刑法学を学んだことがなければ「コウセイヨウケンって何？」ということになろう。この「構成要件」という概念自体が初学者には理解の困難なものであり,実は学問上も構成要件の機能と内容について統一的な見解が定まっている訳ではない。しかし,「構成要件」の理解で挫折すると,その後の刑法学の学習は進まない。まず,構成要件とは何かから始めよう。

構成要件という概念は,ドイツの刑法学で確立されたものである。原語はTatbestandである。最近の大学では未修外国語を必修としないところもあり,ましてやドイツ語を学習している学生はさらに少ないのであろうが,Tatとは「行為」を意味する名詞である。Bestandとは「現に存在する」ことを意味する動詞が名詞化したもので,「存立」を意味すると共に,「手持ち,現在高,在庫」をも意味する名詞である。独和辞典によっては,「在庫目録,

総目録」といった訳語を掲載しているものもある。つまり，Tatbestandとは「行為の目録」「行為のカタログ」である。どういう行為のカタログかというと，「犯罪となる行為のカタログ」なのである。パソコンを買おうと思って家電店やWebでカタログを見るのと同じように，何が犯罪行為になるかについて「刑法」という「カタログ」を見て，そこに掲載している行為にピッタリ当て嵌まれば，これを刑法学上は「構成要件に該当する」というのである。

ただし，カタログに載っているものが，ある人の行為と同じといっても，その人の行為はその人の1回限りの行為であって，カタログに載っているものがその人の行為と「同じ」と言いうるのは，カタログに載っているものが行為の「型」であるからである。刑法が犯罪とすべきものとして保護しようとする生活利益，すなわち保護法益の侵害，又は侵害の危険のある行為を「型」として類型化したものが構成要件なのである。そういう行為の「型」として，現行の日本の刑法は「殺人罪」「窃盗罪」などの行為の「型」を並べているのである。何がしかの行為が犯罪だと言いうるためには，まず第1段階として，その行為が刑法に規定する行為の「型」に当て嵌まらなければならない，すなわち構成要件に該当しなければならないのである。

この行為の型は，典型的には「刑法」という名称の法律に定められているが，刑法に限らず，多くの刑法を補充する「特別刑法」と総称される諸法律などにも定められている。個々の構成要件はそれぞれが異なる行為の型である。次に，具体例として，冒頭の事例である住居侵入という行為の型，すなわち住居侵入罪の構成要件を検討しよう。

(2) 住居侵入罪の構成要件

それでは，住居侵入罪の構成要件とは具体的にどういう内容であろうか。住居侵入罪の構成要件を定める刑法第130条の規定は以下の通りである。「正当な理由がないのに，人の住居若しくは人の看守する邸宅，建造物若しくは艦船に侵入し，又は要求を受けたにもかかわらずこれらの場所から退去しなかった者は，3年以下の懲役又は10万円以下の罰金に処する。」本条後段の「退去しなかった」行為を不退去罪といい，前段の「侵入」する行為が住居

侵入罪である。

　さて，構成要件とは先ほど述べた通り，犯罪とされる行為の「型」であるが，その要素としては，行為，結果，因果関係，主体，客体，行為の状況などが挙げられる。住居侵入罪では行為は「侵入」であり，結果は「住居権」の侵害，あるいは「住居の平穏」の侵害であり，この「住居権」「住居の平穏」とは住居侵入罪の「保護法益」と呼ばれるもので，その捉え方について住居権説と平穏説が対立しているところでもある。因果関係とは，行為と結果との間が無関係ではなく，原因と結果の刑法上相当な関係が存在することである。

　主体は行為者のことであり，侵入した「者」である。客体は「住居」「邸宅」「建造物」「艦船」である。

　住居とは「人の起臥寝食に使用される場所」のこと，つまり寝起きや食事をする場所のことであり，付属する囲繞（いにょう）地を含むとされる。この「囲繞地」とは，家屋を囲む門塀などの障壁で囲われた土地のことである。人の看取する「邸宅」とは，住居用に作られた建築物のことだが，現に人が住居として住んでいないものである。住んでいれば「住居」，住んでいなければ「邸宅」である。

　「邸宅」は「人の看守する」邸宅でなければならないが，「人の看守する」とは，人が現実に管理・支配していることである。管理人が置かれていたり，鍵が掛けられていれば，「人の看守」しているものとされる。

　冒頭の事例では，集合住宅の階段や玄関前の廊下といった共用部分への侵入が罪に問われている訳であるが，この部分を「住居」と言ってしまうのは「住居」の概念を超えているようにも見えるため，「住居」なのか「邸宅」なのかが問題となるのである。厳密に言えば前者を住居侵入罪，後者を邸宅侵入罪と呼ぶ。

　住居侵入罪が成立するためには，その「侵入」が「正当な理由がない」侵入という行為状況でなければならない。管理権者の承諾があるなど「正当な理由」があれば「侵入」にはあたらない。通常，平穏な方法でセールスのために人が訪れても多くの場合に住居侵入罪に問われないのは，「正当な理由

がない」とまでは言えないからである。「正当な理由がない」侵入行為だけが，住居侵入罪の構成要件である「侵入」行為に該当するのである。

4．違法性と有責性

　犯罪が「構成要件に該当する違法かつ有責の行為」だとすると，犯罪成立のための一般的な要件の第1関門が構成要件該当性であり，第2関門としてその行為が「違法性」を有していること，第3関門として行為者にその行為の「責任」を問いうること(「有責性」)が要求される。第3関門まで全ての関門をクリアした行為だけに，犯罪が成立する。

　第2関門の違法性とは，冒頭の犯罪とは「悪い」ことという場合の「悪さ」にあたる。何が「悪い」かについて，その把え方について，「法益侵害説」(結果無価値論)と「規範違反説」(行為無価値論)という異なる見解が存在し，刑法上の大きな対立とされることもある。前者の見解は，この「悪い」ということを，「法益の侵害」と読み替え，違法性を行為によって侵害される「結果」に求めるのに対して，後者の見解は，法の定める「規範」に違反すること，つまり人が行った行為の反社会性に求める見解である。

　従って，正当防衛や被害者の承諾のある行為が，第1関門の構成要件に該当しても，違法性がないとして犯罪が成立しないこともある。また，冒頭の設例を考える上で重要なのは，処罰に値する「違法性」の質と量が満たされなければ，処罰するほどの「違法性」はないとする「可罰的違法性」という考え方である。戦前の大審院の判例に，栽培した葉煙草7分(時価1厘)を自分で費消したとして葉煙草専売法に違反し，罪に問われたものの可罰的違法性がないために無罪を言い渡したいわゆる「一厘事件」[9]がリーディングケースとして有名であるが，後述する「謙抑主義」の違法性論での表れとも言えよう。

　最後に犯罪成立の第3関門として，「有責性」が要求される。「有責性」とは刑法上の「責任」があるということであり，学説により細かい整理の仕方には種々議論があるが，「責任能力」「故意又は過失」(本書第10章参照)「違法性の意識」「期待可能性」が満たされなければ刑法上の「責任」を問うこ

とは出来ず，犯罪は成立しないのである。

たとえば，幼稚園に通う子どもが親に連れられて来たスーパーでおいしそうなお菓子を見つけて親に気付かれずに盗んで食べてしまったところを警備員に見つかったとしよう。この場合，その子が親から厳しく叱られるであろうことはさて置き，その子に窃盗罪は成立しない。刑法第41条は「14歳に満たない者の行為は，罰しない」として，刑事責任能力を14歳以上としている。なぜ，14歳未満の子どもの行為を犯罪としないのかというと，その位の年齢を過ぎるまでは，物事の善し悪しを判断して，その正しい判断に基づいて行動する能力がまだ未成熟だからである。刑法上の責任とは，他の行為をなしうるにもかかわらず，すなわち他行為可能性があるにもかかわらず，あえてその行為を行ったことに対する非難可能性のことであり，幼稚園の子どもに刑法上要求されるまでの他行為可能性は要求できない(つまりその能力をまだ身に付けている途上にある)と考えているのである。

以上の通り，構成要件に該当する行為であっても，違法かつ有責の行為でなければ，犯罪は成立しないのである。

第3節　犯罪と刑罰と法律

1．罪刑法定主義の歴史的意義

前節で検討した構成要件と密接に結びつく刑法の原理が「犯罪と刑罰はあらかじめ法で定められていなければならない」とする罪刑法定主義である。

そもそも刑法には，秩序維持のための社会統制としての技術である「社会統制機能」，刑法によって保護される利益を守る働きである「法益保護機能」と並んで，「市民」の権利・自由を保障する働きである「人権保障機能」が期待される。この最後のものは，刑法のマグナ・カルタ機能と呼ばれることもある(本書第6章参照)。刑法によって，恣意的な国家刑罰権の行使を防ごうというのである。罪刑法定主義の実質的根拠として「人権保障機能」を位置づけうるのである。

前節で構成要件とは何かを検討してきたが，この構成要件というのは，

「犯罪と刑罰はあらかじめ法で定められていなければならない」とする罪刑法定主義と密接な関係を有していると言われている。すなわち，犯罪となる行為を構成要件該当性の有無で明確に限界づけることによって，罪刑法定主義が人権を国家刑罰権の恣意的な行使から実質的に保障するという「実質的人権保障の原理」として機能しうるのである。

封建制の時代の刑罰制度に対して『犯罪と刑罰』を18世紀に著したベッカリーアは，その著書の中で「法律だけがおのおのの犯罪に対する刑罰を規定することができる」[10]として，恣意的な刑罰権の行使をきびしく批判した。その後フォイエルバッハによって，この罪刑法定主義が定式化されたが，しばしば指摘されているように，その時代背景に鑑みれば，ベッカリーアの罪刑法定主義は単なる法律で刑罰を定めさえすればよいとの法律主義に留まるものではない。『犯罪と刑罰』が書かれた後のフランス人権宣言には，その8条で「法律は，厳格かつ明白に必要な刑罰のみを定めなければならず，何人も犯罪に先立って制定公布され，かつ適法に適用された法律によらなければ，処罰され得ない」との罪刑法定主義の規定が見られる。

戦前の大日本帝国憲法は，その第23条で「法律ニ依ルニ非スシテ……処罰ヲ受クルコトナシ」と定め，さらに大日本帝国憲法の前に制定された旧刑法2条は「法律ニ正条ナキ者ハ何等ノ所為ト雖モ之ヲ罰スルコトヲ得ス」と定めていたが，当時の多くの見解では，罪刑法定主義は単なる法律主義に留まるものであった。むしろ，これを否定する見解が強く唱えられもしたし，現実としても刑法理論が治安維持法を押しとどめることはできなかった。

しかし，これは，罪刑法定主義の理解が形式的なものに留まっていたことによるとの指摘もある。単に法律主義に留まらない罪刑法定主義には，「宗教的，封建的，専制的支配者の魔手を抑止するための市民の武器としての歴史的意義」があったのである[11]。

2．罪刑法定主義の展開

罪刑法定主義の典型的な内容として挙げられるのは，事後法の禁止，慣習法による処罰の禁止，類推解釈の禁止，絶対的不定期刑の禁止である。行為

後に新たな法律を制定して法律制定前の行為を処罰することは事後法の禁止に反する。国会制定法でない慣習法によって処罰することは罪刑法定主義に反する。刑法上，拡張解釈は許容されるが，これを超える類推解釈は許されないとされる。自由刑の期間を定めないで言い渡す絶対的不定期刑は罪刑法定主義に反し許されない。

　しかし，罪刑法定主義の歴史的意義に鑑みれば，上記以外にも，刑罰法規は一般の人が読んで何が犯罪に該たるか，明確に規定されていなければならないとする明確性の原則も要請されよう。さらに，罪刑均衡原則，刑罰法規の内容の適正なども要請されていると捉えるべきであろう。これは，実体的デュー・プロセスとも呼ばれるものであり，現在の日本国憲法第31条にいう「法律」とは，法律の内容の適正さをも要求しているとする捉え方である。因みに同条は，「何人も，法律の定める手続によらなければ，その生命若しくは自由を奪はれ，又はその他の刑罰を科せられない」と規定して，多くの見解は，この規定が罪刑法定主義の憲法上の根拠としている。

　つまり，法律が規定してさえすれば，どのような行為にどのような刑罰を科してもよいという訳ではないのである。そのようなことは憲法違反であり，罪刑法定主義の実質的な意義を重視すれば，そのようなことは罪刑法定主義に反する許されない処罰なのである。この観点からも，冒頭の設例が検討されるべきであろう。つまり，玄関ポストへのビラの投函という行為が住居ないし邸宅の「侵入」なのか，そのような行為に対して刑罰を科すことは，そもそも犯罪とされる行為と刑罰との間に均衡が保たれているのか，このような観点も罪刑法定主義と関連させて検討されるべきであろう。

3．行為主義と責任主義

　罪刑法定主義のほかにも，刑法の基本原則としてあげられるものに，行為原理がある。行為原理とは，「社会侵害的な外部的行為・結果がなければ処罰されない」[12]という原則である。内心が処罰されないのは，この原則によるものであるし，侵害が存在しない行為の非犯罪化の議論が可能となるのもこの原則によるものである。

また，行為原理を犯罪成立要件の違法性にかかわる原理とすると，責任にかかわる原理として責任原理を挙げることができる。「責任なければ刑罰なし」との原則であるが，具体的には先ほど有責性の説明で述べたように「責任能力」「故意又は過失」といった責任の諸要素等の存否が検討されることになる。この責任原理の帰結として重要なことは，結果責任が排除されることである。いくら結果が重大であろうとも，責任を欠くにもかかわらず犯罪とされることがないのはこの原則による。さらに，団体責任の排除も責任原理の帰結である。刑法では，あくまで個別に個人の行為に対する責任が問われるのである。

　これらの諸原則は，近代以降にようやく確立された刑法の基本原則である。内心の処罰や連帯責任，結果責任の考え方が近代以前には支配していたことを想起すれば，その歴史的意義は容易に理解されよう。

　責任主義に関連してはさらに，責任がないときに刑罰はないとして，将来の危険性と予防を理由に強制的な処遇に付しうるかが問題となる。行為者の将来の危険性を除去しようとする刑事処分である「保安処分」の問題である。精神の障がいによる触法行為に対して，責任を問えないこと自体が非難にさらされることもあるが，そもそも日本の精神医療において治療なき拘禁や薬漬けの問題が解消されていないとの批判も根強い。

第4節　刑法は「最後の手段」

1．刑法における謙抑主義

　前節では刑法の重要な原則として，罪刑法定主義を確認したが，これと並んで重要な原則の1つが「謙抑主義」という原則である。

　謙抑主義とは，刑罰による処罰は「最後の手段(ウルティマ・ラティオ ultima ratio)」であり，刑罰の適用はなるべく控えるべきであるとする考え方である。国家権力による刑罰は物理的強制力を伴う劇薬だからである。前述した罪刑法定主義を定めるフランス人権宣言8条前段の「法律は，厳格かつ明白に必要な刑罰のみを定めなければなら」ないという規定は，この考え

方によるものといえる。謙抑主義は，刑法は他の法律がない場合にのみ登場する二次規範性を有するという補充性の原則を含んでいる。また，刑法は，法に反する行為のごく一部についてのみ規定され，そのように断片的なものでなければならないという断片性の原則をも含んでいる。この原則を日本で最初に唱えたのは，茨城県出身（土浦藩士の子息）の戦前の著名な刑法学者であった京都帝国大学の宮本英脩博士であった。謙抑主義について宮本は以下の通り述べている（以下は，現代漢字に直すなど若干表現を改めた）。

「……元来犯罪は社会の必然的現象にして到底之を根絶し得べきものにあらず。強いて之を根絶せんと欲すれば，縦え一般方策を以てするも，刑罰を以てするも，又縦え其の目的は人類愛の理想に基づき，一方に社会の安全を保護し，一方に犯罪人を教化して其の性格の改善を図るに在りとするも，却って妄りに個人の利益を侵害し，社会文化の発達を妨ぐるに至る。故に刑罰は之を行うに限度あり。是れ刑法が自ら謙抑して，一切の違法行為を以て処罰の原因と為さず，僅かに種類と範囲とを限りて，専ら科刑に適する特殊の反規範性を徴表する違法行為のみを以て処罰の原因と為したる所以なり。」

犯罪は社会の必然的現象で，刑罰の濫用が個人の利益を侵害し，社会文化の発展を妨げると指摘している点が注目されよう。

2．社会で刑法が果たす役割

これに対して，近時，刑法に積極的役割を求める見解が唱えられているが，そのきっかけは戦後，違法性論において結果無価値論という見解を有力に唱えた平野龍一博士による刑法の機能的考察であった。

すなわち戦前の反省ないし戦後の日本国憲法による価値の転換に基づいて，刑法の機能を国家自身の保護や倫理秩序の維持ではなく，「市民的安全の要求」「市民的保護の要求」に求めたのである。刑法を社会統制の技術として位置づけ，謙抑主義を堅持しつつも市民的安全の保護のために「刑法がいくらか積極的になってきてもよい」とするのである。そしてこれら市民の安全要求から，保安処分に対しても積極的な評価を示すのである。これに対して

は，個人の価値が強調されるものの，国家と個人の対立を隠蔽するのではないかとの疑問が提起されたのである。つまり，「いくらか」という限定は付されているものの，積極的な刑法の利用によって，刑法の機能的考察が個人の価値の強調から出発しているにもかかわらず，国家による個人の抑圧が生じないのか，この点が危惧されよう。

3．「治安」と「人権」

しかしながら，その後，犯罪と刑罰に関する現代の社会の状況を見ると，上に述べた危惧が必ずしも見当違いのものではないようにも思われる。

例えば，被害者保護を強調する余りその効果と弊害に関する十分な検証もなくストーカー規制法やDV防止法が制定されて犯罪とされる範囲を曖昧化し，被害が重大であればある程，重い結果については故意を欠くにもかかわらず，故意犯に準じるとして行為と刑罰の均衡に関する十分な議論もないまま峻厳な刑罰を科そうと危険運転致死傷罪が新設されたが，これらの背景に「被害者保護」の占める割合は甚だ大きいといえる。あるいは，性犯罪規定の改正では性中立化と同時に法定刑が引き上げられ，さらに成立要件が「暴行脅迫」から被害者の「不同意」へ「緩和」されたが，こちらは性犯罪規定の法益理解の進展によるところも大きい。その他，前述の通り，3回頓挫した共謀罪が，市民の安全要求が前提とされたうえで2017[平成29]年に成立したことに国家権力の執念を垣間見ることができるといえようか。

「市民刑法の治安刑法化」については既に説明したが，さらに近時では，犯罪者や犯罪者になりそうな人物を「敵」として「市民」と二分し，犯罪者を社会の担い手たる「市民」とみるのではなく，社会に対する「敵」とみて，実害発生のはるか前の段階での行為を犯罪化する刑法，すなわち，「敵」との「闘争の法」である「敵味方刑法」化が，「9・11」後の対テロ対策以外にも進んでいるとの批判もある。「敵味方刑法」はそれ自体が社会解体的作用を果たすものと批判されてもいる。3回の廃案の後に強行採決によって成立したテロ等準備罪に名を変えた共謀罪が，テロ犯罪とは関係ないと批判されていることが想起されよう。

第9章　犯罪と刑法　107

刑事法の諸原則をすべて無視して，監視の網を広げてプライバシーを破壊しつつ処罰を早期化し，行為時点の法益侵害ではなく将来の危険性を理由に予防拘禁に付することによってしか，市民の安全を保障できないという訳ではあるまい。なぜ，反戦ビラのポスティングをわざわざ刑法で処罰しなければならないのか？　市民対市民という歪められた構図の中で，市民の自由と市民の安全とが天秤にかけられるという倒錯した状況が出現する理由とその防止策を理解しておく必要があろう。ここでいう防止策は，近代刑事法の諸原則のなかにこそあるといえようか。

【注】

1) 法務省法務総合研究所編『令和5年版　犯罪白書』(2023年)21頁，『令和6年版　犯罪白書』(2024年)23頁。
2) 河合幹雄『安全神話崩壊のパラドックス――治安の法社会学』(岩波書店，2004年)278頁以下。187頁，1頁をも参照。
3) 曽根威彦『現代社会と刑法』(成文堂，2014年)4頁。
4) 内田博文『日本刑法学のあゆみと課題』(日本評論社，2008年)4頁
5) 2004[平成16]年1月27日のポスティングについて同年2月27日に令状逮捕がなされたこの立川事件のほか，2004年12月23日事件発生の葛飾事件も事件現場住人による私人の現行犯逮捕後に，住居侵入罪で起訴されている。2005[平成17]年9月10日事件発生の世田谷事件は国家公務員法違反で起訴されたが，最初の私人による「現行犯」逮捕の被疑事実は住居侵入罪であった。なお，2003[平成15]年10月からの3回にわたるポスティングについて2004年3月3日に通常逮捕後，同月5日に国家公務員法違反で起訴された事案として堀越事件を挙げることもできよう。世田谷事件は第1審の有罪判決が控訴審で支持され，最高裁で確定した(最2小判平成24[2012]年12月7日刑集66巻12号1722頁)。葛飾事件は第1審の無罪判決が控訴審で翻され，最高裁で確定した(最2小判平成21[2009]年11月30日刑集63巻9号1765頁)が，表現そのものではなく表現の方法の問題との捉え方は後述の立川事件の最高裁判決と同様である。堀越事件では控訴審の逆転無罪判決が最高裁で確定した(最2小判平成24[2012]年12月7日刑集66巻12号1337頁)。一連の類似事件の中で最終的に無罪判決が確定したのは堀越事件のみである。
6) 東京地裁八王子支判平成16[2004]年12月16日判時1892号150頁。
7) 東京高判平成17[2005]年12月9日判時1949号169頁。
8) 最2小判平成20[2008]年4月11日刑集62巻5号1217頁。
9) 大判明治43[1910]年10月11日刑録16輯1620頁。

10) ベッカリーア(風早八十二＝風早二葉訳)『犯罪と刑罰』(岩波文庫，1959年)28頁。なお，同書の意義については同書巻末の風早八十二による解説を参照。
11) 風早八十二「解説——ベッカリーアの罪刑法定主義の歴史的意義」・前掲注10)213頁。
12) 浅田和茂『刑法総論〔第3版〕』(成文堂，2024年)44頁。

【参考文献】 （注または本書旧版で掲記したものを除く）
内田博文『治安維持法と共謀罪』(岩波新書，2017年)
法律時報編集部編『法律時報増刊　新たな監視社会と市民的自由の現在——国公法・社会保険事務所職員事件を考える』(日本評論社，2006年)
中山研一『新版 口述刑法総論〔補訂2版〕』(成文堂，2007年)

〔陶山二郎〕

第10章　私人間の争いに関する法
―― 民法（財産法）――

第1節　はじめに

　もし世の中からルールがなくなれば，どんなことになるだろうか。学校に行くために乗るバスはいつ来るかどこに停まるかさえ分からず，乗客は窓から乗車したりバスの中で宴会したり，挙句の果てに乗車料金も払わず降りていく。大学ではいつ授業が行われるか分からず，家に帰れば知らない人がいる。街は清掃されず，まさにカオスである（天国と感じる人もいるだろう）。社会には一定の行動ルールが必要なのである。社会が複雑化するほどルールが重要となり，私達が安心して暮らすためには国家により保障された法が必要となる。そのため現在では憲法はじめ多種多様な法が存在し，本章で紹介する「民法」もそのひとつである。民法とは，飲食料品の購入，銀行への預金，金銭や不動産等の貸借，交通事故による負傷，医療過誤による後遺症，婚姻，相続など，人と人とを結びつける様々な生活関係（私的生活関係）について基本的なルールを定めた法であり，私人間の争いに関する法とも言われる。本章では私人間の争いに関する法である民法のうち，特に財産（財産だけでなく取引や責任も含む）に関する一般ルールを定めた法（財産法）について紹介する。

第2節　法の適用

〈事例1〉
① 個人Aが自分の所有する土地XをB市に売却したがB市が期日になっても代金を支払わない。
② 個人CがD宅に侵入し故意に現金50万円を盗み全て使ってしまった。

③ 大学生Eが就職セミナーに参加した際，塾会社Fから「ここで入塾しなければ就職活動もうまくいかない。後悔する」などと繰り返し告げられ勧誘され契約した。
④ 企業Gに入社したHは明確な理由も告げられず突然解雇された。

　現在，日本には憲法含め2000以上の法律がある。これら多数の法律個々の位置づけや法律相互間の関係を理解するのに分類化や体系化は有益である。大きな分類のひとつに「公法と私法」の区別がある。この区別は古くローマ法までさかのぼることができるが，その区別については必ずしも定説があるわけではない。一般的には，公法(jus publicum)とは国家あるいはこれに準ずるものとその構成員である個人との関係を規律する法，私法(jus privatum)とは私人相互の関係を規律する法とされる。この区別に従えば，憲法・刑法などは前者，民法・商法などは後者に該当することになる。大分類である「公法と私法」の定義に従い事例1を検討すると①のみ国家あるいはこれに準ずるもの(行政機関)に関係する。しかし①は私人である個人Aと行政機関であるB市との間で行われた売買に関するものであるため，公法の適用ではなく私法である民法が適用される。これに対し事例1②は私人であるC・D間の関係に関するものであるが，私法である民法の適用だけでなく公法である刑法の適用も受ける。このようにある事象に対し何法を適用するかは「公法と私法」の区別だけでは明確とならず，個々の法律の適用範囲についての理解が必要となる。
　法の適用については「特別法は一般法に優先する(Lex specialis derogat legi generali)」という原則(特別法優先の原則)がある。この原則の下では複数の法律(私法)の適用が考えられる場合，一般法である民法より特別法が優先して適用されることになる。ただし，どの法律(憲法を除く)も最初から「一般法」「特別法」と決められているわけではなく，この分類は相対的なものである。例えば，民法は私法では一般法となるが憲法に対しては特別法となる。事例1③は大学生Eと塾会社Fとの間の契約に関するものであるため民法の適用を受ける。民法の適用により契約を取り消すことは難しいが，この取引

は消費者であるEと事業者であるFの契約に該当するため消費者契約法(消費者と事業者との間の情報の質及び量並びに交渉力の格差に鑑み消費者の利益の擁護を図ることを目的とする法律)が民法に優先して適用される。消費者契約法4条3項5号は、社会生活上の経験不足を利用した不安をあおる告知により消費者が困惑し、それによって消費者契約の申込みまたはその承諾の意思表示をしたときは、その契約を取り消すことができるとするためEは消費者契約法の適用により契約を取り消すことができる。ただし消費者契約法の適用を受けない場合(規定がない場合や規定が適用されない場合)は民法が適用される。次に事例1④は、企業GとHとの間の雇用契約に関するものであるため民法の適用を受ける。雇用契約に関する規定である民法627条1項は、当事者が雇用の期間を定めなかったときは、各当事者はいつでも解約の申入れをすることができるとし、この場合の雇用は解約の申入れの日から2週間を経過することによって終了すると定める。これに対し雇用関係については労働基準法など多数の法律が存在する(本書第13章参照)。例えば、労働基準法(労働条件の原則や決定についての最低基準を定めた法律)19条は解雇制限、20条は解雇の予告について定め民法の規定が修正され労働者の保護が図られている。そのため、この場合も特別法である労働基準法が優先適用され労働基準法の適用を受けない場合に民法が適用されることになる。このように特別法優先の原則は法の適用を考えるにあたり重要であるが、この原則を適用することの難しさは複数の法律の適用順位を決めることにある。

第3節　民法の基本原理

　私法の一般法である民法の条文数は非常に多い。憲法が103条までであるのに対し民法は1050条まである(条文数が1050ということではない)。これほど多数の規定があるにもかかわらず、民法を補充・修正するための特別な法律(特別法)が多数存在するのはなぜであろうか。その理由として「民法の基本原理」と「民法の制定時期(第4節参照)」がある。現在の民法は近代民法とされる。近代民法とは、国家と対峙する市民社会において封建的身分や階層

秩序から解放された個人人格の自由・平等と封建的拘束から解放された所有権の絶対不可侵(自由な所有権)の精神に支えられるものをいい，所有権絶対・権利能力平等・私的自治・過失責任の原則を基本原理とする。このうち特別法との関係では権利能力平等・私的自治の原則が重要となる。権利能力平等の原則とは，すべての人(自然人)は国籍・階級・職業・性別などにかかわらず，等しく権利義務の帰属主体となる資格(権利能力)を有する原則をいう。これは個人について他人の支配に属さない自主独立の地位を保障するものであり，個人を封建的身分制から解放することを意味するものである。また私的自治の原則とは，個人は他者からの干渉を受けることなく，みずからの意思に基づきみずからの生活関係を形成することができ，国家はこうして形成された生活関係を尊重し保護しなければならない原則をいう。これは自由・平等という近代法の建前のうち自由の理念を私法関係に適するかたちで端的に表したものといえる。なお私的自治の原則は，自己責任の原則(みずからの生活関係をみずからの意思により形成することを保障された個人は，みずからの意思に基づき決定した結果に拘束され責任を負担しなければならないとの考え方)と結びつく。このような基本原則を採用する近代民法が前提とする「人」モデルは，すべての人は私的生活関係において対等の地位を有し，みずからの意思により理性的に判断し意思決定をすることができる合理人である。しかし実際の社会において人は決して平等ではなく(教員と学生，雇用主と労働者など)，また合理人でもない(体に悪い行為と知りつつその行為を止められないなど，人は非合理的な選択や行動をとることが多い)。そのため民法で解決できない問題は民法と異なる原理(弱者保護など)を有する特別法の制定により対処されてきたのである。

第4節　民法の歴史と体系

　民法の歴史は明治時代から始まる。当時，明治政府はじめ日本社会の悲願は不平等条約の改正(治外法権の撤廃・関税自主権の回復)にあった。不平等条約が締結された背景のひとつとして非近代的(非西洋的)な法制度に対する不

信と蔑視という法に特化した要因が存在していたため，明治政府にとって法典編纂が急務であった。そこで明治政府は法制の模範とされていたフランス法を参考にすることとし1872年，江藤新平に法典編纂事業を主導させた。翌年，江藤が征韓論で敗れ辞職し事業が中断したため明治政府はフランスからギュスターヴ・ボアソナードを招へいし法典起草に当たらせた。1890年，ボアソナードが中心となって起草された旧民法典が公布されたものの，その是非を巡り大論争（民法典論争）が起こりこの法典は無期延期の運命に陥った。1893年に改めて法典調査会が設置され，起草委員である穂積陳重・富井政章・梅謙次郎により旧民法典を参照しつつドイツ民法の内容を積極的に取り入れた法典が起草された。現民法典は1896年に総則・物権・債権編が公布，1898年に親族・相続編が公布，同年に全編が施行された。その後，1947年に親族・相続編が全面改正された他，適宜，部分的な改正が行われており，大きな改正としては2004年の現代語化や2017年の債権法改正などがあるが，内容の抜本的変更はなく明治時代の名残ある法といえる（複雑化した社会に対応できていない部分を特別法が補っている）。

　法律を起草する際，各規定（法規）をどのように配置するかは重要な事項である（法の体系）。フランス法を参考とした旧民法典ではインスティトゥティオネス体系（人，物，契約に大別し法規を配置する形式）が採用され，「人事編」「財産編」「財産取得編」「債権担保編」「証拠編」という構成になっていたが，民法典論争後にドイツ法が積極的に取り入れられた結果，現民法典ではパンデクテン体系（一般的ないし抽象的規定を個別的規定に先立ち「総則」としてまとめることにより，法典を体系的に編纂することに主眼をおいた著述形式，ローマ法大全の中核をなす「学説彙纂（いさん）」に由来する）が採用され，「総則」「物権」「債権」「親族」「相続」という構成になっている（「図：民法典の体系（パンデクテン）」参照）。現民法典では民法全体に関する共通ルールである「総則」が設けられるだけでなく（財産法に関するルールがほとんどである），各項目に共通するルールも総則として（例えば，契約総則，債権総則などとして）各項目の最初に置かれるなどパンデクテン体系が貫徹されている。

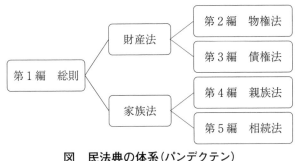

図　民法典の体系(パンデクテン)

第5節　財産法の概要

　前節で説明したとおり，民法は「総則」「物権法」「債権法」「親族法」「相続法」から構成されており，物権法と債権法を合わせて財産法という(総則を財産法に含める見解もある)。財産法に関する規定は，人の能力に関するものから取引や責任に関するものまで多種多様であり，条文(総則も含む)も1条から724条の2までと多数ある。その内容を全て紹介することはできないため，ここでは総則・物権法・債権法の内容(一部)について事例を用いて簡単に説明する。

〈総則(未成年者)〉
　A(17歳)は親に内緒でBから高額なゲームを購入したところ10万円を請求された。AはBに10万円を支払わなければならないか。

　すべての人(自然人)は国籍・階級・職業・性別などにかかわらず等しく権利義務の帰属主体となる資格(権利能力)を有する。権利能力は私権について権利義務の帰属主体となる資格をいい自然人は出生とともにその資格を有する(民法3条1項)。ただし売買契約など(法律行為)を行うには権利能力だけではなく意思能力という別の能力が必要とされ，その有無は法律行為・行為者ごとに個別に判断される。しかし，ある者が法律行為時に意思能力を有し

ていたかの判断は，例えば一定の年齢に満たない者や認知症などの症状がある者などの場合，困難なことも多く，そのため民法は単独で完全に有効な法律行為ができる能力をあらかじめ制限する制度(行為能力制度)を設けている。行為能力制度には未成年者制度と成年後見制度がある。未成年者制度は成年(18歳)に達しない者を未成年としその者の単独で完全に有効な法律行為ができる能力(行為能力)を制限する。未成年者が法律行為をするには，その法定代理人(親権者など)の同意を得なければならず，それに反する法律行為は取り消すことができる(民法5条1項，120条1項)。上記事例で確認すると，17歳のAは未成年者のため高額なゲームを購入するには，法定代理人である親の同意が必要となる。しかしAは親の同意なく契約を締結したため，同意なく行った契約を取り消すことができる。

〈物権法(占有権)〉
Aが友達Bから借りていた自転車Xを玄関に置いていたところ，Cが勝手に持って行ってしまった。AはCに対しXの返却を求めることができるか。

人が物(有体物)を支配する権利を物権という。民法は所有権絶対を基本原理のひとつとするため，物権を有する者は物を支配していることを万人に対し主張でき，また他人から物への干渉を排除してその支配を貫徹することができる。民法は10の物権を定めるがこれらは，物の価値の帰属・支配を目的とするものと，事実状態の帰属・支配を目的とするものに分かれる。前者の価値には交換価値(物を市場で処分することにより得られる価値)と利用価値(物を使用・収益することにより得られる価値)がある。例えば「これは私の家」と表される所有権は交換価値と利用価値の支配を目的とする物権である(完全権ともいう)。これに対し後者は，事実状態(物に対する現実の支配)を保護するため物を事実上支配している者の地位に権利性を認め法的に保護する物権であり，占有権がこれに該当する。占有権は自己のためにする意思をもって物を所持することによって取得する(民法180条)。占有権はその物を事実上支配する状態を保護する権利であるため，その物の本権(所有権など)を有している必要はなく，人から物を借りている場合にも占有権を取得する。占有

権を有する者(占有権者)はその占有が侵害を受けた場合，侵害者に対し円満な占有状態の回復を求めることができる(占有訴権)。占有訴権は物に対する事実上の支配を保護することで社会秩序の維持を実現するために認められたものである。上記事例で確認すると，AはBから自転車Xを借りて自己のためにする意思をもってXを所持しているためXの占有権を取得している。占有権者であるAはCにより占有を侵奪されたため，占有権に基づく占有回収の訴えにより，その物の返還及び損害の賠償を請求することができる(民法200条)。

〈債権法(贈与契約)〉
大学生Aは就職が決まったため所有する自転車をもう使わないと考え，友人Bに贈与する約束を口頭でした。しかし勤務地が自宅の近くに決まり，就職後も自転車が必要になったためBに譲りたくなくなった。AはBに自転車を贈与しなければならないか。

ある者による申込みと相手方による承諾の意思表示が合致することにより成立する法律行為を契約という。契約が成立すると当事者に債権・債務が生じる。例えば，XがYとの間で不動産Zを100万円で売却する約束をした場合，この約束(売買契約)によりXには100万円を請求する権利(債権)と不動産ZをYに引渡す義務(債務)が生じ，Yには不動産Zの引渡しを求める権利(債権)と100万円を支払う義務(債務)が生じる(双務契約という)。そして，近代民法では当事者は相手方と契約を締結するかどうか，またどのような内容の契約を締結するかについて自由に決定することができるが(契約自由の原則)，いったんみずからの意思で契約すると当事者は締結した契約に拘束されることになる(pacta sunt servanda，契約は守られなければならない)。上記事例のように，ある人(贈与者)がある財産を相手方(受贈者)に与えることを約束し，相手方がこれに同意することによって成立する契約は贈与契約といわれる(民法549条)。贈与契約が成立すると贈与者は相手方にある財産を引渡す義務(債務)が生じ，受贈者にある財産の引渡しを求める権利(債権)が生じる(贈与契約は片務契約である)。贈与契約も当然守られなければならないが，無償

の財産移転である贈与契約は書面で契約しない場合，履行の終わった部分を除き各当事者が契約を解除することができるとされている(民法550条)。そのため，友人Bと口頭で贈与契約をした大学生Aは自転車を贈与しなくてもよい。

〈債権法(不法行為)〉
　認知症のAはみずからが誘拐されたと思い込み配偶者Bの自転車に勝手に乗り自宅から逃げ出し，信号を無視し歩道を歩いていたCに衝突し怪我をさせた。Cは治療費をAに請求することができるか。

　贈与契約が成立すると受贈者には贈与者に対しある財産の引渡しを求める権利(債権)が生じた。このように債権が生じる関係を債権関係というが，債権は契約のほか，事務管理，不当利得，不法行為によっても生じる。不法行為とは，他人の行為または他人の物により権利を侵害された者(被害者)が，その他人または他人とかかわりある人に対して侵害からの救済を求めることができる制度をいい損害賠償請求権などの債権が生じる。不法行為は上記事例のように，交通事故で加害者から被害を受けた場合などに適用される。ただし加害行為があればどんな場合でも損害賠償請求権が発生するのではなく，加害者が故意又は過失で被害者の権利又は法律上保護される利益を侵害し，その行為により被害者に損害が発生し，その行為と損害との間に因果関係があることが必要とされる(民法709条)。上記事例で確認すると，加害者Aは信号を無視し(過失)，歩道を歩いていたCに衝突し怪我をさせたため，全ての要件を充足する。しかし認知症のAはみずからが誘拐されたと思い込み自宅から逃げ出し事故を起こしている。民法はこのような状況にある者に損害賠償義務を負わせることを想定しておらず，精神上の障害により行為時に責任能力(法規範を理解できない人間を損害賠償請求から解放することにより保護しようという政策的価値判断に基づき立てられた概念)を欠く状態で他人に損害を加えた者はその賠償の責任を負わないとする(民法713条)。そのためCは責任能力のないAに対し不法行為に基づく損害賠償請求を行うことはできない。それではあまりにもCがかわいそうだと思うかもしれない。そこで民法は責

任無能力者がその責任を負わない場合において、その責任無能力者を監督する法定の義務を負う者は、その責任無能力者が第三者に加えた損害を賠償する責任を負うとする(民法714条)。誰が監督義務者に該当するかは不法行為法の勉強を通し学んでみよう。

第6節　おわりに

　民法は条文数が多く対象とする内容も多岐にわたるため難しいと感じる人がいるかもしれない。しかし、ゆりかごから墓場まで(死亡後も)私達を見守り続ける法律が民法であり、私達にとって最も身近な法律といえる。さらに民法は私法の中での基本法であるため、会社法や労働法など他の法律を学習する際にもその知識が欠かせない、非常に重要な法律である。民法の学習はテキストを漫然と読み進めるのではなく、自分達の周りで起こる様々な事柄について民法を使ってどのように解決するか考えながら進めてみてほしい。

【参考文献】
団藤重光『法学の基礎〔第2版〕』(有斐閣、2007年)
遠藤研一郎『民法〔財産法〕を学ぶための道案内〔第2版〕』(法学書院、2018年)
小賀野晶一『基本講義　民法総則・民法概論〔第2版〕』(成文堂、2021年)
潮見佳男『民法(全)〔第3版〕』(有斐閣、2022年)

〔福田智子〕

第11章　子ども虐待と家族法

第1節　子ども虐待の現状と法的対応

　近年世界中で子ども虐待が問題となっている。実際に，下記の図1のように，児童相談所での児童虐待相談対応件数は増加傾向にある。具体的には，1990［平成2］年度は1,101件であったのに対して，2022［令和4］年度は214,843件に増加している。

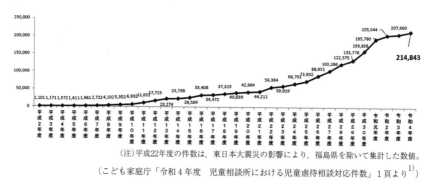

(こども家庭庁「令和4年度　児童相談所における児童虐待相談対応件数」1頁より[1])

図1　児童相談所における虐待相談対応件数とその推移

　また，テレビや新聞などでも子ども虐待事件が取り上げられ，その悲惨な内容に多くの人が心を痛めている。例えば，近時の事例としては，6歳児が2022［令和4］年に死亡した岡山の事件を挙げることができる。この児童は，その母親および，母親と交際中であった男性から虐待を受けていたといわれる。具体的には，この児童が墓地に裸で立たされていたという通告があり，一時保護されていたことなども明らかになっている[2]。

　いたいけな子どもが被害者になることから，子ども虐待を行った親に対し

て厳しい意見が出されることが少なくない。さらに，マスコミに取り上げられる事件は悲惨な事件が多いため，余計に虐待をした親に対する非難の声が強まる。しかし，親を批判・非難し，声高に子ども虐待の悲惨さを唱えるだけでは，子ども虐待を防ぐことはできないし，子どもの心身を守ることはできない。子どものために必要なのは感情的な批判・非難ではなく，冷静で学問的な議論である。このように，子ども虐待から子どもを守るためにも，現在多くの学問分野で子ども虐待に関する研究の必要性が高まっている。本章では法学，その中でも親子関係を規定する家族法を中心に，子ども虐待に関して検討していきたい。

　ところで，そもそも「子ども虐待」とはどのような行為を指すのであろうか？　実は，法律上は「子ども虐待」については定義が存在しない。しかし，「児童虐待」については児童虐待の防止等に関する法律(以下，単に「児童虐待防止法」という) 2条において定義されている。それによれば，児童虐待には，①身体的虐待，②性的虐待，③ネグレクト，④心理的虐待(精神的虐待)がある。①身体的虐待とは，子どもの身体を傷つけたり，傷つけるおそれのある暴行を加えることである。殴る蹴るなどの行為が含まれるのは当然として，例えば，寒い日に冷水を子どもに浴びせて屋外に放置するような行為も身体的虐待である。②性的虐待とは，子どもにわいせつな行為をしたり，わいせつな行為をさせることである。強姦することが性的虐待に該当するのは言うまでもないけれども，アダルトビデオなどを見せたり，児童ポルノの被写体にすることも性的虐待である。③ネグレクトとは，子どもが生きていく上で，または，成長する上で必要な世話をしないこと(例えば，必要な食事を与えない，長時間放置するなど)である。そのため，例えば，子どもが病気などになったときに，必要な治療を受けさせないこともネグレクトに含まれる。このようなネグレクトを，特に「医療ネグレクト」と呼んでいる。また，保護者以外の同居人(例えば，母親の新しい恋人など)による①②④の行為を放置することもネグレクトになる。④心理的虐待(精神的虐待)とは，例えば，子どもに対して酷い暴言をはいたり，無視したりすることである。また，子どものいる家庭におけるDV(配偶者などに対する暴力)も心理的虐待に含

まれる。以上のような児童虐待の定義に含まれないものの，子どもに対する虐待と考えられる，または疑われる行為も含めて，本章では「子ども虐待」という用語を使用していきたい。

　子ども虐待は，子どもの身体だけではなく，心をも傷つけ，場合によっては命まで奪ってしまう。そもそもの問題として，子どもを保護するのは第一次的には，その親の権利であり，義務である。しかし，その親が子どもの保護について機能しない以上，公権力が親子に介入していかなければならない。児童の権利に関する条約においても，締約国に虐待から子どもを保護するために必要な措置をとることを義務付けている（児童の権利に関する条約19条）。

　具体的な子ども虐待への法的対応としては，刑法的対応，社会保障法的対応，民法的対応の3つに大きく分けることができる。まず，子ども虐待があった場合において，その行為が刑法に触れる場合には，刑事罰の対象となる。例えば，身体的虐待であれば，暴行罪（刑法208条）や傷害罪（刑法204条）に該当し得る。さらに，子どもが死亡すれば，殺人罪（刑法199条），傷害致死罪（刑法205条）などに該当し得る。

　しかし，刑法的対応は基本的に虐待行為が行われ，子どもに被害が生じた後の事後的な対応である。そして，子どもを保護することは主目的ではなく，虐待行為を行った親へ刑罰を科すことが主目的である。そのため，子どもを守るためにより重要なのは，社会保障法的対応である。例えば，児童相談所長は，親の同意を得て子どもを児童養護施設や里親などに預けることができる（児童福祉法27条）。このとき，もし，親が同意しない場合には，家庭裁判所の承認を得て児童養護施設や里親などに預けることができる（児童福祉法28条）。しかし，場合によっては，家庭裁判所の承認を待っていては，子どもの安全が守れない危険がある。そのため，家庭裁判所の承認を得る前であっても，必要があるときには，児童相談所長は子どもを一時保護することができる（児童福祉法33条）。一時保護は，緊急で子どもを保護するための制度であり，裁判所を通さずに親子を分離できる強力な制度である。そのため，一時保護の期間は，2か月を超えてはならないとされている（同条3項）。なお，2022［令和4］年に行われた児童福祉法改正により，これからは，児童相談所

等が一時保護を開始する際に，親権者等が同意した場合を除き，事前または一時保護開始から7日以内に裁判官に一時保護状を請求することとされた（新児童福祉法33条3項）。

　ところが，このように子どもを親から保護した場合でも，親は「親権」をなお有している。確かに，児童養護施設長や里親などが，監護や教育について子どものために必要でとった措置について，親権者は不当に妨げてはならないとされている（児童福祉法47条4項）。また，一時保護中に児童相談所長が，監護や教育について子どものために必要でとった措置についても，親権者は不当に妨げてはならないとされている（児童福祉法33条の2第3項）。しかしそれでも，親権を根拠に児童養護施設長や里親などに不当に介入してきたり，保護されている子どもの生活に不当に干渉してくる親は存在する。また，児童相談所が介入していないものの，子どもにとって親権を制限しなければならない場合も存在する。この点について，詳しくは「第4節　子ども虐待と親権の制限」で検討したい。このように，場合によっては親権を制限する必要が生じてくる。親権を制限することなどが民法的対応の代表的なものである。親権の制限のほかに民法的対応には，親権を行使する者がいなくなった場合などのための未成年後見なども含まれる。以下では，親権とその制限について焦点を当てて，検討を加えていきたい。

第2節　民法と家族法

　まず，民法と家族法の関係が問題となる。民法という法律は存在するけれども，「家族法」という名前の法律は存在しない。しかし，家族法学という分野は存在する。家族法学が研究対象とするのは，ひとことで言ってしまえば「家族に関係する法」である。その中心は，民法の中の親族編と相続編である。親族編は婚姻や離婚，親子などについて規定している。

　ところで，読者の中には，「普通に生活していれば家族法なんか関係ないのでは？」と疑問に思う方がいるかもしれない。たしかに，婚姻するときも，多くの人は役所へ行って婚姻届を出すだけである。子どもが生まれたときに

も，役所へ出生届を出すだけで，あとの子育ての段階で法律を意識することはほとんどない。そして，年を取って，死んでしまえば，法律のお世話になっていないように思える。このように人生が特にトラブルもなく，平穏無事に過ぎていくのであれば，法律，特に家族法の出番はないように思える。しかし，例えば，婚姻届を出さなければ婚姻の効力が生じないということ自体，法律で決められていることである（民法739条）。また，婚約を一方的に破棄されたり，夫（または妻）に浮気されるといったトラブルや，夫（または妻）が子どもを連れて実家に帰り，子どもに会わせてくれないといったトラブルが発生する危険は誰にでもある。このようなトラブルが発生したとき，当事者同士で話し合いがうまくいかず，どちらかが泣き寝入りを選択しないのであれば，法律によって判断されることになる。このように家族法は，いざというときには「知っているかどうか」がその人の人生を決すると言っても過言ではないほど，重要な法である（と思う……）。

　以上のような親族編に対して，相続編が規定するのは，どのような遺言が法的にちゃんとした遺言と言えるのかや，死んだ人が残した財産をどのように分けるべきかなどである。例えば，Aさんが財産を残して死んだとする。このとき，関係者として以下のような人々がいたとする。すなわち，法律上の配偶者であり，現在別居しているBさん。AさんとBさんの子どもであるCさん。法律上婚姻はしていないけれども，Aさんが死ぬまで一緒に生活していたDさん。AさんとDさんの子どもであるEさん。このとき，Bさん，Cさん，Dさん，Eさんが4人仲良く話し合って，4人とも納得できる結論に達するのならいいけれども，普通現実にそのような結末は難しい。そのため，法律によって判断する必要がある。

　民法の他に，手続法として，家族に関する裁判などについて定めた家事事件手続法や人事訴訟法などがある。また，戸籍について定めた戸籍法もある。このほかに，先に説明した児童福祉法や児童虐待防止法なども家族法学の研究対象になり得る。

第3節　親権とその制限

　それでは，いよいよ本章の問題意識である親権とその制限について検討していく。そもそも，親権とは，子どもを育てる親の権利義務のことである。親権というと「親の権利」だけを意味するように誤解されるかもしれない。しかし，民法820条が「親権を行う者は，子の利益のために子の監護及び教育をする権利を有し，義務を負う。」と規定していることからも明らかなように，「親の義務」でもある。親権が子どもの利益のために行使されなければならないことについては，2024［令和6］年に行われた民法改正によって，より明確になっている。すなわち，親権全体も子どもの利益のために行使されなければならないことが明記されたのである（新民法818条1項）。このように親権は義務でもあるため，親権者は自由に親権を放棄して，子どもの面倒を見るのをやめたりすることはできない。また，親権を勝手に他人にあげてしまうこともできない。子どもを育てるために親権があるため，親権の対象になるのは未成年の子どもである（民法818条1項）。

　親権は，①身上監護権と②財産管理権に分けることができる。身上監護権とは，子どもの心身に関する権利義務であり，財産管理権とは子どもの財産を管理する権利義務である。身上監護権には，監護教育権（民法820条），居所指定権（民法822条），職業許可権（民法823条），がある。職業許可権の「職業」には，他人に雇われることも含まれる。そのため，未成年の子どもがバイトをするのにも，親権者の許可を得なければならない。ただし，現在では労働基準法によって，親権者が子どもを代理して労働契約を締結したり，子どもの賃金を代わりに受け取ることは禁じられている（労働基準法58条，59条）。以上のほかに，以前は，親権の中に「懲戒権」が規定されていた。懲戒権には，口頭による注意だけではなく，「たたく」などの体罰も含まれると考えられていた。このため，児童虐待をしている親などは「これは虐待ではなく，体罰であり，しつけである」と言って，自分たちの行為を正当化する根拠の1つとしていた。しかし，子どもの人権意識の高まりや児童虐待に対する社

会的な問題意識の高まりを受け，親による体罰に対して否定的な見解が強くなっていった。このような社会的な意識の変化を受けて，2019[令和元]年に改正された児童虐待防止法14条1項は，親権者が児童のしつけに際して，体罰を加えることを禁止したのである。そして，2022[令和4]年に行われた民法改正によって，民法上から親権者の懲戒権は削除され，民法821条において「体罰その他の子の心身の健全な発達に有害な影響を及ぼす言動」は禁止されたのである。さらに，2024[令和6]年の民法改正により，「親の責務」として，父母は，子どもの養育に際し，子どもの心身の健全な発達を図るため，「その子の人格を尊重するとともに，その子の年齢及び発達の程度に配慮」しなければならないと，明記された(新民法817条の12第1項)。

次に，親権者には子どもの財産を管理する財産管理権も認められている。通常，子どもはお金を抱えて生まれてくるわけではなく，子どもの多くはむしろ親からお金をもらう側であるのであまり重要ではないように思われるかもしれない。しかし，例えば，父親が交通事故で死亡し，その子どもが生命保険金としてまとまったお金を手にしたとする。その場合に，生き残った母親が子どもの受け取ったお金を浪費してしまうことがある。児童虐待防止法2条では，このような行為を児童虐待の中に入れていないけれども，「経済的虐待」として明記すべきであるように思う。

財産管理の中には，子どもの財産を管理することだけではなく，子どもを代理することも含まれる(民法824条)。このとき親権者が子どもを代理できるのは，財産に関する行為に原則として限られる。

親権は子どもの利益のために存在する。しかし，親権者の中には，子ども虐待を行い，親権を根拠に不当に介入してくる者もいる。そのため，もし親の親権行使が子どものためにならないのであれば，そのような親から親権を剥奪や制限する必要がある。民法は，そのような場合のために，親権喪失(民法834条)，親権停止(民法834条の2)，そして管理権喪失(民法835条)を用意している。親権喪失が認められれば，特に期間を定めることなく親権を失うことになる。これに対して，親権停止が認められれば，2年を超えない範囲で親権の行使ができなくなる。管理権喪失は，親権の中の財産管理権のみ

を喪失させる制度である。

　親権喪失などを請求できるのは，子どもの親族などであり（民法834条，834条の2，835条），児童相談所長も請求することができる（児童福祉法33条の7）。このとき，2011［平成23］年の民法改正によって，「子ども自身」が親権喪失などを請求できるようになった点は注目に値する。虐待する親との関わりを嫌い，親権喪失などを請求することに消極的な親族も多い。また，そもそも子どもに親以外の親族がいない場合も考えられる。そのため，子ども自身が親権喪失などの請求する必要性は存在するのである。以下では，具体的に子ども自身が親権停止を請求した事件を紹介し，検討したい。

第4節　子ども虐待と親権の制限

　本節では，宮崎家審平成25［2013］年3月29日家庭裁判月報65巻6号115頁（以下，単に「宮崎家審平成25年」という）を紹介する。
　宮崎家審平成25年の事実概要は以下のとおりである。すなわち，未成年者Aには，親権者であり，母親である事件本人Bがいる。さらに，事件本人CはBの夫であり，Aの養父である。1995［平成7］年に，Aは未熟児として誕生し，生まれてすぐに体重が減り，ミルクを飲むことができず，3か月間入院した。しかし，BはAを出産後，入院中のAを置き去りにして病院から失踪し，育児放棄をした。そのため，Aは，退院後，親戚の家に引き取られ，親戚によって育てられた。2011［平成23］年，Aは，親戚に入学費用を出してもらって私立高校に入学し，1か月弱の間，Bの家に住んだが，同年にBが勝手に退学届を提出したため，Aは不本意な形で退学を余儀なくされた。B・Cは，Aのアルバイト先まで行って，Aの給料を勝手に受け取ったこともあった。Aは，Cと会ったことはあるが，内容のある会話をほとんどしたことがない。Aは，原因不明の高熱を出して救急車で病院に運ばれ，親戚の同意により入院できた。しかし，その後，Bはより詳しい検査が必要であるという医師の判断を無視してAを退院させ，通院もさせなかった。Aを監護している親戚らとBとの仲が悪いため，Aは板挟みとなり，精神的に不安定

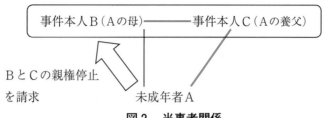

図2　当事者関係

となって生活が乱れ，事件を起こして少年鑑別所送致となった。しかし，B・Cは一度も面会に行かず，審判にも出席しなかった。Aは，再び原因不明の高熱を出して救急車で病院に運ばれたけれども，B・Cは正当な理由なく入院に同意しなかった。Aは，親戚の同意により入院して治療を受けることができ，退院した。現在，Aの症状は一応治まっているけれども，B・Cが医療行為に同意しないため，詳しい検査を受けられず，定期的な通院もできておらず，今後再発の可能性もある。Aは，現在，親戚の家で生活しており，今後も引き続きその親戚と生活し，その養育監護を受ける意向である。

　宮崎家庭裁判所はB・Cを呼び出したが，B・Cは出頭しなかった。
　宮崎家庭裁判所は以下のように述べ，B・Cの親権を2年間停止した。すなわち，「B・Cらは，Aを養育監護しておらず，今後も必要な養育監護をする意思は認められない。また，Aについて何らかの疾病の存在が疑われるが，B・Cらが正当な理由もなく医療行為に同意しないため，Aは，詳しい検査を受けたり，定期的な通院をすることが困難な状況にある。したがって，本件は，父母による親権の行使が不適当であることにより子の利益を害する場合に当たり，B・Cらの親権を停止する必要がある。そして，今後2年内に親権停止の原因が消滅するとは認めがたいこと，Aの生活状況及びその意向等を考慮すれば，B・CらのAに対する親権停止の期間はいずれも2年間と定めるのが相当である。」とした。

　このように宮崎家審平成25年は，子ども自ら親権停止を求めて，母親と養父の親権が2年間停止された事案である。判決文に書かれていないため，児童相談所が親権の制限を請求しなかった理由などは不明である。しかし，一

般論として，以下のように言うことができる。すなわち，先に見たように刑法的対応，社会保障法的対応において，対応するかどうか，対応するとしてどのように対応するかは，結局児童相談所や警察などの「大人たちの」判断に依存してしまうことになる。確かに，子どもは児童相談所などに助けを求めることはできる。しかし，実際動いてもらえるかは別の問題である。これに対して，親権の制限に関しては，子どもは単に助けを求める存在ではない。子ども自らがそれを請求でき，自分自身で虐待に立ち向かうことができる。今後，子ども虐待に対する法制度においては，子どもをただ保護の対象としてのみ見るのではなく，一個の独立した権利の主体としても見ていく必要がある。特に，子ども虐待が家庭内という密室内で行われ，他人が把握しにくいという性質から，虐待を受けている子どもが児童相談所や警察などによる保護という網（ネット）から落ちてしまう危険がある。このような危険を踏まえ，子ども自ら声を発し，場合によっては虐待に自ら立ち向かえるようにしていかなければならない。

【注】
1) こども家庭庁「令和4年度 児童相談所における児童虐待相談対応件数」（https://www.cfa.go.jp/assets/contents/node/basic_page/field_ref_resources/a176de99-390e-4065-a7fb-fe569ab2450c/b45f9c53/20240926_policies_jidougyakutai_26.pdf，2024年10月24日16時00分，筆者確認）1頁。
2) 岡山市児童福祉審議会児童処遇専門分科会「岡山市における被虐待児童死亡事例検証報告書 令和4年10月」（https://www.city.okayama.jp/kurashi/cmsfiles/contents/0000009/9947/houkokusyo.pdf，2024年10月27日11時02分，筆者確認）7頁，16頁。

【参考文献】
本澤巳代子＝大杉麻美編『みんなの家族法入門〔第2版〕』（信山社，2024年）
日本弁護士連合会子どもの権利委員会編『子どもの虐待防止・法的実務マニュアル〔第7版〕』（明石書店，2021年）

〔髙橋大輔〕

第12章　株主代表訴訟と会社法

第1節　株主代表訴訟の意義

　株式会社の経営や経営監視に携わる会社幹部は，経営の失敗等により株式会社に損害を生じさせた場合，株式会社に対してその損害を賠償する責任を負う。一方で株式会社は，株式会社に損害を負わせた幹部に対して損害賠償を請求することができるが，現実には，株式会社が，元来いわば身内である幹部に対して損害賠償請求権を行使することは多くの場合，必ずしも容易ではない。

　こうして内部の身びいきが横行することにより，株式会社が本来行使できる筈の権利を行使しなくなれば，株式会社は本来手にすることができる筈の賠償額を得ることができなくなるし，また，株式会社に損害を生ぜしめた原因を明らかにする機会を失うことにもなるかもしれない。その結果，株式会社内部の規律が緩み，不適切な人材が会社幹部として跳梁跋扈することにもなりかねない。

　そこで会社法は，俗に「株主代表訴訟」と言われる制度を設けており，この制度の下では，株式会社が幹部に対して本来行使すべき損害賠償請求権を行使しない場合，株式会社の株主が株式会社に代わって幹部を相手取り損害の賠償を請求することができる。

　よってこの制度においては株式会社の株主が原告となり，株式会社の幹部が被告となるが，上述のように，株主は株式会社を代表して原告となるため，判決の効力が及ぶのは株式会社に対してである。つまり，たとえ株主が勝訴したとしても株主自身は何の利益を受けることも無く，株主の勝訴によって賠償金を得るのは株式会社のみである。かくして，株主代表訴訟は，株式会社が損失を回収する道を開き，さらに，幹部の乱脈経営等を抑止することに

より株式会社の健全性を確保することにもつながる制度であると言えよう。故に，実質的に会社経営の健全性を事後的に裁判所が審査するための制度であるとも考えられよう。

以下，本章では，まず，株式会社の特質(第2節)を確認する。次に，株式会社の「機関」設計に関する基本的な定め(第3節)を概観した上で，各機関につき，運営に関する定めや役割(第4節)について説明する。そして株式会社の「役員等」がどのような場合に会社に対して責任を負うことになるのか，つまり逆に言えばどのような場合に株式会社は役員等に対して損害賠償を請求できるのかについて検討したうえで(第5節)，株主代表訴訟制度を概観し(第6節)，制度の特質について考えることにする。

なお，本章では，特にことわらない限り条文番号は会社法の条文番号である。

第2節　株式会社の特質

会社法では，合名会社，合資会社，合同会社，株式会社という4つの形態の会社が制度化されている。これらのうち，合名・合資・合同会社(持分会社と総称されている)は基本的には所有と経営の一致を前提とすることを，株式会社は所有と経営の分離を前提とすることを，それぞれ特質とする会社であると考えればよい。

持分会社と株式会社の具体的な相違は，①持分会社の出資者は「社員」と称されるところ，株式会社の出資者は特に「株主」と称されること。②合名・合資会社にあっては出資者が無限責任を負い(ただし，合資会社の社員には，無限責任を負わない「有限責任社員」が混在している)，株式会社にあっては出資者が有限責任のみを負うこと(なお，合同会社の出資者は，株式会社の出資者と同様に有限責任のみを負う)。③持分会社にあっては，会社機関に関して株式会社のような会社法による規制が無いこと(例えば，取締役，取締役会，監査役といった機関の設置を強制されない)。④原則として，持分会社にあっては社員1名につき1個の議決権であるのに対し，株式会社にあっては株式1

株につき1個の議決権であること，などである。

第3節　株式会社の機関設計

　株式会社の「機関」とは，株式会社の意思決定を行い，あるいはその運営に関わる者をいう。会社法では(会社法第2編第4章)，株主総会，取締役，取締役会，会計参与，監査役，監査役会，会計監査人，監査等委員会，指名委員会等(指名委員会・監査委員会・報酬委員会)，執行役が株式会社の機関とされている。

　会社法では，これらの機関のうち株主総会と取締役のみが必要的設置機関となっており，他の機関については株式会社ごとに，定款(会社の設立の際に会社設立者によって定められる内部規範)の定めにより任意に設置の有無を決めてよいことになっている(326条2項)。ただし，株式会社の機関設計の自由は無制限なものではなく，株式会社が公開会社であるか非公開会社であるか，また，大会社であるか非大会社であるか，によって，選択できる機関設計の範囲が制約されている。

　まず，公開会社であるか非公開会社であるかは，定款上，株式の譲渡制限が定められているか否か(譲渡による株式の取得について，株式会社の承認を要する旨の定款の定めがあるか否か)の相違であって，定款上1株でも譲渡制限の無い株式を発行できる株式会社は公開会社であり，定款上全株について譲渡制限が付されている株式会社が非公開会社である(2条5号)。

　次に，大会社であるか非大会社であるかは，資本金または負債の額に基づく相違であって，資本金5億円以上または負債200億円以上の株式会社が大会社であり，それ以外の株式会社が非大会社である(2条6号)。

　これらの区分の下で，株式会社が実際に選択できる機関設計は以下のとおりである。

	大会社	非大会社
非公開会社	①取締役＋監査役＋会計監査人 ②取締役会＋監査役＋会計監査人 ③取締役会＋監査役会＋会計監査人 ④取締役会＋監査等委員会＋会計監査人 ⑤取締役会＋指名委員会等＋会計監査人	①取締役 ②取締役＋監査役※ ③取締役＋監査役＋会計監査人 ④取締役会＋会計参与 ⑤取締役会＋監査役※ ⑥取締役会＋監査役会 ⑦取締役会＋監査役＋会計監査人 ⑧取締役会＋監査役会＋会計監査人 ⑨取締役会＋監査等委員会＋会計監査人 ⑩取締役会＋指名委員会等＋会計監査人
公開会社	①取締役会＋監査役会＋会計監査人 ②取締役会＋監査等委員会＋会計監査人 ③取締役会＋指名委員会等＋会計監査人	①取締役会＋監査役 ②取締役会＋監査役会 ③取締役会＋監査役＋会計監査人 ④取締役会＋監査役会＋会計監査人 ⑤取締役会＋監査等委員会＋会計監査人 ⑥取締役会＋指名委員会等＋会計監査人

・株主総会はどの機関設計においても必要常設機関である。
・会計参与は原則としてどの機関設計においても任意に設置が可能。
・※は，監査役の権限を会計監査に限定できる。

第4節　各機関の概要

以下では，取締役・取締役会，会計参与，監査役，監査役会，会計監査人，

監査等委員会，指名委員会等・執行役の順で概観する。これらのうち，取締役，会計参与，監査役，会計監査人は株主総会決議によって選任される。なお，株主総会も株式会社の機関であるが，これについての解説は割愛する。

1．取締役・取締役会
(1) 取締役会非設置会社における取締役

取締役の員数に定めは無く1名でもよい(326条1項)。取締役が複数名いる場合には，原則として，取締役の過半数で業務執行の決定を行う(348条2項)。

取締役会非設置会社における取締役は株式会社の業務執行権を持ち(348条1項)，株式会社を代表する(349条1項)。なお，取締役会非設置会社では，代表取締役を任意に定めることができるが，その場合には，その他の取締役は業務執行権・代表権を持たない(349条1項・3項)。

(2) 取締役会設置会社における取締役

取締役会設置会社では，取締役は3人以上でなければならない(331条5項)。取締役会設置会社における取締役は，取締役会の一構成員として位置づけられ，基本的には取締役会において合議による業務執行の決定に参画することを職務とする。業務執行権・代表権を持つのは，代表取締役である。

(3) 取締役会

取締役会はすべての取締役によって組織される(362条1項)。公開会社，監査役会設置会社，監査等委員会設置会社，指名委員会等設置会社のいずれかである株式会社にあっては設置が強制され(327条1項)，その他の株式会社にあっては，設置は任意である。取締役会は業務執行を決定する他，取締役の職務執行を監督し，代表取締役を選定・解職する(362条2項)。取締役会の決議は，原則として，議決に加わることができる取締役の過半数が出席し，その出席取締役の過半数で行われる(369条1項)。

(4) 代表取締役

代表取締役の員数に定めは無く，1名でも複数名でもよい。

取締役会非設置会社では，原則として代表取締役の選定は任意であり(349

条3項),設置しない場合には(取締役が2人以上の場合でも)各取締役がそれぞれに株式会社を代表し業務執行を行う(349条1項・2項)。なお,取締役会非設置会社における代表取締役は,定款,定款の定めに基づく取締役の互選又は株主総会の決議によって,取締役の中から選定される(349条3項)。

他方,取締役会設置会社では代表取締役の選定が強制され,取締役会決議により取締役の中から選定される(362条3項)。ただし,指名委員会等設置会社である取締役会設置会社では,代表取締役を選定することはできない。

(5) 選定業務執行取締役

代表取締役以外の取締役が,取締役会の決議によって業務を執行する取締役として選定されることがある(363条1項2号)。そうした取締役は選定業務執行取締役と称されている。

また,代表取締役,選定業務執行取締役及び「業務を執行したその他の取締役」を業務執行取締役という(2条15項)。本章第4節**6**.(2)を参照。

2.会計参与

会計参与はあらゆる機関設計の株式会社において任意に設置できる。

会計参与は,取締役・執行役と共同して,計算書類等を作成することを主な任務とし(374条1項・6項),そのために会計帳簿等の閲覧・謄写等の権限を持つ(374条2項・3項)。計算書類とは,貸借対照表,損益計算書その他株式会社の財産・損益の状況を示すために必要かつ適当なものとして法務省令で定めるものをいい(435条2項),会計帳簿とは計算書類作成の基礎となる帳簿をいう。

なお,会計参与は,公認会計士・監査法人か,税理士・税理士法人のいずれかでなければならない(333条1項)。そして,監査法人または税理士法人が会計参与に選任された場合には,その監査法人・税理士法人は,その社員の中から会計参与の職務を行うべき者を選定し株式会社に通知しなければならない(333条2項)。

3．監査役

監査役は，取締役会設置会社，会計監査人設置会社(監査等委員会設置会社・指名委員会等設置会社を除く)において設置が強制される(327条2項・3項・4項)。

監査役は取締役・会計参与の職務執行の監査，違法・不当な職務執行の是正，監査報告の作成を主な任務とし(381条1項)，取締役等に対する事業に関する報告の請求，会社の業務・財産に関する調査等を行う権限を持つ(381条2項・3項)。

監査は，会計監査を含めた業務監査であることを原則とするが，監査役会設置会社でも会計監査人設置会社でもない非公開会社にあっては，定款の定めにより監査の範囲を会計監査に限定することができる(389条1項)。なお，株式会社が取締役に対し，または取締役が株式会社に対して訴えを提起する場合には，この訴えについては監査役が株式会社を代表する(386条1項)（監査役非設置会社である場合については，353条・364条を参照)。そして，株式会社が株主から取締役に対する責任追及の訴え(847条1項)の提起の請求を受ける場合にも，同じく監査役が株式会社を代表する(386条2項1号)。

4．監査役会

監査役会は，公開会社でかつ大会社である株式会社(監査等委員会設置会社・指名委員会等設置会社を除く)において設置が強制され(328条1項)，すべての監査役から組織される。監査役会を設置する場合には監査役は3人以上で，かつ，その半数以上は社外監査役であることを要するほか(335条3項)，監査役のうち少なくとも1名を常勤の監査役として選定することが求められる(390条3項)。なお，社外監査役とは，「その就任の前十年間当該株式会社又はその子会社の取締役，会計参与……若しくは執行役又は支配人その他の使用人であったことがないこと」等の要件を満たす，独立性の高い監査役である(2条16号)。

監査役会の決議は監査役の過半数で行う(393条1項)。

監査役会は，個々の監査役による監査ではなく，複数の監査役が役割を分

担し，監査を行うことで，効率的かつ実効的な監査を可能ならしめることを目的として設置されるものであり，監査の方針の決定，株式会社の業務・財産の調査の方法その他の監査役の職務執行に関する事項の決定，監査報告の作成等を主な任務とする(390条2項・3項)。

5．会計監査人

会計監査人は，大会社・監査等委員会設置会社・指名委員会設置会社において設置が強制される(327条5項，328条1項・2項)。

会計監査人は会計監査を行い，会計監査報告を作成することを主な任務とし，計算書類の監査や会計帳簿等の閲覧・謄写等の権限を持つ(396条)。

なお，会計監査人は公認会計士か監査法人のいずれかでなければならない(337条1項)。そして会計監査人として監査法人が選任された場合には，その監査法人は，その社員の中から会計監査人としての職務を行う者を選定し株式会社に通知しなければならない(337条2項)。

6．監査等委員会

(1) 監査等委員会設置会社

監査等委員会設置会社とは，監査等委員会を設置する株式会社である。取締役会設置会社で，且つ，会計監査人設置会社であることを要す。監査等委員会が監査を担うため，監査役は設置できない。

(2) 監査等委員会

監査等委員会とは，一般の取締役とは別枠で選任された3人以上の取締役から成る委員会であり，その過半数は社外取締役であることが求められる(331条6項)。

社外取締役とは，「当該株式会社又はその子会社の業務執行取締役‥若しくは執行役又は支配人その他の使用人……なく，かつ，その就任の前十年間当該株式会社又はその子会社の業務執行取締役等であったことがないこと」等の要件を充たす，独立性の高い取締役である(2条15号)[1]。

監査等委員会の決議は，議決に加わることができる監査等委員の過半数が

出席し，その過半数をもって行う(399条の10第1項)。

その他，株式会社が取締役に対し，又は取締役が株式会社に対して訴えを提起する場合には，かかる訴えについては監査等委員が株式会社を代表し(399条の7第1項2号)，株式会社が株主から取締役に対する責任追及の訴え(847条1項)の提起の請求を受ける場合にも，同じく監査等委員が株式会社を代表する(399条の7第5項1号)。

7．指名委員会等・執行役

(1) 指名委員会等設置会社

指名委員会等設置会社とは，指名委員会・監査委員会・報酬委員会という3つの委員会(指名委員会等)と執行役を設置する株式会社である。各委員会を構成する委員は，取締役会決議によって取締役の中から選定される(400条2項)。各委員会とも，3人以上の委員によって組織されることを要し(400条1項)，委員の過半数は社外取締役であることを要する(400条3項)。各委員会の決議は，原則として，議決に加わることができる委員の過半数が出席し，その過半数で行われる(412条1項)。

指名委員会等設置会社にあっては，監査役の設置は不可であり(327条4項)，かつ，取締役会と会計監査人を設置することが強制される(327条1項3号・5項)。監査役の設置が不可とされるのは，監査委員会が監査役の役割を担うからである。なお，上述(本章第4節1．(4))のように指名委員会等設置会社における取締役会にあっては，代表取締役は選定されない。指名委員会等設置会社における取締役は，取締役会の構成員として基本方針の決定や執行役の監督を行うことを主要な職務とし，原則として業務執行を行わないことによる(415条)。そして，指名委員会等設置会社では業務執行権は執行役が有する。

(2) 指名委員会

指名委員会は，株主総会に提出する取締役・会計参与の選解任に関する議案の内容を決定する(404条1項)。指名委員会等設置会社でない会社にあっては，取締役・取締役会がこうした議案の内容を定める権限を有する。

(3) 監査委員会

　監査委員会は，執行役・取締役・会計参与の職務執行を監査し(405条1項・2項)，監査報告を作成する(404条2項1号)。

　加えて，株式会社が執行役・取締役に対し，又は執行役・取締役が株式会社に対して訴えを提起する場合には，かかる訴えについては監査委員が株式会社を代表し(408条1項2号)，株式会社が株主から取締役に対する責任追及の訴え(847条1項)の提起の請求を受ける場合にも，同じく監査委員が株式会社を代表する(408条3項)。

(4) 報酬委員会

　報酬委員会は，個々の執行役・取締役・会計参与の報酬等(報酬，賞与その他の職務執行の対価として株式会社から受ける財産上の利益)の内容を決定する(404条3項)。指名委員会等設置会社以外の株式会社にあっては，取締役・会計参与の報酬等は原則として株主総会決議によって決定される(361条1項・379条1項)。

(5) 執行役

　執行役の選解任は取締役会決議によって行われる(402条2項・403条1項)。員数に制限はないが(402条1項)，執行役を複数選任する場合には，取締役会は取締役会決議により執行役の中から代表執行役を選定しなければならない。執行役が1名しか選任されていない場合にはその執行役が代表執行役となる(420条1項)。選定に加えて，代表執行役の解職も取締役会決議によって行われる(420条2項)。

　指名委員会等設置会社においては，株式会社の業務執行を行うのは執行役であり，代表執行役が代表権を有する(420条3項)。

第5節　役員等の損害賠償責任

1．総説

　会社法は，329条1項において前節でみた取締役・会計参与・監査役を「役員」と称し，423条1項において取締役・会計参与・監査役の他，執行

役・会計監査人をも加えて「役員等」と称している。そして、「役員等」と株式会社との関係は、民法上の委任に関する規定に従うと規定されている（330条、402条3項）。

よって役員等は株式会社に対して民法644条に定められる善管注意義務（善良な管理者の注意：善管注意義務とは、一般に、一定の職業に就く者や一定の社会的立場にある者に通常期待されるべき注意義務の水準・程度を意味する）を負う。その他、355条および419条2項により、取締役・執行役は株式会社に対して忠実義務を負う[2]。

さらに会社法では、役員等の責任の内容をより明確化するために、以上の一般的な規定とは別に、幾つかの規定を設けている。すなわち、第1に、役員等に「任務懈怠」があった場合、株式会社に対して損害賠償責任を負い（423条）、第2に、「利益供与」が為された場合（典型的には、株主総会での質問を控えてもらうために株式会社が総会屋に金銭を贈与した場合）、利益供与に関与した取締役・執行役は、その供与した利益の価額に相当する額を株式会社に対して支払う義務を負い（120条4項）、第3に、分配可能額を超えて株主に違法な配当が為された場合[3]、違法な配当に関与した取締役・執行役は、交付した金銭等の帳簿価額に相当する金銭を株式会社に対して支払う義務を負う（462条1項）。以下では、これらのうち最も重要な任務懈怠について解説する。

2．任務懈怠

(1)　423条1項

役員等の任務懈怠責任について定める423条は、1項において基本的な枠組みを定め、2項・3項において競業取引・利益相反取引についての特則を設けているが、ここでは1項のみを検討対象とする。

423条1項は、役員等は「その任務を怠ったときは、株式会社に対し、これによって生じた損害を賠償する責任を負う」と規定している。問題はどのような場合に「任務を怠った」と認められるか、であるが、この点について423条1項は、「法令又ハ定款ニ違反スル行為」を為した取締役は株式会社が

被った損害について賠償責任を負うと定めていた旧商法266条1項5号の規定に対応するものであると考えられていること等から，役員等の法令・定款に違反する行為は任務懈怠に当たると考えられている。なお，後述（本章第5節2．(4)）するように，任務懈怠責任は過失責任であると考えられている。

(2) 法令・定款違反

任務懈怠となる法令違反の「法令」とは，第1に，上にみた役員等の善管注意義務や，取締役・執行役の忠実義務に関する規定，第2に，役員等を名宛人としその遵守を義務付ける諸規定，第3に，株式会社を名宛人としその遵守を義務付ける諸規定，である。第3の類型に属するものは会社法の諸規定に限られない。つまり，株式会社が会社法を含む諸法令を遵守することは当然であり，かつ，株式会社の法令遵守を確保することも役員等の株式会社に対する義務に含まれるからである（最大判平成12[2000]年7月7日民集54巻1号1767頁）。

定款違反行為とは，定款所定の会社目的の範囲を超える行為その他，定款の定めに反する行為である。

(3) 損害

任務懈怠責任は，役員等の任務懈怠行為により株式会社に損害が生じた場合に発生する役員等の賠償責任であるので，株式会社が原告として役員等の責任を追及する場合には，役員等の任務懈怠行為の他，株式会社が被った損害と，任務懈怠行為と損害との因果関係を立証しなければならない。

(4) 故意・過失

423条1項には任務懈怠責任が過失責任であることを示す文言は無い。しかし，任務懈怠責任は，その法的性質が債務不履行責任であることから，過失責任であると考えられている。よって，役員等が任務懈怠行為により責任を負うには，役員等に任務懈怠行為について故意又は過失があったことが要件となる。端的に言えば，問題の行為の当時において，その行為が法令・定款違反行為であることについて役員等に故意があったこと，あるいは，法令・定款違反行為であることを認識していなかったことについて過失があったことを要するということである。したがって，役員等に任務懈怠行為があ

ったとしても，無過失であれば役員等は423条1項に基づく責任を負わない。なお，上述(本章第5節2.(3))のように原告である会社側は，任務懈怠行為・損害・因果関係の存在を立証し，これに対して故意又は過失については，被告である役員等が抗弁として，その不存在を主張することになる。

第6節　株主代表訴訟

1．総説

　株式会社は，423条1項等に基づき役員等に対して損害賠償を請求することができるが，本章第1節で述べたように，株式会社が，いわば身内である役員等に対して損害賠償請求を行うことは多くの場合現実には容易ではない。そこで，会社法は「責任追及等の訴え」という制度を設けており，この制度に基づき，株主は，発起人，役員等，清算人，株主の権利行使に関し利益供与を受けた者(本章第5節1)等に対して，責任を追及するための訴えを提起することができる(847条1項)。なお，発起人とは，株式会社の設立を企画し，定款を作成する者である(26条1項)。また，清算人とは，株式会社の清算事務を行う者である(477条1項)。

　この権利は株主のいわゆる単独株主権であり，1名の株主でも単独で行使することができるが，この権利を行使できるのは6か月前から引き続き株式を有する株主に限られる(847条1項)。保有期間に関するかかる制限は濫訴防止を目的とするものである。濫訴防止のためには，責任の原因たる事実が発生した当時における株主のみに請求権を付与するという行為時株主原則がより効果的であるとも思われるが，わが国ではこの考えは採用されていない。なお，非公開会社には保有期間の限定が無い他(847条2項)，公開会社であっても定款の定めにより保有期間を短縮することができる(847条1項)。

2．株主代表訴訟提訴前の手続

　以上の通り，「責任追及等の訴え」の相手方は実に多彩であるが，以下では，取締役が被告となる場合を念頭に検討することにする。

株主は，取締役に対して株式会社への賠償を請求する場合，いきなり取締役を相手に提訴するわけではない。株主はまず株式会社に対して，株式会社自身が取締役を相手とする責任追及の訴え(847条1項)を提起するよう請求する。

　この請求を受けた株式会社を代表するのは，上述(本章第4節3．6．(2)，7．(3))のように，監査役設置会社では監査役，監査等委員会設置会社では監査委員，指名委員会等設置会社では監査委員であり，その他の株式会社では株主総会や取締役会が定めた者が株式会社を代表する(353条，364条)。

　そして，請求を受けた時点で株式会社には，株主の請求を受け入れて発起人等に対して提訴するか，あるいは提訴しないかの2つの選択肢があるが，株式会社が提訴した場合，提訴の旨を公告し又は株主に通知しなければならない(849条5項)。公告・通知は株主が株式会社の動向を監視する機会を確保し，会社関係者間の馴れ合いを防ぐことを目的とするものである。

　ところで，株主が株式会社に対して提訴請求したにもかかわらず株式会社が請求の日から60日以内に提訴しない場合，当該株主又は取締役が請求するときは，株式会社は，当該株主又は取締役に対して遅滞なく，提訴しない理由を書面(不提訴理由書)により通知しなければならない(847条4項)。この制度により，株式会社は提訴の可否について慎重に判断せざるを得ず，さらに，株主にとっては株式会社が不提訴判断に至った理由を知った上で，株主代表訴訟の提起に踏切るかどうかを決めることができる。したがってこの制度もまた，株主による濫訴防止を目的の1つとする制度とみることもできよう。

3．株主代表訴訟の提起

　一方で，請求の日から60日以内に株式会社が提訴しない場合，請求を行った株主は株式会社に代わって取締役に対して自ら責任追及の訴えを提起できる(847条3項)。これがいわゆる株主代表訴訟である。なお，「株式会社に回復することができない損害が生ずるおそれがある」ときは[4]，60日を待たず，株主は直ちに提訴できる(847条5項)。

　また，株主が株主代表訴訟を提起した場合には，提訴した旨を遅滞なく株

式会社に告知しなければならない(849条4項,訴訟告知)。なお,株主が株主代表訴訟を提起する際に裁判所に納めるべき手数料は,株主による請求額の大小にかかわらず,一律1万3千円となる。民事訴訟の手数料は「民事訴訟費用等に関する法律」に基づき定められるところ,通常の民事訴訟では原告が請求する額に応じて手数料が定まるため請求する額が高額になるにつれ手数料も高額なものとなるが,株主代表訴訟は「財産権上の請求でない請求に係る訴え」とみなされるため(847条の4第1項),株主代表訴訟の訴額は一律160万円とみなされることによる(民事訴訟費用等に関する法律4条2項)。

4．担保提供命令

株主の濫訴防止を目的とする制度として,その他,担保提供命令と称される制度がある。この制度の下では,被告である取締役が原告株主の「悪意」を疎明(裁判官に一応確からしいとの心象を抱かしめる程度の説明)したときは,裁判所は被告の申立てに応じて原告株主に対し担保提供を命ずることができる(847条の4第2項・3項)。ここでいう担保とは,後日において取締役が株主代表訴訟で勝訴した場合において,勝訴後の取締役が,そもそも当該の株主代表訴訟は不当な濫訴であったとして原告株主に対して損害賠償を請求することが考えられるが,その場合の請求権の担保である。

この制度の下では,担保提供を命じられた原告株主が担保を提供しない場合には,裁判所は株主代表訴訟を却下することができるため(民事訴訟法78条,81条),株主の悪意をどのように理解するかが重要な問題となっている(東京高決平成7[1995]年2月20日判タ895号252頁,大阪高決平成9[1997]年8月26日判時1631号140頁,同平成9[1997]年11月18日判時1628号133頁)。

5．訴訟参加

ところで,株式会社が株主の求めに応じて自ら取締役に対して提訴した場合にせよ,また,株主が株主代表訴訟を提起した場合にせよ,原告が適正な訴訟追行を行うとは限らない。つまり,当事者間のいわば出来レースの訴訟追行となる可能性も無いわけではない。

そこで，そうした馴合いを阻止するために「訴訟参加」という制度が用意されており，株式会社が提起した場合であれ，株主が提起した場合であれ，責任追及の訴えが提起された場合には，他の株主・株式会社は共同訴訟人として，または，当事者の一方を補助するために，その訴訟に参加することができる。ただし，不当に訴訟手続を遅延させることとなる場合や，裁判所に過大な事務負担を課すことになる場合には，訴訟参加は認められない（849条1項）。

なお，株式会社が，取締役の側へ補助参加する場合には，監査役設置会社では全監査役の，監査等委員会設置会社では全監査等委員の，指名委員会等設置会社では全監査委員の同意を要する（849条3項）。

6．訴訟の終結

株主代表訴訟における判決の効力は，勝訴・敗訴共に株式会社に及ぶ。そして株主勝訴の場合，株式会社に対して弁護士費用その他の一定の費用の額を請求できる（852条1項）。株主敗訴の場合でも株主に悪意が無ければ，株主は株式会社に対し損害賠償責任を負わない（852条2項）。なお，株主代表訴訟において原告株主と被告は訴訟上の和解をすることも可能であるが，原告と被告のみで和解内容を決めてしまう場合，株式会社や他の株主の利益が十分に考慮されない可能性がある。そこで，会社法は，株式会社が和解の当事者でない場合の定めとして，株式会社がその和解に異議を述べるときは，当該和解には確定判決と同様の効力は発生せず，それ故，再訴禁止の効力は発生しないと定めている（850条1項・2項）。

なお，株式会社が提起した場合であれ，株主が提起した場合であれ，責任追及の訴えが提起された場合において，原告・被告が共謀して「株式会社の権利を害する目的をもって判決をさせたときは」，株式会社・株主は確定した終局判決に対し，再審の訴えをもって不服を申し立てることができる（853条1項）。

7．近年の法改正——多重代表訴訟

企業集団内において，株主である親会社が子会社の取締役の責任を追及しない可能性があることが懸念されるほか，子会社が100％子会社である場合は親会社が子会社取締役の責任を追及しなければ子会社取締役の責任を追及することができなくなる。こうした問題に対処するために，2014［平成26］年会社法改正において，親会社の株主が子会社の取締役に対して訴えを提起することを可能にする制度である「特定責任追及の訴え」(847条の3)が導入された。俗に，「多重代表訴訟」と言われている。

この制度では，100％親会社(子会社の株式100％を所有している会社)の1％以上の議決権を有する株主(公開会社にあっては6か月前からの保有が求められる)は，子会社の取締役に対して訴えを提起できる。ただし，その子会社が親会社にとって重要な子会社でないのであれば，敢えてそのような訴訟を促す意味が乏しいため，当該子会社の株式の帳簿価額が100％親会社の総資産額の5分の1超の場合のみ，多重代表訴訟を提起できることになっている。

第7節　株主代表訴訟の問題点と，D&O 保険

株主代表訴訟を基礎づける基本的な考え方，つまり，株式会社が会社幹部に対して責任追及しない場合には，株式会社の株主が会社に代わって責任追及をするという発想には問題もある。

1つは，濫訴という問題である。いわゆる会社荒らし等により制度が悪用され株式会社が混乱に陥ることもあり得るため，そうした事態を防止するために担保提供命令等が制度化されていることは上述(本章第6節4)した。

次に，関係者間で馴合いが生じるおそれがあるという問題もある。そうした馴合いを回避するために，訴訟参加などの制度を設けることで，原告株主および被告以外にも，様々な会社関係者がこの制度にかかわりを持つことができるような制度設計となっていることも上述(本章第6節5)した。

株主代表訴訟のさらに大きな問題は，取締役が株主代表訴訟を恐れるあまり，委縮して，経営においてリスクテイクに躊躇する傾向が高まってしまい

かねないことである。こうした問題に対処するため，近年では，「会社役員賠償責任保険」（D&O保険，Directors'and Officers'Liability Insurance）と称される保険が発達している。この保険では，損害賠償請求を行けた取締役は，賠償責任に基づく賠償金と，訴訟などによって生じた費用につき，補償を受けることができる。

　2015[平成27]年の時点で，我が国の上場会社の約9割がD&O保険に加入しており，また，損保大手4社のD&O保険による保険収入は100億円を超えているという[5]。我が国の取締役がリスクの回避を心がけつつも，それだけにとらわれず，時と場合に応じて果敢にリスクを取る経営に挑戦することを促すために，D&O保険がより発達することを期待する声もある。

【注】
1) 社外取締役に関する定め（2条15号）は，複雑で分かりにくい規定であるが，米田保晴「平成26年会社法改正後の株式会社の機関設計——株式会社の機関（会社法第295条〜第430条）の効果的教授法の試み：6区画と10類型による説明」信州大学法学論集27巻（2016年）179頁，225頁が参考になる。
2) ただし，最高裁（最大判昭和45[1970]年6月24日民集24巻6号625頁）は，忠実義務とは，民法644条に定める善管注意義務を敷衍し明確化したものにすぎず，善管注意義務とは別個の高度な義務ではない，と判示している。
3) 株式会社は剰余金を株主に配当することができるが（453条），株主に交付する金銭等の帳簿価額の総額は一定の数式により算出される分配可能額を超えてはならない（461条1項・2項）。
4) たとえば，責任の消滅時効にかかる場合等が考えられる。
5) 弁護士法人大江橋法律事務所『株主代表訴訟とD&O保険』（金融財政事情研究会，2016年）96頁，127頁。

【参考文献】
神田秀樹『会社法〔第26版〕』（弘文堂，2024年）
江頭憲治郎『株式会社法〔第8版〕』（有斐閣，2021年）
森＝濱田松本法律事務所編，三浦亮太『取締役・取締役会・株主代表訴訟』（中央経済社，2006年）

〔荒木雅也〕

第13章　雇用社会と労働法

第1節　はじめに——なぜ人は働くのか？

　今，大学生として勉強しているのは，将来，社会に出て働き，自立して生活をしていくためだという人がほとんどだ。正社員として働くとすると1日約8時間，1日のうち3分の1は働いて過ごすことになる。1日の多くの時間を働いて過ごすことになるにもかかわらず，「生活のため」という理由以外に，「なぜ人は働くのか？」ということを考える機会は，これまであまりなかったかもしれない。

　働くのは「生活のため」だといっても，「どんな生活を送りたいのか？」という中身が重要である。若いうちからバリバリ働いてキャリアを積み，高収入を得たいと考える人がいる。他方，働くよりも家族との時間だったり，自分の趣味だったり，自分の好きなこと，大事なものに時間をかけたいと考える人もいるだろう。どういう働き方をするかは，どういう生活を送りたいのかという問題と大きく関わっている。そして，その答えは人によって様々だろう。でも，1つだけ言えることは，生活のスタイルと働き方のスタイルは表裏一体の関係にあることだ。自分がやりたい仕事に就くこともちろん大事なのだが，自分がどういった生活を送りたいかも同じぐらい重要な問題である。でも，どちらか一方を選ばざるを得ない状況に直面することが現実にはたくさんある。

　例えば，自分のキャリアを優先しようとすると家族がないがしろになってしまうことがある。反対に，家族を大事にしようとすると，今度は自分のキャリアを諦めなければならないことになってしまうことがある。キャリアを優先するなら生活を我慢しなければならないし，生活を優先するなら自分のキャリアを我慢しなければならない。しかし，人にとって仕事も生活もどち

らも大事なので，どちらかを選ばざるを得ないような社会を変えていく必要がある。今の社会が抱えている問題を考えていくためにも，皆さんに「なぜ人は働くのか？」という問題を大学生の今，考えてもらいたい。

「なぜ人は働くのか？」という問いに対する究極的な答えは，「幸せになるため」だと思う。幸せになるために頑張って働いた結果，生活が台無しになって不幸になってしまうなんてことがあってはならない。自分が望む幸福を実現するためにどういう生活，どういう働き方を選べばいいのか，そうしたことを個人が決められるようにすることがとても大事なことになる。そして，そうした選択を個人に可能する仕組みを考えていくのが法，特に労働法の役割である。

第2節　個人の幸せを実現するための法

労働法の役割をこのように捉えたとすると，「個人が自ら望む幸せを実現するための法や制度をどのように構築していくべきか？」が次の問いになる。この問いに対する回答を考えていく際，法体系のことを考慮しなければならない。法体系という点で，法律の頂点には憲法が存在する。そのため，「個人が自ら望む幸せを実現するための法や制度をどのように構築していくべきか？」を考えるときにも，憲法に定められた権利や自由を出発点にする必要がある。

憲法では，13条に幸福追求権が保障されている。この規定では，幸福追求に対する権利は，最大限尊重されなければならないことが定められている。個人が自ら望む幸福を追求し，実現するにあたっては，自分の生活や働き方を選択することになる。こうした権利も，憲法13条の自己決定権という形で保障されている。自分の生活を決めるという点で，どこに住むのかについて居住の自由（憲法22条1項）が保障されている。また，家族の問題については婚姻の自由（憲法24条1項）があり，また，家族形成の自由（憲法24条2項）も保障されていると考えられている。働くという点では，憲法22条1項に職業選択の自由が保障されており，憲法の通説的な見解によると，選択した職業を

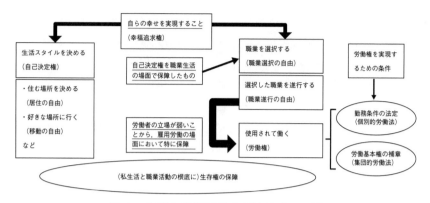

図1　生活と労働に関する法のイメージ

遂行する自由，すなわち職業遂行の自由も保障されていると考えられている。職業選択の自由に関して，多くの人は会社等に雇われて働く人が多いことから，雇用の場面では働きたい会社を選択する自由＝使用者選択の自由が保障されていると考えられている。

　理念的には，働く人たちと会社は対等な立場で労働条件について交渉し，契約を締結することになる。ところが，現実には，雇う側（使用者）と雇われる側（労働者）との間には力の不均衡が存在し，使用者が圧倒的に優位な立場にある。労働者と使用者との間に存在する力の不均衡を考慮して，憲法27条では労働権の保障（1項）と労働条件を法律で定めなければならないことを定めている（2項）。さらに，憲法28条はいわゆる労働三権を保障して，労働者の団結権，団体交渉権，団体行動権について保障している。これら憲法の規定を踏まえて，労働基準法，労働契約法，労働組合法をはじめとする様々な法律が定められている。

　このように憲法の規定から労働法を位置付けることが出来るが，労働法の役割を考える上でもう1つ考えなければならないことがある。それは，近年，人々の生活スタイルや価値観が変わってきていることである。以前は，男性が正社員としてフルタイムで働き，女性が専業主婦として家庭を守るというスタイルが多く見られた。ところが現在は，女性も男性と同様にフルタイムで働く共働き世帯が増加するのと合わせて，男性も家事や育児をすることが

求められている。また、仕事をバリバリこなすのではなく、仕事はほどほどに自分のプライベートを充実させたいと考える人も増えてきている。そのため、男女を問わず仕事と生活をいかに調和させていくかが重要な問題になっている。繰り返しになるが、どのような生活スタイル、働き方のスタイルを選ぶのかは個人、もしくは家族の自由であるはずである。

　問題は、個人もしくは家族が望む生活や働き方を選べる法や制度がきちんと整備されているかということである。残念ながら日本の現状では、仕事と生活との調和を可能にする仕組みが十分に整っているとはまだいえない。その問題が端的に現れているのが、労働時間の問題である。

第3節　日本の労働時間の問題

1．日本の労働時間の現状

　日本は昔から、労働時間が長い国だといわれている。

　統計でみると、日本の労働時間は1985年には2,093時間だったが、2015年には1,719時間となり、さらに2022年には1,607時間に減少している(図2)。他の国と比較すると、アメリカやイタリアよりも日本の労働時間は短くなっている(図2)。しかし、フランスやイギリスと比べると日本の労働時間は長く、ドイツと比べると年間で250時間以上も長くなっている。フランスやイギリス、ドイツといった国々と比べてなぜ、日本人の労働時間は長いのか？その理由は様々で1つに絞ることは難しい。

　日本人の労働時間が長い理由の1つに、性格が挙げられることがある。日本人は真面目で几帳面、完璧主義で、仕事をきっちりこなすため労働時間が長くなってしまうというのだ。他の理由として、日本人の生活スタイルが挙げられる。日本人はその性格ゆえに、プライベートよりも仕事を優先する人が多く、生活を犠牲にすることがあっても仕事を頑張る人が多いといわれる。他にも、日本人の労働時間が長い理由として、日本企業の大多数を占める中小企業では慢性的に人手不足で、就業時間中に仕事が終わらないことや、上司や同僚が職場に残っている中、自分だけ帰宅することは難しいなどの理由

表1　1人当たり平均年間総実労働時間（就業者）

(時間)

	2015年	2016	2017	2018	2019	2020	2021	2022
日本	1,719	1,714	1,709	1,680	1,644	1,597	1,607	1,607
アメリカ	1,831	1,823	1,821	1,827	1,824	1,800	1,820	1,811
カナダ	1,710	1,701	1,689	1,702	1,691	1,653	1,685	1,686
イギリス	1,525	1,541	1,536	1,536	1,537	1,364	1,498	1,532
ドイツ	1,401	1,396	1,389	1,381	1,372	1,319	1,340	1,341
フランス	1,519	1,522	1,508	1,514	1,518	1,403	1,484	1,511
イタリア	1,717	1,722	1,719	1,719	1,710	1,543	1,658	1,694
オランダ	1,426	1,437	1,437	1,436	1,441	1,408	1,426	1,427
ベルギー	1,575	1,574	1,578	1,580	1,577	1,446	1,526	-
デンマーク	1,407	1,412	1,404	1,381	1,371	1,345	1,363	1,372
スウェーデン	1,466	1,478	1,467	1,466	1,453	1,426	1,446	1,440
フィンランド	1,555	1,555	1,549	1,546	1,538	1,530	1,525	1,498
ノルウェー	1,427	1,430	1,419	1,419	1,419	1,410	1,426	1,425
韓国	2,083	2,068	2,018	1,993	1,967	1,908	1,910	1,901
オーストラリア	1,751	1,739	1,739	1,733	1,723	1,684	1,695	1,707
ニュージーランド	1,753	1,754	1,756	1,759	1,783	1,739	1,730	1,748
メキシコ	2,234	2,238	2,238	2,238	2,228	2,207	2,216	2,226

出典：JILPT『データブック国際労働比較2024』205頁

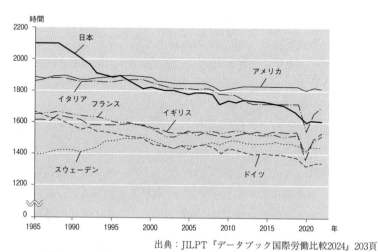

出典：JILPT『データブック国際労働比較2024』203頁

図2　1人当たり平均年間総実労働時間（就業者）

が挙げられる。また，労働者側の理由としては残業代を得るため，残業や長時間労働を行っている者がいることも指摘されることがある。

このように，日本人の労働時間が長い理由は様々だが，労働法の視点で考えたときに問題なのは，法律や制度面で，労働時間が長くなってしまう理由や原因がないかということだ。

2．日本の労働時間規制

労働時間に関するルールは主に，労働基準法の中に定めがある。一番基本的な規制は，法定労働時間に関する定めである。「労働時間」といっても実際には様々な意味がある。法律で決められた労働時間である法定労働時間以外にも，会社の規則で定められた労働時間である所定労働時間や，労働者が実際に働いた実労働時間がある。労働基準法32条は，1週40時間，1日8時間の法定労働時間について定めている。労働基準法で法定労働時間が定められて意味として，①会社が定める所定労働時間を法律の枠に収めることや，②法定労働時間を超えて労働者が労働した場合，使用者は残業代を支払う義務が発生することがある。

もし，使用者が1日8時間を超えて労働者を働かせた場合，使用者には6か月以下の懲役又は30万円以下の罰則が課される（労働基準法119条）。使用者が罰則を課されるのを免れるためには，労働者の代表者と協定を締結しなければならない（労働基準法36条）。使用者が労働者の代表者と締結する協定のことを36協定という。使用者が労働者の代表者と36協定を締結して，罰則の適用を免れることになったとしても，1日8時間を超えて労働者を働かせた場合には，割増賃金を支払わなければならない。法定労働時間を超えて労働が行われた場合，労働者に対して割増賃金を支払う義務が生じるのには2つの意味がある。

1つは，使用者に割増賃金の支払い義務を課すことによって経済的コストをかけ，時間外労働を抑制するという意味である。もう1つの意味は，残業によって労働者の時間を奪ったことに対して経済的な補償を行うというものである。労働基準法37条によると，法定労働時間を超えて労働者を働かせた

場合には2割5部以上の割増賃金を使用者は支払わなければならない。なお，1か月の残業が60時間を超えた場合，使用者は2割5分ではなく5割以上の割増賃金を支払わなければならない。

　以上が，労働基準法で定められた原則的な労働時間規制である。1週及び1日の労働時間の上限を定めた法定労働時間に関する定めや，割増賃金に関する定めが存在するにもかかわらず，日本では当たり前のように残業が行われ，長時間労働が慢性化している職場が存在する。労働基準法に労働時間に関する規制が存在するにもかかわらず，なぜ残業や長時間労働が常態化している職場があるのだろうか？

3．労働時間の概念

　ところで，労働基準法では労働時間に関する様々な規制が設けられているものの，何が労働時間に該当するかを判断するための規定が置かれていない。労働時間の概念に関する規定がないことから，実際に何が労働時間に該当するかが問題になることがある。裁判で具体的に問題になったのは，業務前の移動や準備時間，実際には業務に従事していない不活動の仮眠時間などである。

　何が労働時間に該当するかについて，学説ではいくつかの見解が主張された。1つは，当事者の合意によって労働時間を決めることができるとする説である（主観説）。別の考え方として，労働時間は客観的に把握すべきであるという説が主張された。他にも，労働の中核にあたる部分は客観的に把握し，その他の部分については当事者の合意によって決めても良いとする説もある（二分説）。これらの説が主張される中，裁判所は客観説の立場を明らかにした。最高裁の判例である三菱重工長崎造船所事件（最1小判平成12［2000］年3月9日民集54巻3号801頁）で裁判所は，労働時間は客観的に把握されるべきだとした。その上で裁判所は，労働時間を「使用者の指揮命令下に置かれている時間」だと把握した。

　こうして判例において客観説の立場が示され，通説的な見解も判例を支持している。というのも，使用者が労働基準法の規制に違反する場合には罰則

が課され，また，労働時間は賃金の算定根拠にもなるため，客観的に把握すべきだと考えられるためだ。そして裁判所は，客観説の立場から，作業前の準備行為も使用者に義務付けられているといえる場合には，使用者の指揮命令下に置かれているとし労働時間に該当すると判断した。また，他の裁判例によると，実際には業務に従事していない不活動の仮眠時間についても，労働から解放されているといえない以上は使用者の指揮命令下に置かれており，やはり労働時間に該当するのだと判断した（大星ビル管理事件・最1小判平成14[2002]年2月28日民集56巻2号361頁）。

　このように，判例・通説は客観説の立場にあり，「使用者の指揮命令下に置かれている時間」を労働時間だと判断している。ところが近年，こうした労働時間の概念では十分に問題を把握できない事態が生じてきている。例えば，学校の先生の労働時間の問題である。学校の先生は授業以外にも，テストの採点や学生や保護者との面談，教材研究など様々な業務に従事している。そして，学校の先生の長時間労働が問題視され，近年では先生たちの働き方改革が社会問題になっている。こうした状況の中，公立学校の先生が残業代の支払いを主張して裁判を提起した（最2小決令和5[2023]年3月8日労働判例ジャーナル134号2頁）。授業以外の時間についても学校にいる間，先生たちは様々な業務に従事している。保護者からの電話がかかってくることもあることから，在校時間中は労働から解放されているとはいえず，これまでの判例によると，先生が学校にいる間は全て労働時間に該当するといえそうである。しかし，裁判所は，学校の先生の業務のうち労働時間としてカウントできるのは，校長の具体的な指揮命令下に置かれている時間に限定した。校長の具体的な指揮命令下に置かれていない時間については，先生が自主的に業務に従事したため労働時間には含まれないというのだ。

　他方，労働者が業務時間中に私的なチャット行為を行っていた場合であっても，業務と私的な行為をしていた時間を厳密に区分することは困難であり，労働から解放されているとはいえない以上，労働者が私的な行為をしていた部分を含めて労働時間に該当すると判断している（ドリームエクスチェンジ事件・東京地判平成28[2016]年12月28日労働経済判例速報2308号3頁）。これらの

裁判例をみても，これまでの判例・通説が採用する客観説の立場，特に「使用者の指揮命令下に置かれている時間」を労働時間と把握することに限界が生じてきているように思われる。今後も，テレワークやリモートワークに代表されるように，使用者の具体的な指揮命令下に置かれているとはいえない働き方が増えてくることが予想されることから，ますます従来の労働時間の捉え方を見直さなければならない事態が増えてくるだろう。

4．日本で残業や長時間労働が常態化する理由

　日本で残業や長時間労働が常態化しているのは，日本人の性格や気質，職場のマネジメント等の問題以外にも，法律の規制として問題を抱えている部分がある。日本を含む世界の労働時間規制を見渡してみたとき，残業や長時間労働を抑制する手法として大きく分けて2つの方法がある。1つは，1日の労働時間の上限を設定し労働時間を直接規制する手法である。例えば，ドイツを含むいくつかのヨーロッパ諸国では，法律上の労働時間の上限を設定して，割増賃金の規制を廃止している。もう1つが，割増賃金の支払い等を使用者に課すことによって間接的に労働時間を規制する手法である。こちらの手法を採用している国として，アメリカや韓国といった国が挙げられる。

　では，日本はどちらの手法を採用しているかというと，両方の手法を取り入れているといえる。労働基準法32条に法定労働時間の定めを置くと同時に，36条で割増賃金による規制を定めている。両方の手法を採用しているにもかかわらず，なぜ日本では残業や長時間労働が常態化している職場が存在しているのか？　この点について，法律上の問題としては2つを指摘することができる。

　まず，労働基準法32条は法定労働時間の定めを置き，これに違反する場合には罰則に科されることになるが，36協定の締結を行うことによってこの規制を逸脱することが可能になっている。36協定は使用者と労働者の代表者が締結するものである。労働者の代表者が36協定を締結することとしているのは，36協定の締結を通じて労働者の代表者が，残業が適法，適切に行われているかをチェックするためである。ところが日本では，36協定を締結する労

働者の代表者が民主的な手続きを経て選出されていないという問題がある。

　36協定の締結に関する判例であるトーコロ事件（最2小判平成13[2001]年6月22日労働判例808号11頁）では、会社の親睦会の代表者が36協定を締結していたため、その効力が裁判で問題になった。裁判所は、親睦会の代表者は民主的な手続きで選出されておらず、労働者の代表者とはいえないと判断した。トーコロ事件で問題になったように、現実の職場では36協定を締結する労働者の代表者が民主的な手続きを経て選出をされておらず、そのため、残業が適法、適切に行われるかをチェックする機能を果たせていない状況にある。

　また、労働時間を抑制する手法として割増賃金の定めがある。ところが、日本の場合には割増率が2割5分以上となっており、他の国と比べても低い割増率にとどまっている。アメリカや韓国などでは、割増率が5割以上となっており、使用者に経済的コストをかけることで残業や長時間労働を抑制する機能が、他の国と比べても日本は弱いといえる。このように、日本の労働時間規制には、直接的な規制についても簡単に逸脱できるという問題があり、間接的な規制についても他国と比べて弱いという問題を抱えている。

5．労働時間規制の方向性

　現在の労働時間規制が、直接規制、間接規制として十分に機能していないこともあり、現在も残業や長時間労働の問題は無くならず、その結果、労働者がメンタルヘルスの不調を訴え、最悪の場合、過労死や過労自殺という事態を招いている。こうした状況を改善し、残業や長時間労働を抑制するためには、今後、どのような形で規制を強化していけばいいのだろうか？

　1つの方法として、間接規制である割増賃金による規制を強化する方法が考えられる。日本の割増率は世界各国と比べても低い率なので、割増率を引き上げる形で規制を強化するのである。しかし、割増率が低い状況にあっても、残業代が支払われないサービス残業の問題がすでに存在することを考えると、割増率を引き上げるだけでは残業や長時間労働は減らないと考えられる。割増率を引き上げても、使用者は残業代を支払わないようにし、サービス残業の問題がより深刻化することが懸念される。そのため、直接規制の方

を強化する方が今後の方向性としては望ましいと考えられる。では，どのような形で規制を強化すべきだろうか？

　日本の労働時間規制の問題は，36協定の締結によって法定労働時間の規制を逸脱することができ，しかも，同協定の締結を通じたチェックが十分に機能していない点にある。直接規制を強化する方法として1つ考えられるのが，1日8時間の法定労働時間とは別に，絶対に労働者をこれ以上働かせてはならないという労働時間の上限規制を設けることだ。これ以上は労働者を絶対に働かせてはならないという最長労働時間規制を設けるとした場合，問題なのは，最長労働時間を何時間に設定すべきか，ということだ。最長労働時間を設定するにあたって参考になるのは，人間の休息に関する研究である。ある研究によると，終業時刻から次の始業時刻までの休息時間が13時間未満になると睡眠への影響が生じるという。睡眠の質を考慮すると休息時間は14時間以上が望ましいとされている。

　こうした研究成果を参考にすると，1日の最長労働時間に関する規制を設ける場合には，1日10時間の規制を設けることが考えられる。ただ，1日10時間の最長労働時間の規制を設ける場合にも注意しなければならないことがある。あまり規制を厳格にしすぎるとかえって，労働者にとっても働きにくくなってしまう事態が懸念される。2018[平成30]年に成立した働き方改革関連法によって，長時間労働の是正を目的に労働時間規制が強化されたが，業種によっては規制強化によって働きにくくなってしまったという声も聞かれる。長時間労働を是正するために労働時間規制を強化すること自体は望ましいことなのだが，どうして，労働者が働きにくくなってしまう事態が生じてしまうのだろうか？

　実際の仕事には，時期によって業務の繁閑期があり，1日の労働時間にバラツキのある仕事も多く存在することから，一律に労働時間規制を強化してしまうと，かえって不都合が生じてしまうこともある。一律に規制を強化するのではなく，仕事や業務の性質等に応じて労働者にとって働きやすい，柔軟な労働時間規制を設けることが望ましい。そのため，労働時間規制を強化するために最長労働時間のルールを設ける場合にも，規制をある程度柔軟化

する方法も考えなければならない。例えば、1日10時間の最長労働時間の枠を設定しつつ、4週間の平均で1日10時間の枠に収まっていれば法違反はないとするような調整方法が考えられる。

第4節　労働時間に関する新たな視点

1．時間主権の考え方

　残業や最長労働時間を抑制する方法の1つとして、最長労働時間の規制を導入することが考えられるが、労働者が自ら望む働き方や生活を模索し、幸福を実現するためには他の方法も考える必要がある。1つの答えは、労働者にとって働きやすい、労働者にとって柔軟な労働時間規制を考えることである。本当の意味で労働者が働きやすい、柔軟な労働時間規制をの仕組みを考える上で柔軟な視点になるのが、「時間主権」という考え方である。時間主権というドイツで採られている考え方である。ドイツ連邦労働社会省が公表した「労働4.0」という白書によると、時間主権とは一般的に、自分の時間を自律的に使うことだと説明され、より狭義には、自己の労働時間の長さと配分を自分で決められることだと理解されている。

　労働者が自らの労働時間の長さと配分を決められる時間主権に基づく仕組みも、現行法の中にいくつかみられる。例えば、労働基準法32条の3に定められているフレックスタイム制は、労働者が労働時間の配分を決められる仕組みだといえる。フレックスタイム制は、労働者が一定の期間の中で決められた時間数労働することを条件として、1日の労働時間を自己の選択する時間に開始し、終了できる制度だと説明され、端的には、労働者が始業・終業時刻を自分で決められる仕組みである。フレックスタイム制は、労働者が家庭と仕事を両立させることを可能にする仕組みとしてメリットも大きいと認識されているものの、日本ではあまり普及していない。労働者の時間主権を確立していくのであれば、フレックスタイム制を広めていくことが必要になる。労働時間の配分を労働者が決められる仕組みとしてフレックスタイム制が存在するものの、労働者が労働時間の長さを決められる仕組みが、現行法

上は乏しいのが現状である。

　現行法上，労働者が労働時間の長さを決められる仕組みとしては，育児等を理由とする時短勤務制度が存在する。しかし，育児介護休業法上，時短勤務を利用できるのは育児や介護をしている労働者に限定されている。今後，日本にも労働者の時間主権を確立していくのであれば，育児等を理由とする以外にも労働者全員に時短勤務の利用を認める仕組みを考える必要があると思われる。労働者が労働時間を決定する時間主権を確立することができれば，その裏側にある生活のあり方についても労働者が決められる可能性が広がる。つまり，時間主権を確立することによって，労働者が自身の生活のあり方を決められるという「生活主権」を確立することにも繋がる。今後，家庭と仕事との調和がより一層大事になってくるのであれば，時間主権を確立することで生活主権を実現することが重要な視点となる。

2．時間清算の原則

　最長労働時間の規制やフレックスタイム制の普及とともに，今後，日本の労働時間規制を考える上で重要な視点になるのが，「時間清算の原則」に基づく仕組みを考えることである。割増による賃金規制があるように，日本は，労働時間と賃金が密接な関係にあり，残業が増えれば賃金も増える構造にある。そのため，労働者も残業代をもらうために長時間労働を厭わないと考える側面がある。こうした状況を変えていくためには，「働き過ぎた時間をお金で返してもらう」のではなく，「働き過ぎた時間を時間で返してもらう」という時間清算の原則を確立していくことが必要である。

　時間清算の原則を採用しているのがドイツである。ドイツは，割増賃金の規制を無くす一方，多くの企業で労働時間貯蓄口座制度を導入している。労働時間貯蓄口座制度とは，労働時間を銀行口座のように管理する仕組みのことである。具体的には，働き過ぎた分を口座の残高として管理し，労働者が必要なときに時間を引き出して休みを取得することが可能になっている。ドイツでは，ホワイトカラーを中心に，フレックスタイム制と労働時間貯蓄口座制度を組み合わせた仕組みが普及し，本当の意味で労働者にとって柔軟な

労働時間の仕組みが採られている。ドイツは日本と比べて労働生産性が高いといわれているが，高い労働生産性を実現するため，労働者にとって柔軟な労働時間制を構築し，働きやすい環境を整備しているということがいえるかもしれない。

日本にも，「時間を時間で返す仕組み」が存在しないわけではない。労働基準法37条3項によると，月の残業が60時間を超えた場合，割増賃金ではなく代替休暇を取得することが可能だと定められている。こうした代替休暇の仕組みは，「働き過ぎた時間をお金で返す」のではなく，「時間を時間で返す」時間清算の原則に基づくものだといえる。しかし，現行法の代替休暇の仕組みは，月の残業が60時間を超えた場合に限られ，かなり限定的な仕組みになっている。労働者にとって柔軟な労働時間制を構築するために時間清算の原則を日本にも根付かせるためには，代替休暇の仕組みをもっと拡充していく必要がある。

第5節　労働時間に関連するその他の問題

1．休憩時間の問題

労働時間に関連する問題として，休憩時間の問題がある。労働基準法34条1項では，労働時間が6時間を超える場合には45分，8時間を超える場合には1時間の休憩を与えなければならないとされている。そのため法定労働時間である8時間労働の場合，労働者には45分の休憩時間が与えられればよいことになる。労働基準法で休憩時間が保障されている趣旨としては，労働者の身体的，精神的負担を軽減，解消するほか，労働者を使用者の指揮命令下から解放する意味を持つ。そのため，休憩時間とは，労働者が権利として労働から離れることを保障されていなければならない。休憩時間に関してはいくつかの決まり事がある。1つは，休憩時時間の位置についてである。法律上，「労働時間の途中に与えなければならない」とされている。

労働基準法で定められている休憩時間の原則として，「休憩時間は，一斉に与えなければならない」という一斉付与の原則がある（労働基準法34条2項）。

さらに，休憩時間中は，労働から完全に解放されていることが保障されていなければならない。休憩時間中，労働者に労働からの解放を全うさせるために，労働基準法34条3項は，休憩時間自由利用の原則を定めている。ところが実際には，休憩時間中に労働者が来客への対応や電話当番をさせられることがある。こうした場合，労働者は労働から解放されているといえないことから，休憩時間が与えられているとはいえない。

2．休日の問題

労働者の休日に関して，労働基準法35条1項は，「使用者は，労働者に対して，毎週少くとも1回の休日を与えなければならない」という週休制の原則について定めている。ただし，労働基準法上は休日に関する最低基準として，1週に1休日とするにとどまっている。ただし，1週40時間，1日8時間の法定労働時間が定められていることから，週休2日制を採る会社も多い。近年ではさらに，週休3日制を採用する企業も増えてきている。

週休3日制を採用する会社の中には，①週休3日制を採用する一方で賃金を減額する会社，②1日の労働時間を延長し(例えば1日10時間) 1週40時間の労働時間を確保することで，賃金を減額せずに週休3日制を導入する会社，③賃金を減額せず，また，1日の労働時間を延長することなく週休3日制を導入するなど様々なタイプが存在する。日本は労働時間と賃金の関係が密接であることから，①や②のタイプを採用する会社が現時点では多い。しかし，年間の労働時間を減らすためには，③のタイプを採用し賃金の減額も1日の労働時間も延長することなく労働者の休みを増やすことが望ましい。週休3日制についてはイギリスでも法制化されるなどしており，イギリスの例を参考にしながら日本でも法制化を視野に入れつつ，どのような仕組みが望ましいのかを考えていく必要がある。

3．年休の問題

年間の労働時間を減らして労働者に自由な時間を作るという点では，年次有給休暇(年休)の取得率を上げることも重要である。年休は，6か月以上の

継続勤務と労働日の8割以上出勤によって労働者に発生する権利である。年休制度の趣旨には，休暇を有休で取得させることによって労働者が身体的，精神的にリフレッシュすることにある。

　ところが，日本の年休取得率はなかなか向上せず5割程度で推移し，近年ようやく6割ほどになった。なぜ，日本の年休取得率が5，6割にとどまっているのか。その原因も様々である。原因の1つには，日本では法定の疾病休暇や病気休暇制度が存在しないことが挙げられる。日本の労働者は自分が病気になったときに備えて年休を取得せずにとっておき，病気になって出勤が困難になったときにまとめて取得しているという現状がある。自分の病気以外にも，子どもが病気になった場合や子どもの行事やイベントに備えて年休を取得せずに取っておく労働者が多くいる。このように，日本人の年休取得率が向上しない原因には，本来の年休制度の趣旨とは異なる使い方がされているという問題がある。

　年休の取得率が上がらない原因として，日本では長期かつ連続で年休を取得することが困難だということが挙げられる。時事通信社事件（最3小判平成4［1992］年6月23日民集46巻4号306頁）という有名な事件では，記者が30日間の年休を取得しようとしたところ，前半については会社が認めたものの後半については認められなかった。ところが，記者は会社が認めなかった後半の年休についても休みを取ったため，会社から処分を受けたという事実があった。裁判所は，労働者が長期かつ連続で年休を取得しようとすれば，会社の事業の正常な運営を妨げる蓋然性が高くなることを指摘した。裁判所がこのようなことを述べている以上，労働者としては長期かつ連続して年休を取得することが困難な状況にある。しかし，年間の労働時間数を減らすためには年休の取得率を向上させる必要がある。そのためには，長期かつ連続して年休を取得することを会社が認め，労働者の年休取得に配慮することが求められる。

【参考文献】
菅野和夫＝山川隆一『労働法〔第13版〕』（弘文堂，2024年）

村中孝史＝荒木尚志編『労働判例百選〔第10版〕』（有斐閣，2022年）
西谷敏他編『新基本法コンメンタール　労働基準法・労働契約法〔第2版〕』（日本評論社，2020年）

〔松井良和〕

第14章　現代の生活と社会保障法

第1節　わたしたちの暮らしと社会保障

　みなさんは，大学卒業後の進路について準備しているだろうか。自分が働いている姿や自分が望む家族像をイメージできるだろうか。自分がめざす生き方を実現するために，ライフデザイン(人生設計・生活設計)を描くことはとても大切である。

1．人生における3つの大きな買い物

　現在は，ライフスタイルが多様化しており，一人ひとりが自ら人生の中で，様々な選択と決断(ライフイベント)を繰り返しながら歩んでいる。また，今の若者の多くは，人生100年時代を前提としてライフデザインを考えていく必要がある。ライフデザインを描く際には，「生きがい(仕事・社会貢献)」，「健康」，「家庭経済(家計管理)」の3つがポイントとなる。

　家庭経済については，毎日の基本的生活費の他に，一般に人生で3つの高額な買い物をする場合があるため，これらの資金を計画的に準備する必要がある。現在では，教育費，住宅購入・維持経費，老後資金の3つが指摘されているが，他にも自動車購入・維持経費や結婚資金等の費用も大きくかかる。これらの資金は，老後資金の一部を除いては，基本的には自助(自ら働き，自分の健康や生活は自分で守る)によって確保するものである。

2．暮らしに潜む生活問題と社会保障

　わたしたちの人生には，自分や家族の病気，障害，失業，死亡といった様々なリスクが潜んでいる。これらのリスクの中には，自助努力や家族，地域の支えによって乗り越えられるものもあるが，あらかじめ十分な備えをし

ていたとしても，自立した生活が困難になることがある。例えば，突然の病気や事故に遭ってしまい重い障害を抱え，介助が必要になったり，就労が困難になるリスクがある。健康で長生きすることは望ましいことであるが，誰にも自分の寿命はわからないため，高齢期の生活費が不足するリスクがある。また，将来の経済状況や社会状況の中には予測することが困難な領域もあり，勤めていた会社が倒産し失業したため，収入がなくなるリスクがある。このような，個人の力だけで備えることに限界がある生活上のリスクに対して，社会全体で，生涯(生まれる前から亡くなった後まで)，日常生活の基礎を支えていくことが社会保障の役割である。日本の社会保障制度は，第2次世界大戦後，様々な制度が創設され，それぞれの制度の給付内容等を充実させながら発展し，現在では，生涯にわたる生活を支援する制度として，わたしたちの生活に不可欠のものとなっている。

第2節　社会保障をとりまく現在・未来の日本社会

　社会保障は，第2次世界大戦後，先進諸国を中心に本格的に登場した制度であり，日本の社会保障は，高度経済成長期に仕組みが整えられ，内容が充実した。また，その後の低成長・不況期を通じても，人口構成の変化や雇用システムの変化，家族形態の多様化といった社会変化の下で，さらに発展を遂げてきた。

1．人口構成の変化
　日本では，高齢化が急速に進行している一方で，出生数は下がっており，日本の人口は減少局面に入っている。日本の人口は，2005[平成17]年に戦後初の減少となった後は再び増加し，2007[平成19]～2010[平成22]年の間，1億2,800万人前後とほぼ横ばいで推移した「人口静止社会」を経て，2011[平成23]年には26万人の減少となり，人口が継続して減少する社会「人口減少社会」に移行した。また，人口の高齢化は世界に共通する現象ではあるが，日本は現在および将来において，世界で最も高齢化が進んだ国であり，人口

構成の変化＝高齢化し続ける社会の変化を最初に経験していかなければならない国でもある。

　人口構成の変化に影響を与えるものとして，高齢化と少子化がある。日本の高齢化の特徴として，高齢化社会から高齢社会に到達する速度(speed)が24年しかなかった点があげられる。1950[昭和25]年には5％に満たなかった高齢化率(＝総人口に占める65歳以上の高齢者の割合)は，1970[昭和45]年に7％を超え「高齢化社会」となり，1994[平成6]年には14％を超え「高齢社会」に，2007年には21％を超え「超高齢社会」となった。2023[令和5]年時点における高齢化率は29.1％で，4人に1人が65歳以上の高齢者の社会(高齢化の規模〔scale〕)となっている。このような急速な高齢化の背景には，高齢者の増加とともに長寿化の実現がある。平均寿命(＝出生時における平均余命)の伸び(slide)をみると，1947[昭和22]年には男性50.06歳，女性53.96歳が，2023年には男性81.09歳，女性87.14歳と，男性31年，女性33年も平均寿命が伸びている。

　一方，出生数は，第1次ベビーブーム期(1947年～1949年)には毎年約268万人，第2次ベビーブーム期(1971年～1974年)には毎年約204万人であったが，1975[昭和50]年に200万人を，1984[昭和59]年に150万人を割り込んだ後，2016[平成28]年には97万6,978人となり，1899[明治32]年の統計開始以来，初めて100万人を割った。その後も，コロナ禍の負の影響を受けたこともあり減少し続け，2023年には72万7,277人となり，長期にわたり少子化の傾向が続いている。合計特殊出生率(1人の女性が生涯に産む子どもの数の平均)をみると，第1次ベビーブーム期には4.3を超えていたが，1950年以降急激に低下した。その後，第2次ベビーブーム期を含め，ほぼ2.1台で推移していたが，1975年に2.0を下回ってから再び低下し，1989[平成元]年の「1.57ショック」(丙午の年であった1966[昭和41]年の1.58を下回る水準)や2005年の「1.26ショック」を記録した後，一時は持ち直したが，2023年には1.20まで下がり過去最低の水準となった。少子化の要因としては，晩婚化・晩産化，生涯未婚率の増加が挙げられるが，その背景には結婚観や家族観の変化とともに，経済雇用環境の変化から子どもを産み育てやすい環境が整えられていないこ

とも指摘されている。

2．雇用システムの変化

日本では，1960年代の高度経済成長期に不足しがちな労働力を確保するため，「終身雇用」，「年功序列賃金」，「企業別組合」といった日本型雇用慣行により，主として男性労働者を正社員として処遇してきた。また，雇用主（企業）は，福利厚生施策（住宅〔社宅，家賃補助〕，付加的賃金である家族給付〔家族手当，配偶者手当，扶養手当等〕，退職給付等）を充実させることにより，労働者とその家族の生活の安定や生活水準の向上に大きく寄与した。このような企業の雇用慣行は彼らの生活保障の中心的な役割を果たし，社会保障制度による現役世代の生活問題への対応（住宅保障や児童手当）は補完的なものにとどまった。

同時に，農林水産業や自営業に従事する人が減少し雇用労働者（被用者）が増加するといった就業構造の変化もあり，日本型雇用慣行は社会保障の制度設計にも影響を与え，社会保険，とりわけ被用者保険の役割が拡大した。

しかしながら，その後の経済のグローバル化や国際競争の激化，高度情報化の進展などを背景に，従来の雇用慣行は見直されるようになった。その上，製造業から情報産業やサービス産業への産業構造の転換に対応するため，企業は雇用形態の多様化を進めたため，パートタイム労働者や派遣労働者などの非正規雇用労働者が急速に増加した。非正規雇用で働く労働者は地位が不安定であり，多くの場合，被用者保険に加入することができない。

このように，自営業者の減少と被用者の増加をもたらした日本型雇用慣行は，経済状況の変化や雇用システムの多様化が進むにつれ見直され，徐々に福利厚生施策は縮小・廃止されるようになった。その結果，現役世代の家庭の中には，家計支出の大きな割合を占める教育や住宅にかかる費用を確保することが困難なケースが増えている。さらに，雇用形態の多様化の中で，非正規雇用労働者が増加しており，近年では，雇用労働者の4割近くを占めている。彼らは，企業の雇用慣行や社会保障の中でも内容が充実している被用者保険の対象外となっており，「ワーキングプア」の状態に陥りやすい生活

をしている。

3．家族形態の多様化

日本では，1960年代以降「正規雇用・終身雇用の男性労働者と専業主婦とその子どもたちという核家族」が主流であり，社会保障の制度設計におけるモデル像となっている。しかし，1980年代になると，女性の社会進出により共働き世帯が継続的に増加し，1997［平成9］年には共働き世帯が専業主婦世帯を上回り，現在もその差は拡大傾向にある。また，世帯構造別の構成割合の推移で見てみると，三世代世帯の割合が減少する一方で，単独世帯と夫婦のみ世帯の割合は増加しており，2023［令和5］年では，単独世帯と夫婦のみ世帯の割合を合わせると58.6％となっている。また，高齢化の進展に伴い，全世帯に占める高齢者世帯の割合も急激に上昇しており，2023年には30.4％となっている。

女性の労働市場への進出，生涯未婚率・離婚率の上昇，核家族化，単独世帯の増加，三世代同居慣行の衰退等がもたらした家族形態の変化は，社会保障制度が前提としていた家族による子育てや家族構成員の扶養を行う生活共同体としての機能に影響を及ぼし，現在では「正規雇用・終身雇用の男性労働者と専業主婦とその子どもたちという核家族」は必ずしも当然の前提とはならない。また，社会保障制度が前提としてこなかった多様な形態の家族の多くは，自己責任の下，必要な社会的支援を受けられず不安定な生活状態にあり，社会保障による積極的な支援が必要となっている。

以上のような日本社会の変容は，社会保障の仕組みに大きな影響をあたえており，最近の社会保障制度改革では，これらの変化に対応すべく制度の見直しが検討されている。例えば，団塊の世代と呼ばれる1947年〜1949年生まれの人たちがすべて75歳以上の後期高齢者になり，医療・保健・介護の需要が急増するとされている「2025年問題」に向けた高齢者医療・福祉制度改革がある。現在は，団塊ジュニア世代と呼ばれる1971年〜1974年生まれの人たちがすべて65歳以上の高齢者になり，高齢化による高齢者人口の増加と，少

子化による労働人口の急減が同時に進行するとされている「2040年問題」に向けた様々な改革が進行中である。その他に，子育て中の現役世代に対しては，短時間労働者への被用者保険(厚生年金保険・健康保険)の適用拡大や，所得が減少するなかで家計が負担してきた教育費への支援(幼児教育・保育の無償化や高等教育の無償化)などが，新法の制定や関係立法の改正という形で実現している。社会保障に影響を与えるものとして，財源の確保といった財政事情ばかりに関心がいくが，同時に社会構造の変化が与える影響を理解することも忘れてはならない。

第3節　社会保障とはなにか

　現代社会における社会保障は，人間の尊厳が尊重される生活を国家の責任で，国民の権利として保障することを目的としている。具体的には，傷病・高齢・心身の障害・死亡・離婚・失業等による収入の減少や特別の出費が生じた場合，あるいは医療や保健，福祉サービス，住宅が必要な場合，国家が責任をもって人びとの生涯にわたって保障することである。歴史的には，近代社会以後の市場経済の発展，とりわけ資本主義生産体制の確立の中で不可避的に発生する個人やその家族の貧困・生活不安の拡大に伴って，必要不可欠に構築されてきた公的責任で生活を支える給付をおこなう制度である。

　なお，日本には，「社会保障法」という名称の法律はない。そこで，一般的には，「社会保障に関連する法の総体」と捉えられている。

　日本においては，日本国憲法25条に規定されている生存権保障が，社会保障を発展させる上で重要な役割を果たしてきた。生存権とは，人間が人たるに値する生活を営む権利であり，基本的人権の1つとしてこれを社会的に保障することが，現代国家の責任とされている。さらに，日本の生存権保障は，単に生命を長らえるというだけでなく，「健康で文化的な最低限度の生活」を保障することを内容としている。また，国家の責任において，すべての国民に最低生活保障を行うという意味で，ナショナルミニマムとしての生存権保障となっている。その他，日本国憲法14条に規定された平等権保障や13条

に基づく人間の尊厳の尊重が社会保障制度を支える理念としてあげられる。

今日の社会保障の目的は，生活の安定が損なわれないように，「健やかで安心できる生活」を保障することにあるが，「健やかで安心できる生活」の水準は一定ではなく，人びとの生活水準が向上すれば上がるため，生活の向上とともに，社会保障の役割が縮小するのではなく，より高い水準を保障することが求められるようになっていく。さらに，安定した生活を保障するということは，単に貧困に陥ることを防ぐといった経済的保障だけではなく，生活の質の向上や，身体的，精神的な自立の支援，稼働能力の喪失のカバーなど，人生の様々な面におよぶ。これらは，①人間の尊厳に則した最低所得の保障，②所得の継続的な安定の保障，③健康の保障，④自立支援と社会参加促進の保障の，4つの目的理念に整理することができ，今日の社会保障は，このような広い意味の「生活の安定」を目的としている。

社会保障にはいくつかの機能があるが，その中でもっとも基本的な機能は，いかなる場合でも人間の尊厳に値する生活を制度的に保障し，人びとに安心感をもたらす社会的セーフティネットとしての機能である。したがって最低生活，貧困からの回復はもちろん，生活の安定のため，生活上の危険や事故が発生しても所得と生活水準を急降下させず最低生活に陥ることを未然に防止し，従前の生活を維持することも重要な機能となる。経済的機能としては，所得再分配を通じて所得配分の公正化と平準化に役立つとされている。その他に，リスク分散機能，ビルト・イン・スタビライザー機能が挙げられる。さらには，人びとに安心感をもたらすことは政治的，社会的な安定化機能をはたすことにもなる。これらの機能は，社会保障が実現する過程で効果をもたらすものであり，社会保障によって実現すべき目的とは異なることに注意する必要がある。

第4節　社会保障制度の概要

社会保障は，世界的な人権思想の広がりの中で，制度内容を充実させ，対象を拡大してきた。各国の社会保障制度は，その国の個別の事情を反映して

表　社会保障の保障方法

方法		制度の例
社会保険		年金保険(国民年金，厚生年金等)
		医療保険(国民健康保険，健康保険，共済組合等)
		介護保険
社会扶助	社会手当	児童手当
		児童扶養手当
		特別児童扶養手当
		特別障害者手当
	公的扶助	生活保護
社会福祉		児童福祉・子ども家庭福祉
		ひとり親家庭福祉
		障害福祉
		高齢者福祉
		生活困窮者自立支援制度

作られ発展してきており，社会保障の考え方は国によって異なる。

1．日本の社会保障制度

日本の社会保障は，わたしたちの生活の安定が損なわれた場合に，健やかで安心できる生活を保障することを目的として，公的責任で生活を支える給付を行うものである。具体的には，所得保障，医療保障，福祉サービスの保障が，社会保険，社会扶助(社会手当，公的扶助)，社会福祉に関する各法制度を通じて行われており，これらは「狭義の社会保障」と呼ばれている。この保障方法ごとに制度をまとめたものが，**表**である。

加えて，社会保障の基盤を形作る制度(医療や福祉についての資格制度，人材の確保，施設の整備，各種の規制等)の他，公衆衛生，環境衛生，公害防止等と併せて「広義の社会保障」と呼ぶこともできる。

さらに，社会保障と類似の機能を果たす制度として，生活に関わる税制上の控除(公的年金等控除，障害者控除等)がある。また，社会保障が機能するた

めの前提となる制度として，雇用政策一般及び住宅政策一般がある。なお，雇用や住宅に関する施策のうち，失業者，高齢者，障害のある人等に対する生活保障のための施策の中には，今日では社会保障制度として実施されているものがある。また，教育保障のための施策として，就学支援や学習支援，高等教育の無償化等がある。これらについては，生活困窮世帯や低所得者世帯の子どもに対する生活保障の性質を有することに着目して，社会保障制度を構成するものとして積極的に位置づけていく必要がある。

2．社会保険

　社会保険には，①病気やけがをした場合に誰もが安心して医療にかかることができる医療保険，②老齢・障害・死亡等に伴う所得の減少を補填し，高齢者，障害のある人，遺族の生活を所得の面から支える年金保険，③加齢に伴い要介護状態となった者を社会全体で支える介護保険がある。社会保険は，生活問題をもたらす事故（保険事故あるいはリスク）に対して保険料拠出を通じて事前に備える保険の仕組みを，社会連帯の精神の下に，強制加入で，公的におこなうものである。事故が発生するリスクに応じた保険料をあらかじめ設定して，みんなで負担して財源をつくり，そこから保険事故の生じた人に対して給付が行われる。そのため，受給者の個別なニーズに対応せず，定型的な給付事由に対して一般的かつ定型的な給付を行うことになる。財源の中心は被保険者（保険の加入者）が納付する保険料だが，被保険者がサラリーマン（被用者）の場合は，事業主（使用者）が保険料の半分を負担（労使折半）している。また，負担能力が低い加入者に対しては，公費（税金）の負担が加わる。さらに，医療サービスと介護サービスを受ける際には，患者および利用者が費用の一部を自己負担（利用者負担）する。このように，社会保険の財源は，給付の対象者同士が負担し合うだけでなく，企業等の事業主負担や公費（税金）による負担で成り立っている。

　社会保険は，現在の日本では，社会保障の中核をなし，国家予算では社会保障関係費の最も多くを占めている。

3．社会扶助

　社会扶助には，①児童養育などによる特別の出費に際してその家族的負担を軽減する社会手当と，②健康で文化的な最低限度の生活を保障し，その自立を助長する生活保護（公的扶助）がある。

　社会手当は，特定の保障事由について，あらかじめ定められた一般的かつ定型的なニーズに対して給付が行われる。社会保険と同様に受給者の個別のニーズを把握しないため，公的扶助が支給の条件としている資力調査を必要としない。また，公的扶助と同様に受給者の拠出を給付の原資としないため，給付は拠出を前提とせずに行われる。ただし，現行の社会手当の制度の多くは，給付に所得制限などの条件がつけられている。

　公的扶助は，受給者の個別のニーズに応じた金銭やサービスを提供する給付である。これらの給付に必要な費用には，国や地方公共団体（都道府県及び市区町村）の一般財源が充てられ，受給者の拠出を原資としない。給付は，拠出を前提としておらず，通常は，受給者の個別な状況を把握するための資力調査に応じることが支給の条件とされている。現在，日本では公的扶助の制度として生活保護制度がある。生活保護制度は，生活に困窮したとき，国が無差別平等に人間の尊厳に則した最低生活を保障する制度である。具体的には，その利用し得る資産や能力その他あらゆるものを活用してもなお生活に困窮する者に対して，その困窮の程度に応じた必要な保護を行うことにより，健康で文化的な最低限度の生活を保障するとともに，その自立を助長する制度である。そのため，社会保障の最後のセーフティネットに位置付けられている。保護の種類には，生活扶助，住宅扶助，医療扶助，教育扶助等の8種類があり，それぞれ日常生活を送る上で必要となる食費や住居費，傷病の治療費，教育費などについて，必要な限度で支給されている。

4．社会福祉

　社会福祉には，①児童の健全育成や子育てを支援する児童福祉・子ども家庭福祉，②高齢者，障害のある人たちが円滑に社会生活を営むことができるよう，在宅サービス，施設サービスを提供する高齢者福祉・障害福祉がある。

かつては，公的扶助を含む低所得者層に対する施策であったが，現在では，低所得者層に限定されない，自らの生活を営むなかで多様な困難や負担を抱える人々に対する非金銭的なサービス給付と捉えられている。

第5節　子どもと社会保障

1.「児童福祉六法」から「子ども家庭福祉」へ

　子どもを対象とした社会保障の中核に位置付けられるのは，1947［昭和22］年に制定された児童福祉法である。その後，児童扶養手当法（1961［昭和36］年），特別児童扶養手当等の支給に関する法律（1964［昭和39］年），母子及び父子並びに寡婦福祉法（1964年），母子保健法（1965［昭和40］年），児童手当法（1971［昭和46］年）が制定され，これら「児童福祉六法」が，子どもの福祉の保障ならびに親子や子育て家庭の安定を実現してきた。

　児童福祉法は，18歳未満のすべての児童を対象に児童の健全育成と福祉を図ることを目的（第1条）とした，児童福祉に関する総合的な立法である。その対象となる施策は，かつての特別なニーズを抱えた子ども（貧困児童，孤児，浮浪児等）の救貧・保護，治安対策から，すべての子どもの福祉の増進へと拡大し，児童の保護者とは別に，国および地方公共団体が子どもの健全育成と福祉の実現の責任主体（第2条）として，子どもの育ちが社会的に保障される原理（第3条）の下で具現化されている。

　その後，少子化の進行や子どもをめぐる環境の変化が社会的に認識される中，子どもを権利主体として捉える児童の権利に関する条約の批准（1994［平成6］年）に伴い，1997年に，児童福祉法は，児童と保護者の選択・意向の尊重，自立支援，子育て家庭の支援といった理念を新たに加えて大幅に改正された。

　2012年には，子ども・子育て関連三法（子ども・子育て支援法，就学前の子どもに関する教育，保育等の総合的な提供の推進に関する法律の一部を改正する法律，子ども・子育て支援法及び就学前の子どもに関する教育，保育等の総合的な提供の推進に関する法律の一部を改正する法律の施行に伴う関係法律の整備等

に関する法律)が制定され，2015年から「子ども・子育て支援新制度」が実施されている。この制度では，待機児童の解消に向けた保育の量的拡大・確保のほか，幼児期の学校教育と保育，地域の子ども・子育て支援が総合的に推進されている。実施主体は基礎自治体である市区町村であり，地域の実情等に応じて幼児期の学校教育・保育，地域の子ども・子育て支援に必要な給付・事業を計画的に実施している。

2．「少子化対策」および「困難を有する子ども・若者やその家族への支援」

少子化対策としては，1994年に「今後の子育て支援のための施策の基本的方向について」(エンゼルプラン)が策定され，2003年には少子化社会対策基本法と次世代育成支援対策推進法が制定された。主な取組みとして，仕事と家庭の両立支援がある。これについては，男女ともに子育てをしながら働き続けることができる環境を整備するため，育児休業，介護休業等育児又は家族介護を行う労働者の福祉に関する法律(1991[平成3]年)において，育児休業や短時間勤務，所定外労働の制限，子の看護休暇の義務化の他，父親の育児休業取得の促進や有期契約労働者の育児休業取得要件の緩和が規定されている。これらの諸制度を利用して，母親の継続就業や父親が子育てできる働き方を実現し，男女とも仕事と生活の調和(ワーク・ライフ・バランス)をとれるように取り組まれている。

次代の社会を担う子どもが健やかに生まれ育つ環境をつくるために，次世代育成支援対策推進法に基づき，国，地方公共団体，事業主，国民がそれぞれの立場で次世代育成支援を進めている。地域や企業の子育て支援に関する取組みを促進するため，国に対しては行動計画策定指針，地方公共団体と事業主(常時雇用する従業員数が101人以上)に対しては行動計画の策定・届出等を義務づけている。また，育児等を行う労働者が働き続けやすい雇用環境の整備を行う事業主には，両立支援等助成金を支給している。

2000年代前半，若年無業者(ニート)やひきこもりなど若者の自立をめぐる問題の深刻化や，児童虐待，いじめ，少年による重大事件，有害情報の氾濫など，子どもや若者をめぐる状況は厳しい状態が続いていた。このような，

社会生活を円滑に営む上での困難を有する子ども・若者が存在する事態を踏まえ，2009年に，子ども・若者育成支援推進法が制定された。

2013年には，子どもの貧困対策の推進に関する法律が制定された。子育てや貧困の問題を家庭のみの責任とするのではなく，社会全体で解決することが重要であるとして，国は「教育の支援」「保護者の就労の支援」「生活の支援」「経済的な支援」の4つを柱に，様々な施策を進めている。その中の1つに，教育費の負担軽減への支援がある。家庭の経済状況に左右されることなく，質の高い教育を受けられるよう，幼児期から高等教育段階までの切れ目のない教育費の負担軽減を行うことで，貧困の連鎖を防ぐとともに，子育てや教育にかかる費用が子育て世代への大きな負担となり，少子化問題の一因ともなっていることから，幼児教育・保育の無償化や義務教育における就学援助制度，高等学校等就学支援金制度，高校生等奨学給付金事業，大学等奨学金事業等を通じて，幅広く負担軽減措置を講じている。

以上のように，子どもにかかわる社会保障は，子どもの権利保障の拡充とともに，子どもが子ども自身とその親（家族）が育ちあう（育ち・育てられる）中でよりよく生き，自己実現がなされるように，保障対象を子どもから家庭へと広げ，給付内容を拡大・充実させながら，社会的な支援体制を整えてきた。

3．こども基本法の制定とこども家庭庁の設置，そして「こどもまんなか社会」を目指して

2022年，こども施策を社会全体で総合的かつ強力に推進していくための包括的な基本法として，こども基本法が，また，こども政策の新たな推進体制を構築するため，こども家庭庁設置法が制定された。

こども基本法では，「こども」とすべてひらがなで表記しているが，「こども」を特定の年齢以下の者ではなく，大人として円滑な社会生活を送ることができるまでの成長の過程にある者と広くとらえ，「心身の発達の過程にある者」と定義している（2条1項）。この法律では，こども施策の6つの基本理念のほか，こども大綱の策定やこども等の意見の反映等が定められており，

2023年4月から施行されている。

　これまで，子どもや子ども家庭福祉に関する多くの施策・事業は厚生労働省が所管していたが，子どもにかかわることでも，教育関係は文部科学省が，法関係については法務省と，施策の主たる目的に対応して異なる省庁が役割を担ってきた。さらに，国策上重要な事項（少子化対策や子どもの貧困対策，子ども・若者育成支援，障害者施策，男女共同参画等）については，内閣府が省庁横断的に取り組んできており，しばしば縦割り行政の問題が指摘されてきた。こども家庭庁は，内閣総理大臣の直属の機関として，内閣府の外局として創設され，「常にこどもの最善の利益を第一に考え，こどもに関する取組・政策を我が国社会の真ん中に据え」た，「こどもまんなか社会」を目指すための新たな司令塔として，2023年4月から発足している。

4．子どもを対象とした社会保障制度・施策

　現在，子どもを対象とした社会保障制度・施策は，数多く存在している。大きく分けると，所得保障，医療保障，保健事業，妊娠・出産支援，子育て支援，ひとり親家庭支援，障害のある子どもへの支援，社会的養護，児童虐待の防止，相談支援の10種類に分類される。所得保障や医療保障のようにライフステージを通して共通して発生する生活問題に対応する制度・施策がある一方で，周産期（妊娠から出産直後の時期）や乳幼児期，児童期といった特定のライフステージに特徴的に現れる生活問題に対応する制度・施策や，ひとり親家庭や障害のある子どもの介護・介助など特定の家族形態や生活状況に特徴的に現れる生活問題に対応する制度・施策があり，子どもが直面するさまざまな生活問題に対応するため，社会保障制度・施策が多様に展開されている。

　これらの中には，各種公的年金制度や児童手当等の社会手当のように，国が実施主体となっている制度がある。この場合，制度内容や管理運営は定型的かつ一元的であり，全国どこでも同様の給付や事業が行われている。その一方で，福祉サービスや保健事業の中には，基礎自治体である市区町村が実施主体となっている制度・施策がある。この場合は，市区町村が地域の実情

等に応じて子ども・子育て支援サービスを企画・立案・計画し，必要な給付や事業を実施するので，自治体ごとに制度・施策，事業内容は異なってくる。

このような場合，対象者が各種の給付やサービスに対して受給権者として法的権利を有していながら，支給要件や受給手続等が複雑なため，自身で気づかず，結果として権利を行使していない（＝社会保障を受給していない）ことが起こりやすい。どのような制度を利用することができるのか，対象者へのわかりやすい情報提供が必要となるが，東京都では，こどもDXの推進の下，子育て世代が普段利用しているアプリ等を通じて必要な情報を先回りで届けるプッシュ型子育てサービスを，2024年3月から順次開始している。

【参考文献】

加藤智章＝菊池馨実＝倉田聡＝前田雅子『社会保障法〔第8版〕』（有斐閣，2023年）

石井逸郎＝中村仁志編『こどもの福祉・医療・権利擁護　相談支援ハンドブック』（新日本法規出版，2023年）

厚生労働省編『厚生労働白書(各年版)』

内閣府編『少子化社会対策白書(各年版)』

内閣府編『子供・若者白書(各年版)』

こども家庭庁編『こども白書(各年版)』

〔土屋和子〕

第15章　国際人権法
——国を超えて人間の尊厳を守る——

第1節　はじめに——日本の片隅に

　2024［令和6］年10月29日朝，私は常磐線に揺られて東京の霞が関に向かった。東京地方裁判所・第415号法廷で行われる「日本の入管収容は国際人権法違反」訴訟の裁判を傍聴するためである。同日は10時から原告のデニズさんとサファリさんの原告本人尋問が予定されており，30分前に到着したところ，すでに法廷の外に長蛇の列ができていた。抽選は行われなかったものの，開廷して程なく「満席」の札がドアにかかったことから，この訴訟への社会的関心の高さが窺える。時間通りに開廷すると，書面陳述等の手続が手短く行われ，その後，いよいよ尋問が始まった。

　傍聴席から見て左側には原告とその代理人5名，真正面には裁判官3名，右側には被告(国側)指定代理人3名がそれぞれ座っていた。本人尋問では，原告のデニズさんとサファリさんがそれぞれ，長期間ないし無期限収容(以下「長期間／無期限収容」)された経験とその苦しみについて，まずは原告代理人の質問に答える形で，裁判官に直に訴えかけた。時には，自分の経験したことのフラッシュバックにより，あるいは同じ施設に収容されて自死に追い込まれた人の顔が浮かんでは声を詰まらせていた。デニズさんは通訳を通じて回答していたが，トルコ語では言い方がわからない日本語の言葉があった。その言葉というのは，「チョウバツ」(懲罰)。入管施設(日本からの退去を命じられるなどした外国人を収容する施設)でよく使われるという。一方のサファリさんは，通訳を通してではなく，日本語での応答を希望した。自分の置かれていた状況や想いを言い表すのに適当な言葉を探しながら，一言一句を丁寧に喉から絞りだしていた。2人が共通して訴えていたのは，難民として庇

護を求めて日本にやってきたのに，難民として保護されないばかりか，長期間／無期限収容によって身体の自由を奪われ，人間としての尊厳を踏み躙られたことであった。長期間収容された施設というのは，牛久市の郊外にある通称「牛久入管」（正式名称は「東日本入国管理センター」）で，外国人の「収容」および「送還」が業務とされるところである。

　東京オリンピック誘致の際に「お・も・て・な・し」の国として印象づけられた日本の片隅に，このような取扱いを受けている人たちがいる。これが戦前，遅くとも20世半ばまでのことであれば，一国内で生じている人権問題は，その領域を統治している国が対処すべきもの，すなわち国内管轄問題として，取立てて国際社会の関心事とはならなかったかもしれない。しかし，21世紀の現代社会において，日本の片隅で起こっていることは，深刻な人権侵害問題として，世界の関心事として注目され，国際社会全体で取り組むべき課題として認識されている。先述の裁判では，無期限収容を可能にしている日本の入管法が国際人権法に違反するかが問われている。次節では，国際人権法とは何かについて見てみよう。

第2節　国際法と国際人権法

1．国際法と国際人権法

　近代国家体制がヨーロッパで樹立されて以来，一国を超える問題，つまり他の国にも関係するような問題は，国家間の問題として，2か国間条約や多国間条約というように，関連する国家間の合意に基づいて処理されてきた。そうして蓄積された国家間の行動を規律するルール，あるいは権利義務関係を体系化したものが国際法である。そのカバー範囲は，外交関係や領土紛争，戦争（武力紛争）と人道法といったような伝統的な関心事項から，現代では人権保障や環境問題，宇宙開発へと広がっていった。

　現代国際法の一分野とされる国際人権法は，第2次大戦後に誕生した新しい分野であるが，その規律内容が拡充されてきただけでなく，履行確保システムについても目まぐるしい進展を遂げてきた。人間の尊厳を軸に普遍的な

人権を集約する宝箱のような，私たちの日々の生活に欠かせないものになっている。

2．国際人権法の誕生——国連憲章(1945年採択)

2つの世界大戦を経験した国際社会は，一国内で生じた人権問題が，やがては地域，そして世界全体の平和を脅かすことになりかねないとの教訓を得た。そこで，第2次大戦後，世界平和の実現と維持を目指す国際組織として，国際連合(the United Nations，以下「国連」または 'UN')を設立させた。その設立文書である国連憲章(the Charter of the UN または the UN Charter)の前文では，「われらの一生のうちに二度まで言語に絶する悲哀を人類に与えた戦争の惨害から将来の世代を救い，基本的人権と人間の尊厳及び価値と男女及び大小各国の同権とに関する信念をあらためて確認し」ている。その上で，同憲章では，「すべての者のための人権及び基本的自由の普遍的な尊重及び遵守」が，諸国間の平和と友好関係に不可欠な基礎的条件とされている(国連憲章55条)ように，多くの条文で人権の擁護について定められた。これら人権に関する条文が多く挿入されたのは，ラテンアメリカ諸国に加えて，多数の NGO (Non-governmental Organization〔非政府組織〕の略称)，つまり，市民たちの強い働きがあったからである。国連憲章における人権擁護の規定は，加盟国に対して人権保障義務を課すほど具体的で明確なものではなかったが，戦後世界における普遍的な人権保障制度の確立への礎を築いた。

3．世界人権宣言(1948年採択)

国連では，人権委員会が1946年に設置され，世界人権宣言をはじめ，後述の国際人権規約(自由権規約および社会権規約)，人種差別撤廃条約，拷問等禁止条約，子どもの権利条約といった国際人権文書を起草し，国際人権基準を設定するという重要な任務を担ってきた。

人権委員会によって起草され，国連総会で採択された最初の国際人権文書が「世界人権宣言」(the Universal Declaration of Human Rights, UDHR)である。1948年12月10日に採択された世界人権宣言の前文では，「人類社会のすべて

の構成員(all members of the human family)の固有の尊厳,及び平等で譲ることのできない権利を承認することは,世界における自由,正義及び平和の基礎である」ことから始まり,「すべての人民とすべての国とが達成すべき共通の基準として,この世界人権宣言を公布する」と謳い上げている。そして,人としての「固有の尊厳,及び平等で譲ることのできない権利」は,具体的に自由権,参政権および社会権として30か条にまとめられ,リストアップされている。

　世界人権宣言は,「条約」と異なって,「宣言」であるために法的拘束力をもたないが,国連憲章とともに国連の行動基準の1つとされている。また,人権委員会の後身である人権理事会によって,すべての国連加盟国を対象に行われる普遍的定期審査(Universal Periodic Review, UPR)の基礎とされており,さらには,今日に至っても新しい条約等の淵源として引用されることから,もっとも重要な人権文章として位置づけられる。

　世界人権宣言が採択された前後には,第2次大戦以前から国際社会の人たちの関心となっていた人権関連事項について,多くの重要な人権条約が誕生した。まず,世界人権宣言の採択前日の1948年12月9日には,「集団殺害罪の防止及び処罰に関する条約」(略して「ジェノサイド防止条約」)が,国連総会において全会一致で採択された。そして,1950年代には「難民の地位に関する条約」(以下「難民条約」)や「無国籍者の地位に関する条約」,「女性の政治的権利に関する条約」,「既婚女性の国籍に関する条約」,人身取引の禁止や奴隷制度の廃止に関する条約,国際労働機関(International Labour Organization, ILO)による労働に関する一連の条約も採択された(章末の**表**を参照)。この時期の国際社会はさらに,世界人権宣言の内容の条約化にも取り組み,次に述べる2つの条約から成る国際人権規約に結実させた。

4. 国際人権規約(自由権規約および社会権規約,1966年採択)

　世界人権宣言の内容をベースとした包括的な人権条約は,最終的には2つの条約,すなわち,「経済的,社会的及び文化的権利に関する国際規約」(以下「社会権規約」)および「市民的及び政治的権利に関する国際規約」(以下

「自由権規約」)に分かれて作成され，1966年に国連総会で採択された。

この2つの条約には，次の共通した内容の前文が記されている。「世界人権宣言によれば，自由な人間は〈市民的及び政治的自由並びに〉[筆者注：〈 〉内は自由権規約で加筆]恐怖及び欠乏からの自由を享受するものであるとの理想は，すべての者がその市民的及び政治的権利[自由権規約では「経済的，社会的及び文化的権利」]とともに経済的，社会的及び文化的権利[自由権規約では「市民的及び政治的権利」]を享有することのできる条件が作り出される場合に初めて達成されることになることを認め」，「人権及び自由の普遍的な尊重及び遵守を助長すべき義務を国際連合憲章に基づき諸国が負っていることを考慮し」，「個人が，他人に対し及びその属する社会に対して義務を負うこと，並びにこの規約において認められる権利の増進及び擁護のために努力する責任を有することを認識して」，国際人権規約が協定された。

この2つの国際人権規約は，世界人権宣言と合わせて，「国際人権章典」(International Bill of Human Rights)と称され，人類にとっての普遍的，かつ包括的な人権保障の枠組みが完成された。さらに特筆すべきは，自由権規約については，条約本体とともに選択議定書が採択されたことである。「選択議定書」(Optional Protocol)とは，条約の内容を補うために作られる国際文書で，条約と同じ効力をもつ。自由権規約には，死刑制度の廃止に関する選択議定書が後の1989年に採択されているため，1966年に採択されたものは「第1選択議定書」と呼ばれている。自由権規約で規定された権利を侵害された個人が，自由権規約委員会に対して，審査および意見を求めることができる手続について定められ，個人通報制度の先駆けとなった。

5．個別的な人権条約

1960年代には，植民地解放や反アパルトヘイト闘争によって，国際社会全体の人権保障への要請が強められることになった。まず，世界人権宣言には見られないもので，2つの国際人権規約の第1条に共通して掲げられたのは「民族自決の権利」規定であった。自決権は人権であり，自決権によって植民地支配から解放されてはじめて，個人の人権が保障されうるということで

ある。次に，ある一定の集団に属する人間への権利保障の必要性が認識されるようになった。国連総会では，人種差別の撤廃に向けて，1963年に「あらゆる形態の人種差別の撤廃に関する国連宣言」が採択され，そのわずか2年後の1965年には「あらゆる形態の人種差別の撤廃に関する国際条約」(略して「人種差別撤廃条約」)が採択された。さらには，1967年に「女性に対する差別撤廃に関する宣言」が採択された。

それ以降，特定の集団またはテーマに注目した多くの個別的な人権条約が採択されている。前者については，女性差別撤廃条約(1979年採択)や子どもの権利条約(1989年採択)，移住者及びその家族の権利条約(1990年採択)，障がい者権利条約(2006年採択)といった代表的なものがある。後者については，拷問等禁止条約(1984年採択)や強制失踪者保護条約(2006年採択)といったものがある(**表**には，主要なものをまとめている)。

第3節　国際人権法と日本——人権を保障する仕組み

人権諸条約に規定されている権利について，その保障を各国の実施に任せるだけでは，絵に描いた餅になりかねない。そこで，人権条約に規定されている権利が，世界の隅々まで，すべての人が享受することを実現させるための，さまざまな制度が考案され，実践されている。世界の片隅で起こった人権問題が闇に葬られないようにするための国際的取組みである。以下では，冒頭のケースを例に，人権履行確保システムの一部を見てみよう。

1．国際人権法と日本

第2節で見てきたように，今日に至って，さまざまな人権条約が作成され，その多くに日本も加盟している(**表**を参照)。条約に加盟して締約国になるということは，当該人権条約に規定されているすべての権利を実現させる法的義務を自ら引き受けたというである。このことは，日本国憲法においても確認できる。すなわち，日本国憲法98条2項では，「日本国が締結した条約及び確立された国際法規は，これを誠実に遵守することを必要とする。」と規

定されている。「確立された国際法規」とは、慣習国際法のことを意味する。通常、国家は締約していない条約を遵守する義務はない。しかし、問題になっている人権が慣習国際法として認められているのであれば、関連条約の未締約国も含めて、すべての国が保障する義務を負う。

2．冒頭のケース——「難民」としての権利の保障

冒頭で紹介した裁判の原告2人はいずれも、難民申請者である。つまり、自分を「難民」として保護してほしいと申し出た人たちである。もし「難民」であれば、つまり、日本も加盟している「難民条約」で定義されている「難民」に該当するのであれば、同条約で規定されている権利を日本政府が保障しなければならない。そうとはいっても、一般に想像されるすごい特権を与えられるわけではない。難民条約に規定されているのは、たとえば、差別の禁止や宗教の自由、動産および不動産への権利、著作権および工業所有権、裁判を受ける権利、賃金が支払われる職業や自営業・自由業に従事する権利、教育を受ける権利、労働法制や社会保障制度の対象とされることなど、およそ人間として尊厳を持って生活をするために欠かせない最低限の権利である。誰もがごく当たり前に享受して然るべき権利である。

日本には、帰国すれば迫害を受けるおそれがあるために本国に帰りたくても帰れないにもかかわらず、難民として認められない人たちがいる。つまり、難民認定率が著しく低く、難民が難民として保護されていないとの問題が長らく指摘されている。

3．冒頭のケース——「恣意的に拘禁されない権利」の保障

難民としての地位認定手続中、あるいは、たとえ難民として認められないと決定された場合であっても、日本から当該外国人を退去強制させるために、長期間／無期限に収容して、収容施設の中でどんな取扱いをしてもいいわけではない。日本における難民申請者に対する長期間／無期限収容は、自由権規約で禁じられている恣意的拘禁(arbitrary detention)に該当する可能性がある。

自由権規約9条1項では,「すべての者は,身体の自由及び安全についての権利を有する」として,何人も「恣意的に逮捕又は拘禁されない」,「法律で定める理由及び手続によらない限り,その自由を奪われない」と規定されている。そして,同条は,恣意的拘禁を避けるために,実体法および適正手続の保障を締約国に義務づけている。恣意的拘禁を含む恣意的な自由の剝奪(arbitrary deprivation of liberty)の禁止は,その重大性に鑑み,上記の通り条約の一部として定められるとともに,慣習国際法であり,強行規範(jus cogens)を構成するとされている。強行規範とは,いかなる逸脱も許されない規範のことをいい,これに抵触する条約は無効とされる。国連では,独立専門家によって構成される恣意的拘禁作業部会(the Working Group on Arbitrary Detention, WGAD)が設置され,恣意的な拘禁ないし自由の剝奪に関する調査や個人通報に対する意見の採択・公表などを任務としている。

　日本は人権条約に基づく個人通報制度のいずれをも受け入れていないため,デニズさんとサファリさんは自由権規約委員会に対して,自分たちの事案について審理するよう申し立てることはできない。また,欧州人権裁判所や米州人権裁判所といった地域的人権裁判所に訴え出ることもできない。他方,国連恣意的拘禁作業部会は,国連システムにおける特別手続の1つであり,国連加盟国の日本における恣意的拘禁の事案についても通報可能であった。この国連恣意的拘禁作業部会への個人通報制度を利用して,デニズさんとサファリさんの弁護士らは,2人に対する入管収容についての通報を行った。同作業部会は2020[令和2]年,2人の難民申請者に対して長期にわたって繰り返される入管収容は恣意的拘禁に該当し,自由権規約等に違反すること,出入国管理及び難民認定法(以下「入管法」)の見直しを要請することなどを含む意見を採択した(Opinion No.58/2020 concerning Deniz Yengin and Heydar Safari Diman (Japan), A/HRC/WGAD/2020/58)。とりわけ,難民申請者について,司法的再審査や救済可能性のない長期間の入管収容は恣意的であり(同意見・パラ87),入管手続中の無期限収容は正当化できないこと(同意見・パラ91)が強調された。

　しかし,日本政府は国連恣意的拘禁作業部会の出した意見について,法的

拘束力がないとして，従う必要はないとの立場を示した。そこで，冒頭の裁判では，日本の裁判所においても，日本の入管収容が国際人権法に違反していることを明らかにしようとして，司法判断に問うことにしたのである。具体的には，原告2人に対してなされた入管収容が自由権規約で禁止されている恣意的拘禁に該当するとして違法であったことの確認，および違法な収容を行った国に対して損害賠償を求めている。

冒頭のケースについて，自分には関係ないと思われる人がいるかもしれない。しかし，この日本社会の片隅で起こっている出来事は，同じ社会の構成員（とりわけ参政権をもつ国民）が何らかの形で関わった結果として生じているため，大いに関係があると私は考える。冒頭にあげた難民申請者の収容という人権侵害問題は，私たちの社会の実情を映す鏡とも言える。このまま，自分たちの目には見えにくい問題を避けて無視する社会にしたいのか，それとも，この日本という社会にいるすべての人が人間としての尊厳をもって生きられる社会にしたいのかが問われているのではないだろうか[1]。

第4節　おわりに──国際人権法を学ぶこと

しばしば，国際法は，国家と国家の関係を規律するものと説明される。しかし，現代国際法は，とりわけ国際人権法分野の発展が著しく，個人と国家の関係，さらには私人間の領域へとその規律範囲を広げてきた。この章では，冒頭のケースを題材に，国際人権法の誕生と進展，および人権保障システムの一部について見てきた。国際人権法は，国を超えて，私たち一人ひとりの人間の尊厳を守るためのツールといえよう。

さいごに，世界人権宣言の起草時に国連人権委員会の議長を務めたエレノア・ルーズベルトの言葉を紹介する。

> 「結局のところ，普遍的人権はどこから始まるのでしょう。小さな場所，家の近く，つまりとても近くて，とても小さくて，どの世界地図にも載っていないようなところ。しかし，そこは個人という一人ひとりの世界なのです。その人が住んでいる近所，その人が通っている学校や大学，その人が働いている工場や農場，または事務所なのです。

このような場所でこそ、すべての男性、女性、そして子どもが、差別なしに平等な正義と、平等な機会と、平等な尊厳とを求める場所なのです。もしこれらの権利が、そのような場所で意味をもたないのであれば、他のいかなる場所においてもほとんど意味がないでしょう。家の近くで人々がこれらの権利を支持する行動をとらないのであれば、もっと大きな世界で進歩をとげることなど、見果てぬ夢です。」

皆さんが国際法および国際人権法を学んで、各々の家族や学校、職場、地域など、身近で活用することによって、誰もが人間の尊厳をもって生きられる社会を創り上げていくことを願っている。

表　主要な国際人権条約

	条約名	採択	発効	締約国数	日本の加盟
1	集団殺害罪の防止及び処罰に関する条約（ジェノサイド条約） Convention on the Prevention and Punishment of the Crime of Genocide	1948. 12.9	1951. 1.12	153	－
2	人身取引及び他人の売春からの搾取の禁止に関する条約 Convention for the Suppression of the Traffic in Persons and of the Exploitation of the Prostitution of Others	1950. 3.21	1951. 7.25	82	1958. 5.1
3	難民の地位に関する条約（難民条約） Convention relating to the Status of Refugees	1951. 7.28	1954. 4.22	146	1981. 10.3
4	女性の政治的権利に関する条約 Convention on the Political Rights of Women	1953. 3.31	1954. 7.7	123	1955. 7.13
5	無国籍者の地位に関する条約（無国籍者地位条約） Convention relating to the Status of Stateless Persons	1954. 9.28	1960. 6.6	99	－
6	既婚女性の国籍に関する条約 Convention on the Nationality of Married Women	1957. 1.29	1958. 8.11	75	－
7	無国籍の削減に関する条約（無国籍削減条約） Convention on the Reduction of Statelessness	1961. 8.30	1975. 12.13	81	－
8	婚姻の同意、最低年齢及び登録に関する条約 Convention on Consent to Marriage, Minimum Age for Marriage and Registration of Marriages	1962. 11.7	1964. 12.9	56	－
9	あらゆる形態の人種差別の撤廃に関する国際条約（人種差別撤廃条約） International Convention on the Elimination of All Forms of Racial Discrimination (CERD)	1965. 12.21	1969. 1.4	182	1995. 12.15
10	経済的、社会的及び文化的権利に関する国際規約（社会権規約） International Covenant on Economic, Social and Cultural Rights (ICESCR)	1966. 12.16	1976. 1.3	173	1979. 6.21

11	市民的及び政治的権利に関する国際規約(自由権規約) International Covenant on Civil and Political Rights (ICCPR)	1966. 12.16	1976. 3.23	174	1979. 6.21
12	自由権規約の選択議定書 Optional Protocol to the ICCPR	1966. 12.16	1976. 3.23	116	–
13	難民の地位に関する議定書(難民議定書) Protocol relating to the Status of Refugees	1967. 1.31	1967. 10.4	147	1982. 1.1
14	戦争犯罪及び人道に対する罪に対する時効不適用に関する条約 Convention on the non-applicability of statutory limitations to war crimes and crimes against humanity	1968. 11.26	1970. 11.11	56	–
15	アパルトヘイト犯罪の禁止及び処罰に関する国際条約 International Convention on the Suppression and Punishment of the Crime of Apartheid	1973. 11.30	1976. 7.18	110	–
16	女性に対するあらゆる形態の差別の撤廃に関する条約(女性差別撤廃条約) Convention on the Elimination of All Forms of Discrimination against Women (CEDAW)	1979. 12.18	1981. 9.3	189	1985. 6.25
17	拷問及びその他の残虐な，非人道的な又は品位を傷つける取扱い又は刑罰に関する条約(拷問等禁止条約) Convention against Torture and Other Cruel, Inhuman or Degrading Treatment or Punishment (CAT)	1984. 12.10	1987. 6.26	175	1999. 6.29
18	スポーツにおけるアパルトヘイトに関する国際条約 International Convention against Apartheid in Sports	1985. 12.10	1988. 4.3	62	–
19	子どもの権利に関する条約(子ども権利条約) Convention on the Rights of the Child (CRC)	1989. 11.20	1990. 9.2	196	1994. 4.22
20	自由権規約第2選択議定書(死刑廃止) Second Optional Protocol to the ICCPR, aiming at the abolition of the death penalty	1989. 12.15	1991. 7.11	92	–
21	すべての移住労働者及びその家族の権利保護に関する条約(移住者及びその家族の権利条約) International Convention on the Protection of the Rights of All Migrant Workers and Members of their Families	1990. 12.18	2003. 7.1	60	–
22	女性差別撤廃条約の選択議定書 Optional Protocol to the CEDAW	1999. 10.6	2000. 12.22	115	–
23	武力紛争への子どもの関与に関する子どもの権利条約の選択議定書(子どもの権利条約の選択議定書1) Optional Protocol to the CRC on the Involvement of Children in Armed Conflict (OPAC)	2000. 5.25	2002. 2.12	173	2004. 8.2
24	子どもの売買，子どもの売買春及び子どもポルノに関する子どもの権利条約の選択議定書(子どもの権利条約選択議定書2) Optional Protocol to the CRC on the sale of children, child prostitution and child pornography (OPSC)	2000. 5.25	2002. 1.18	178	2005. 1.24

No.	条約名	採択	発効	締約国数	日本批准
25	国際組織犯罪防止条約を補足する人(特に女性及び子ども)の取引を防止し，抑制し及び処罰するための議定書 Protocol to Prevent, Suppress and Punish Trafficking in Persons, Especially Women and Children, supplementing the United Nations Convention against Transnational Organized Crime	2000.11.15	2003.12.25	182	2017.7.11
26	拷問等禁止条約の選択議定書 Optional Protocol to the CAT	2002.12.18	2006.6.22	94	–
27	障がい者の権利に関する条約(障がい者権利条約) Convention on the Rights of Persons with Disabilities (CRPD)	2006.12.13	2008.5.3	192	2014.1.20
28	障がい者権利条約の選択議定書 Optional Protocol to the CRPD	2006.12.13	2008.5.3	107	–
29	強制失踪からのすべての者の保護に関する国際条約(強制失踪者保護条約) International Convention for the Protection of All Persons from Enforced Disappearance	2006.12.20	2010.12.23	77	2009.7.23
30	社会権規約の選択議定書 Optional Protocol to the ICESCR	2008.12.10	2013.5.5	30	–
31	通報手続に関する子どもの権利条約の選択議定書(子どもの権利条約の選択議定書3) Optional Protocol to the CRC on a communications procedure	2011.12.19	2014.4.14	52	–

出典：芹田健太郎『国際人権法と日本の法制』(信山社，2021年)10-11頁を参照，United Nations Treaty Collection (https://treaties.un.org/pages/ParticipationStatus.aspx?clang=_en 2025年2月7日最終閲覧)を基に筆者作成。

【注】
1) この訴訟について関心をもった方は，「CALL4―共感が社会を変える」のウェブサイト(https://www.call4.jp/info.php?type=items&id=10000096)を訪れてください。

【参考文献】
芹田健太郎＝薬師寺公夫＝坂元茂樹『ブリッジブック 国際人権法〔第2版〕』(信山社，2017年)
申惠丰『国際人権入門――現場から考える』(岩波新書，2020年)
芹田健太郎『国際人権法と日本の法制』(信山社，2021年)
藤田早苗『武器としての国際人権――日本の貧困・報道・差別』(集英社新書，2022年)

〔付　月〕

Part III
政治と行政の展開

第16章　政治・行政と政治学・行政学

第1節　政治と法

　政治とは何か。あらゆる社会的な現象や行為についての問いと同様に，この問いに答えることは本当に難しい。政治学の教員は，その講義の初めのほうの回で，受講者に対して政治の定義を提示することを求められる。そして彼らは，往々にして，国語辞典や著名な政治学者の政治の定義を引用したり，自分なりの暫定的な政治の定義を提示したりして，その回を何とか取り繕う。

　政治は，必ずしも人間に固有のものではなく，その他の生物にも伴うものであるかもしれない。しかしここでは，とりあえずそれを，人間の行為として，人間に伴う現象として考えたい。その上で，議論の手掛かりとして，ここでも，国語辞典における政治という言葉の定義をいくつか見てみよう。

　まず『広辞苑〔第7版〕』（岩波書店，2018年）は，政治を次のように定義している。

① まつりごと
② （politics; government）人間集団における秩序の形成と解体をめぐって，人が他者に対して，また他者と共に行う営み。権力・政策・支配・自治にかかわる現象。主として国家の統治作用を指すが，それ以外の社会集団および集団間にもこの概念は適用できる。

また『大辞林〔第4版〕』（三省堂，2019年）は，次のように定義している。

① 統治者・為政者が民に施す施策。まつりごと。
② 国家およびその権力作用にかかわる人間の諸活動。広義には，諸権力・諸集団の間に生じる利害の対立などを調整することにもいう。

さらに『デジタル大辞泉』は，次のように述べている。

① 主権者が，領土・人民を治めること。まつりごと。
② ある社会の対立や利害を調整して社会全体を統合するとともに，社会の意思決定を行い，これを実現する作用。

以上の3つの国語辞典では，政治について，まず「まつりごと」という，時代劇で聞いたことがあるような定義がなされている。これは，政治を祭政一致の伝統を引き継いで表現した，きわめて日本的な言葉である。続いて，政治が，秩序，権力，支配，政策，対立，利害，国家，決定などの言葉と関連付けられながら定義されている。こちらは，各国で見られがちな普遍的な定義である。また注目すべきは，政治が，狭義には国家や政府に関連するものだとしても，広義にはそれ以外の様々な集団にも関連するものとして捉えられていることである。政治には，前者のような「大きな政治」だけでなく，後者のような，家庭，学校，地域，職場などの様々な社会的な単位における「小さな政治」もある。論者によっては，家庭や生産現場における「小さな政治」が，「大きな政治」の起源であると考える者もいる[1]。政治は，どのようなレベルであれ，良きにつけ悪しきにつけ，人間にとって必然的なものなのである。

このように考えると，政治は，社会の存在，つまり2人以上の人間の関係を前提とすることになる。この関係は，2人の個人の関係かもしれないし，1人の個人と複数の個人から成る集団の関係かもしれないし，集団と集団の関係かもしれない。このことに関連して，イギリスの政治学者であるA・ヘイウッド(Andrew Heywood)は，世界各国で使用されている教科書である『政治〔第4版〕』(*Politics*, 4th ed.)において，次のように興味深いことを述べている。

　政治は，とりわけ社会的活動である。それは，つねに対話であって，独話ではない。ロビンソン・クルーソーのような孤立した個人は，単純な経済を発展させたり，芸術を産出したりすることはできるかもしれないが，政治に従事することはできない。政治は，フライデーという男性(ないし女性)の到着をもっ

て始まるのだ[2]。

　皆さんも，D・デフォー (Daniel Defoe) のロビンソン・クルーソーの物語を読んだり聞いたりしたことがあるであろう。船乗りのロビンソンは，無人島に1人で漂着した後に，生存のために作物を育てたり，無聊を慰めるために絵を描いたりする。これらの行為は，1人でもすることができる。ところがある日，部族抗争から逃げてきた原住民の若者が，ロビンソンに助けられ，彼に仕えることになる。そしてロビンソンは，金曜日に来たこの若者をフライデーと名付ける。こうしてロビンソンとフライデーという2人の人間の関係，社会が成立し，政治が生じる。人間の行為，人間に伴う現象には，経済や芸術のように必ずしも社会を前提としないものもあれば，政治のように社会を前提とするものもある。

　またここで重要なのは，ロビンソンとフライデーが，そもそも別人格であり，相違する見解や利益を持つことである。と同時に，主人と従者という，上下，優劣，強弱の関係を形成していることである。複数の人間の関係は，水平的である場合もあるが，垂直的である場合のほうが多い。そしてこの上下，優劣，強弱の原因ないし結果として，権力というものが存在する。複数の人間の関係，社会は，通常は権力を伴う関係である。権力が，政治学や社会学の中心的な課題となり続けてきたのは，まさにこの故である。

　このように政治は，社会の存在を前提とする。また社会は，2人以上の人間，最終的には個人から構成される。この個人と社会の関係は，複数の個人から成る集団とそれを取り巻く社会の関係にまで拡大して考えれば，個と全体の関係として捉えることもできる。そしてここで問題となるのが，この個人・個と社会・全体の間に，緊張関係が存在することである。すなわち，夫婦であれ，国家であれ，国際社会であれ，そこにおける個人・個，たとえば夫，ある自治体，ある国家は，それぞれ独自の見解や利益を持っている。そしてそれらを主張し貫徹しようとすれば，社会・全体，つまり夫婦，国家，国際社会からすると，遠心的にばらす作用を働かせることになる。しかしそれでは，社会・全体が解体してしまいかねない。そこで社会・全体は，個

人・個からすると，逆に求心的にまとめる作用を働かせることになる。

　こうして個人・個と社会・全体の間には，遠心的にばらす作用と求心的にまとめる作用の緊張関係が存在する。この2つの作用，あるいは2つの方向は，様々な二分法的な概念によって表すことができる。自由と秩序，分裂と統合，対立と協力，競合と協調，分離と融合，分権と集権，解放と抑圧，私と公，利益表出と利益集約などが，その代表的なものである。そして個人・個と社会・全体は，この緊張関係を仲裁するために，何らかのルールを必要とする。このルールには，国際レベルの条約や協定，国レベルの法律や政省令，自治体レベルの条例や規則はもちろん，企業や各種民間法人の定款，あるいはその他の様々な集団のルールが含まれる。しかしそれは，社会一般を想定するならば，法，具体的には法令例規ということになる。そしてこの法に即して考えれば，先ほどの2つの方向ないし作用を示す二分法的な概念として，権利と義務を想定することができる。

　このようにルール，あるいは法というものを前提とすると，困難な政治の定義も，暫定的なものながら，多少は容易になってくる。そこで本章では，政治を，個人・個と社会・全体の緊張関係を仲裁するためのルールの作成・運用・改廃をめぐる行為ないし現象として定義しておこう。そうなると，メディアなどで見聞きする，いわゆる政治，つまり「大きな政治」は，法，あるいは法令例規の制定・運用・改廃をめぐって，政府の様々な機関，政党や利益団体，政治家や官僚や国民が展開する行為ないし現象ということになる。日本において，長らく法学と政治学がきわめて密接な関係に置かれてきた理由は，政治が法をめぐる行為ないし現象として捉えられてきたからに他ならない。

　なお遠心的にばらす作用と求心的にまとめる作用を想定した場合，それらの行為は，いずれも政治であり，その2つの側面であると考えることができる。自由や権利を求めるのも政治であれば，秩序や義務を求めるのも政治なのである。そこでアメリカ英語では，前者の意味での政治をポリティクス（politics），後者の意味での政治をガバメント（government）と区別する場合がある[3]。したがって，たとえば大学の授業科目で「アメリカ政治」という場

合,"American Politics and Government"といった具合に,両者を合わせて政治と捉える傾向がある[4]。その意味で,先に例示した『広辞苑』の政治の定義で,日本語の政治に相当する英語として"politics"と"government"が並置されていることは,きわめて妥当であると言える。もちろんアメリカ英語でも,ポリティクスによって,政治の2つの側面を意味する場合はある。またイギリス英語では,通常,ポリティクスによって双方の側面を意味する。

第2節　政府と政治・行政

　前述したように,政治の遠心的にばらす作用と求心的にまとめる作用の2つの側面のうち,アメリカ英語では,後者の政治をガバメントという。A・リンカーン(Abraham Lincoln)大統領が1863年にゲティスバーグで行った演説を締める際の,「人民の,人民による,人民のための政治」("government of the people, by the people, for the people")という著名な1節における政治も,このガバメントである。

　ガバメントは,日本語では統治という訳語を充てられる場合が多いが,より平易な言葉で言えば「仕切る」に近いかもしれない。しかしそれらは,いずれも行為としてのガバメントを意味している。これに対して,ガバメントに,政府という,機関を意味する訳語を充てる場合も多い。したがって政府は,社会を求心的にまとめるための機関であり,コントロールタワーのようなものということになる。

　このような意味での政府は,「大きな政治」・「小さな政治」を問わず,社会のあらゆる集団に存在するはずである。しかし通常,政府は,「大きな政治」におけるそれ,つまり国家や自治体の政府を意味する。また政府は,国家のものとして言及される場合,J・ロック(John Locke)やC・モンテスキュー(Charles de Montesquieu)の伝統的な権力分立論に基づき,立法府,行政府,司法府の3つの部門に区分される。そして自治体のものとして言及される場合は,議事機関と執行機関の2つの部門に区分される。日本では,内閣が提出する法案を政府提出法案と呼んだように,政府＝国家の行政府として

認識されがちである。しかし政府という概念は，本来は，これらの部門のすべてを含むし，地方政府という学術的な概念があるように，自治体のそれも含むものである。

これらの国家の政府の3つの部門，および自治体の政府の2つの部門の区別は，基本的に日本国憲法にも反映されており，皆さんにも馴染みのあるものであろう。しかし人民主権と代表民主制の原理に基づく現代の政府を考える上で，こうした区別と同様に重要なのが，政治(politics)と行政(administration)の区別である。この区別は，図1の政府の構成にイメージとして示したように，国家については，立法府，行政府，司法府を横断して存在する。自治体についても，議事機関と執行機関を横断して存在すると考えてよい。そして機能の点から見れば，政治は党派的かつ大まかな決定の部門であり，行政は中立的かつ詳細な実行の部門である。また担当者の点から見れば，政治は政治家(politician)の世界であり，行政は官僚(bureaucrat)の世界ということになる(本書第17章参照)。なおここで言う政治は，先の政治の2つの側面で言えば，求心的にまとめる作用を意味している。

政治家と官僚は，ともに政府の住人，つまり公職者，あるいは公務員である。現代の政府について，この両者を概念として比べてみると，政治家は，①数的に少数者であり，②公選(選挙)によって公職者となるかその公選の公職者の任命によって公職者となり，③選挙ないし政権交代に応じて短期的・一時的に公職者の地位にあり，④国民・住民の直接的なコントロールを受ける民主的・応答的な存在であり，⑤本来的には政府の意思を決定する存在である。それに対して官僚は，①数的に多数の公職者であり，②試験の成績ないし専門的な知識に基づいて公職者となり，③選挙や政権交代に関係なく長期的・恒久的に公職者の地位にあり，④国民の直接的なコントロールを受けない非民主的・非応答的な存在であり，⑤本来的には政府の意思を実行する存在である[5]。

以上の対比は，あくまでも理念的なものであり，例外的な状況はいくらでもありうる。しかし大まかに考えると，政治家と官僚は，①少数か多数か，②選挙か試験か，③短期か長期か，④民主的・応答的か非民主的・非応答的

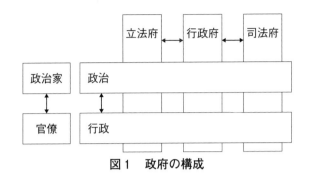

図1　政府の構成

か，⑤決定か実行かという，5つの項目で区別される異なった存在であると言える。それではこのような政治家と官僚は，図1の政府の構成において，具体的にどのような公職者として存在するであろうか。

　日本国という国家の政府を想定すると，立法府の政治家は，国会議員，つまり衆議院議員と参議院議員である。行政府の政治家は，執政部(chief executive)と呼ばれ，内閣を構成する内閣総理大臣と国務大臣(各省の大臣など)，各省の副大臣，大臣政務官，内閣官房の副長官など，多岐にわたる。彼らの中には，そもそも国会議員として公選され大臣などを兼務する者，および大臣などに任命された者がいる。司法府の政治家は，微妙であるが，強いて言えば，最高裁判所の裁判官ということになる。彼らは，公選はされないが，国民審査を通じて罷免されうるからである。立法府の官僚は，国会職員，つまり衆参両院の事務局と法制局，および国会図書館の職員である。行政府の官僚は，内閣府や各省，あるいは行政組織，およびそれを構成する行政機関の職員などである。日本で官僚や公務員と言うと，まずイメージされる存在であろう。司法府の官僚は，国民審査のない下級裁判所の裁判官，および各裁判所職員ということになる。

　政治家と官僚は，理念的に考えれば，順番として，まずは前者が，そしてそれを補佐するために後者が登場した。すなわち求心的にまとめる作用は，まずは公選された政治家が担当する。しかし政治家は，とくに政府の機能や規模が拡大する中で，その作用の技術的な部分まで担当できるわけではない。

そこで官僚が、政治家を補佐するために、彼らから一定の委任を受け、技術的な部分を担当するために登場した。したがって両者の間には、主人と使用人、あるいは本人（principal）と代理人（agent）の関係が存在する[6]。そして考えてみれば、こうした関係は、現代の民主的な政府のみならず、前近代の封建的な政府においても、たとえば君主・貴族と家産官僚の関係として存在した。そして極端に言えば、各種の社会的な関係、たとえば前述のロビンソンとフライデーの関係においても、類似の分業は成立しうるのである。

　もっともこうした政治と行政の関係、あるいは政治家と官僚の関係は、1つのフィクションとして想定されるものなのかもしれない。そもそも、政治と行政が機能としてどこまで区分できるかについて議論は、アメリカの世紀転換期からニューディール期における、W・ウィルソン（Woodrow Wilson）の見解を典型とする政治行政二分論、およびP・アップルビー（Paul Appleby）の見解を典型とする政治行政融合論のように、度々繰り返されてきたものである。しかし後者の議論においても、行政を政治の補佐的な役割と位置付けていることに変わりはない。また現代の日本においても、政治家と官僚の関係、すなわち政官関係は、政治学や行政学の重要なトピックの1つである。

　その上で、**図2**は、この政治と行政、あるいは政治家と官僚に、主権を有する人民、つまり国民や住民を加えた関係をイメージしたものである。この関係において、人民は、選挙を通じて、政治・政治家を直接にコントロールできる。また政治・政治家は、人事や予算を通じて、行政・官僚を直接にコントロールできる。そして行政・官僚が、人民を直接に支配したり、彼らに直接にサービスを提供したりする。ところがここで問題となるのは、人民が、行政・官僚を直接にコントロールできないことである。人民の行政・官僚に対するコントロールは、政治・政治家を通じて間接的に機能する。したがって、政治・政治家の行政・官僚に対するコントロールが機能していないと、人民の行政・官僚に対するコントロールも機能しない。前述の日本における政官関係をめぐる議論は、現代の行政国家、とくに近代以降の官僚支配の伝統のある日本において、政治家が官僚をどの程度までコントロールしているか、あるいは極端に言えば、政治家と官僚はどちらが強いのかをめぐって展

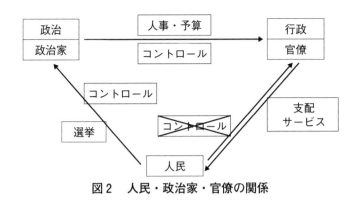

図2　人民・政治家・官僚の関係

開されてきた。そして往々にして，行政・官僚の政治・政治家に対する優位，およびその帰結としての人民主権と代表民主制の危機が主張されてきたのである。

　なおこうした人民，政治・政治家，行政・官僚の関係は，「大きな政治」においてのみならず，「小さな政治」においても，代表民主制を採用する集団について想定できる。農業協同組合や消費生活協同組合など，協同組合という形態を取る集団がその典型であろう。たとえば，皆さんにも馴染みのある大学生協を見てみよう。そこにも，**図2**と同様のイメージで，学生と教職員から成る組合員，組合員の公選による議決機関である総代・総代会と執行機関である理事・理事会，専従職員の3者の関係がある。つまり組合員が人民に相当し，総代・総代会と理事・理事会が政治・政治家に相当し，専従職員が行政・官僚に相当する。そしてそこでも，自治や代表民主制が機能しているのか，理事と職員の関係はどうなっているのかといった問題が見られるであろう。人民，政治・政治家，行政・官僚の関係は，きわめて普遍性の高い関係なのである。

第3節　行政の多面性

　政治と行政の関係，あるいは政治家と官僚の関係は，国家と自治体の相違，

一元代表制と二元代表制の相違などに応じて一様ではない。しかし現代の政府において，権力分立論に基づき複数の部門を設定するとともに，それらを横断する形で政治・政治家と行政・官僚の関係を想定することは可能であろう。そこで政治学や行政学が対象とする行政の多面性，あるいは日本語の行政という言葉の多義性について考えてみたい。このことは，あえて単純化する形で，行政という日本語とそれに対応する英語の対比を手掛かりとするとわかりやすい。日本語の行政には，英語で考えると様々な意味があるからである。

行政の第1は，エクセキューション（execution）としての行政である。これは，日本語では執行という意味の行政であり，行政権（executive power）や行政府（executive branch）などがその用例である。権力分立を議論する際に，行政権ではなく執行権という言葉を用いる場合もあるであろう。日本で行政と言うと，まずはこの立法および司法と対比された行政がイメージされる。行政法学の控除説ないし消極説に基づく行政の意味も，このイメージに近いであろう。しかしこの行政それ自体も，学問的には様々な議論がなされている[7]。また前述のように，行政府の政治家，つまり日本で言えば内閣総理大臣や国務大臣など，アメリカで言えば大統領や長官などを，行政府の首脳という意味で，執政部（chief executive）という。この言葉は，最高経営責任者や最高執行取締役を意味するCEO（chief executive officer）が示すように，企業などの民間の組織についても使われる。

行政の第2は，前述のアドミニストレーション（administration）としての行政である。これは，日本語では組織の管理や運営という意味での行政であり，行政官（administrator）や行政組織（administrative organization）などがその用例である。この点に関して，行政学（public administration）と経営学（business administration）の関係を考えてみると興味深い。日本の大学では，前者は政治学の一部門として法学部で，後者は経済学部や経営学部で開講されている場合が多い。しかし両者は，とくにアメリカにおいては，もとはアドミニストレーション，つまり組織の管理や運営に関する学問である。そして管理・運営の対象が公共の組織，とくに行政組織であれば行政学となり，民間の組

織，とくに企業であれば経営学となるわけである。

　行政の第3は，マネジメント（management）としての行政である。これも，日本語では管理・運営という意味での行政である。アドミニストレーションとマネジメントがどのように違うかは，英語として考えてもわかりにくい。強いて言えば，前者は「守らせる」管理・運営であり，後者は「やりくりする」管理・運営ということになるであろうか。アメリカでは，一般的な傾向として，日本の前述の行政学に相当する科目の名称が，"public administration"から"public management"に変化してきた。経済の低成長や財政赤字を背景に，政府や行政の現場で重視されることが，法律や命令を遵守しつつ実行することよりも，各レベルで資源のやりくりをすることになってきたからかもしれない。

　行政の第4は，ポリシー（policy）としての行政である。これは，日本語では政策という意味での行政であり，環境行政（environmental policy）や規制行政（regulatory policy）などがその用例である。これらの言葉は，環境政策や規制政策に置き換えられても，我々に与えるイメージに大差ないかもしれない。しかし逆に言うと，そこに問題があるとも考えられる。政策，つまり公共政策は，本来は，政府の行為の指針である。また政府は，行政だけでなく立法府と司法府も含むし，行政だけでなく政治も含む。したがってたとえば環境政策は，日本で言えば，環境省の職員が実施している施策や事業だけでなく，国会の衆参両院議員が制定する環境関係の法律はもちろん，裁判官が下す環境関係の判決も含む。ところが環境行政と言うと，環境問題に関わる政府の主体が，あたかも環境省などの行政機関，とくに職員のみであるかのように思わせてしまいかねない。

　これらの多義的な日本語の行政でとくに厄介なのは，エクセキューションとアドミニストレーションとしての行政をどこまで区別して使うかという問題である。このことは，たとえば日本国憲法の英文版において，第65条の「行政権は，内閣に属する。」の「行政権」の英語が"executive power"であるのに対して，第72条の「内閣総理大臣は，［中略］行政各部を指揮監督する。」の「行政各部」の英語が"various administrative branches"であるこ

とからも窺われる。

　おそらく皆さんは，**図1**を見ていて混乱したであろう。行政府と行政という言葉が交差しているからである。この図において，縦の行政府は，立法府，司法府と対比される部門であり，執政部の政治家，および行政組織の機関の長官などである彼らによって媒介されるものの，基本的にはその下の官僚を中心に構成される。それに対して横の行政は，行政府の行政組織に存在するものが大部分ではあるが，立法府と司法府にも存在しうる官僚である。執行の話と管理・運営の話は異なる。たとえば，内閣による行政権の行使の話と官僚による組織運営の話は異なるのである。

　また日本語の行政の厄介さは，行政国家(administrative state)について議論する際に顕在化する。日本語の行政国家が，立法府と司法府と対比した場合の行政府の力を問題としているのか，政治・政治家と対比した場合の行政・官僚の力を問題としているのか，あるいはその双方を問題としているのか，判然としないからである。日本の教科書や国語辞典は，行政国家を，往々にして，20世紀，とくに福祉国家の進展とともに登場した，立法府に対して行政府の力が増大した国家として定義する傾向がある。たしかに行政国家は，20世紀的な現象である。しかし歴史的に見れば，一時期のイギリスとアメリカを除く大部分の国において，行政府は19世紀以前から立法府より強力であった。したがって行政国家について問題とすべきは，行政府の力よりも，むしろそこにおける行政ないし官僚の力と考えるべきであろう。

　日本語の行政には，話者によっては，以上の4つに加えて，さらにガバメント(government)としての行政，ステイト(state)としての行政などもありうる。つまり行政という言葉で，政府そのものを意味したり，支配の装置としての国家を意味したり，政府や国家の作用を意味したりする場合もありうる。そして以上の様々な行政が，異なる意味を意識されないまま同じ日本語で表されることによって，概念上の混乱を招くことになる。またこの混乱を利用するかのように，官僚が様々な行政を自らの世界に取り込んでいくこともある。

　我々は，政治学や行政学において行政を論じる際に，日本語の行政という

言葉によって，まずは国の行政府の官僚，つまり行政組織の職員に注目する。しかし同時に，彼らの背景にある，政府の全体に及ぶどころか，国家と社会に跨った，何か漠として曖昧なシステムのようなものを感じる。日本における行政の得体の知れなさは，無意識的ないし意識的な行政という言葉の混乱した利用によるところが大きいのである。

第4節　政治学と行政学

　これまで本章では，政治と行政という現象や行為の本質と多面性について見てきた。そこで今度は，それらに基づく学問領域(discipline)である政治学，およびその中に位置付けられる行政学について見てみたい。
　まず大まかに見てみると，政治学は，経済学や社会学などとともに社会科学の学問領域の1つである。この政治学の分野を概観するに当たり手掛かりとなるのは，大学における政治学の科目であろう。それらは，日本の大学の法学部や政治経済学部に設置された政治学科では，おおよそ以下のような名称と内容で設置されている。また予め述べておくと，それらの科目の大部分は前述の「大きな政治」を対象としている。
　第1の分野は，政治学原論，政治思想，政治理論といった理論系の科目群であり，政治を理解するための抽象的な概念を解説する。このうち政治学原論は，歴史的には，政治学が憲法学の影響下にあったため，近代憲法の原理である自由主義や立憲主義の思想や理論を内容としていた。しかし現在では，初学者用に配当されながら，担当者によって内容が一様ではない。多くの場合は，政治学や民主政治の基本的な概念を幅広く解説する，実質的に政治学概論のような科目となっている。政治思想は，政治をめぐる古代ギリシャ以降の様々な思想や理論を，一般には個々の思想家・理論家に基づきつつ解説する。そのため政治思想史としても位置付けられ，さらに西洋政治思想史，東洋政治思想史，日本政治思想史といった科目として展開されることもある。政治理論は，権力や国家やエリートといった抽象的な概念を解説するが，政治思想と同内容の科目として位置付けられる場合もあれば，別の科目として

位置付けられる場合もある。このうち後者の場合については，社会科学およびその学問領域における主観と客観という重要な問題に関連するので，最後にまとめて考えてみたい。

　第2の分野は，政治制度論や政治機構論といった制度系の科目群であり，議会，執政部，選挙などの様々な制度を解説し構想する。この両者は，大学によって名称が違うだけで，いずれかが設置されることになる。また憲法学の統治機構と内容が重複するため，憲法学者によって担当される場合もある。なお憲法や法律を重視するので，次の分野との対比で，"government on paper" を対象とすると言われる。

　第3の分野は，政治過程論，政治行動論，政策過程論といった動態系の科目群であり，政治をめぐる様々な主体やそれらの行動の分析を内容とする。したがって，上記の分野との対比で，"government in action" を対象とすると言われる。このうち政治過程論は，議会や執政部などの主体も対象とするが，どちらかと言うと政党や利益団体などの国家の外にある主体を重視する。したがって，さらに政党論，マスメディア論，地方政治論といった科目として展開されることもある。政治行動論は，政治過程論と同内容の科目として位置付けられる場合もあるが，とくに投票行動など量的な分析の対象となりうる行動を重視する。政策過程論は，政策決定論といった名称で設置されている場合もあり，公共政策の作成や実施に注目し，それに沿って様々な主体や行動を解説する。

　第4の分野は，政治史，西洋政治史，日本政治史といった歴史系の科目群であり，基本的には近代以降の民主政治の歴史を解説する。またさらに，東洋政治史，外交史といった科目として展開されることもある。

　第5の分野は，比較政治学や地域研究といった比較系の科目群であり，国や地域や体制ごとの政治を解説する。このうち比較政治学は，各国の民主政治の普遍性を重視し，その上での差異を前述の政治制度論や政治過程論の枠組を通じて解説する。それに対して地域研究は，とくに発展途上の国や地域ごとの特殊性を重視し，それらの政治を経済や文化などとの関連を重視しつつ解説する。したがって両者は，対照的な科目であると言える。またさらに，

比較政治経済学，あるいはアメリカ政治論や中国政治論といった国や地域ごとの政治の科目として展開されることもある。

　第6の分野は，行政学，地方自治論，公共政策論といった行政系の科目群であり，一般には第3節で述べた行政のうち第2のアドミニストレーションと第3のマネジメントとしての行政を解説する。このうち行政学については，本節の重要な対象であるため，後で詳しく紹介する。地方自治論は，基本的には行政学の地方自治体版であるが，執行機関だけでなく議事機関も含む地方公共団体の全体を対象とする。公共政策論は，公共政策の内容や効果を対象とするが，その主体として，官としての行政だけでなく，民としての企業や非営利組織を想定する場合もある。またさらに，政策分析や政策評価といった科目としてて展開されることもある。

　第7の分野は，国際政治学や国際関係論といった国際系の科目群であり，グローバルなレベルでの政治を解説する。このうち国際政治学は，これまで紹介した科目の国際版であり，国際的な制度や主体や行動を解説する。したがって，さらに国際機構論や平和学といった科目として展開されることもある。そして国際関係論は，国際政治学よりも対象が広く，国際的な政治を経済や文化などとの関連を重視しつつ解説することになる。

　これらの政治学の7つの分野は，かなり網羅的かつ概略的に整理されたものである。したがって，上記の科目のすべてが設置されている学部・学科はないし，別の科目が設置されているところもある。政治学の科目の名称や内容や体系は，社会科学の他の学問領域に比べて曖昧であるし，それらと相互浸透している場合もある。したがって上記の分野，科目群，科目を厳格に受け止めるべきではない。なお付言すると，公務員試験の政治学の科目としては，一般に政治学，行政学，国際政治学の3科目が想定される。このうち後二者は，それぞれ上記の第6・第7の分野に準じる。そして政治学は，上記の7つの分野の全体を広義の政治学とすると，そのうちとくに第1・第2・第3の分野に相当する狭義の政治学として捉えられている。

　以上では，大学における政治学の科目を手掛かりに政治学の分野を概観した。そこで次に，とくに行政系の分野の中心である行政学という科目につき

少々詳しく紹介しておきたい。

　行政学は，アメリカの大学の科目名では"public administration"や"public management"であり，基本的には管理・運営としての行政を対象とする。そしてその中心となるのは，行政組織と行政官，換言すれば官僚制と官僚である。このような分野としての行政学は，日本では，社会科学の他の学問領域と関連しながら，伝統的に行政組織論，行政統制論，行政管理論，地方行政論，行政学史の5つの下位分野として展開されてきた。

　第1の行政組織論は，行政組織・行政官または官僚制・官僚それ自体の機構や動態を解明しようとし，国家行政組織法や国家公務員法などを解説する点では行政法学の行政組織法に基づき，官僚制を解説する点ではM・ウェーバー（Max Weber）に代表される社会学の官僚制論に基づく。第2の行政統制論は，行政組織や官僚制を支配装置としての国家の一部として捉え，その民主的・合規的な統制の方法を構想する。行政法学の控除説に依拠するため，エクセキューションとしての行政をも対象とする場合もある。第3の行政管理論は，行政組織や官僚制をサービス機関として捉え，その効率的・効果的な管理の方法を構想する。経営学との親和性が高く，アメリカの"public administration"や"public management"の影響を強く受けている。第4の地方行政論は，行政組織論・行政統制論・行政管理論の地方自治体版であり，執行機関だけでなく議事機関をも対象とする場合は地方自治論と同内容となる。行政学史は，行政組織論の官僚制論や行政管理論を中心とする行政学の歴史であり，経営学や社会学と古典を共有する場合が多い。

　以上の行政学の下位分野を踏まえた上で，その中の行政管理論の発展形態なのか，あるいは行政学とは別の分野なのか，位置付けが難しいのが，新公共管理論（New Public Management: NPM）と呼ばれる考え方である。NPMは，もともとイギリスで生まれたが，1980年代以降の主要国の行政改革や政府改革において重要な指針となり，日本でも独立行政法人やPFIなど様々な制度の基礎となっている。それは，名称から考えれば新しい"public management"なので，行政管理論を中心とする行政学の中に位置付けることができそうである。しかしその大きな特徴の1つは，公共サービスの主体

として，行政組織だけでなく，企業や非営利組織をも想定していることにある。なぜなら，NPMが重視する顧客としての国民・住民から見れば，安くて良い公共サービスであれば，その担い手は行政組織でなくても構わないからである。そうなると，NPMが想定する公共は，従来のように行政組織の独占物ではなくなる。そのため，"public management"が行政学であるとしても，NPMは新行政学と訳すことができず，もはや別の分野なのではないかとも考えられているのである。

　以上のように本節では，大学における政治学の科目を手掛かりに，政治学，およびその中に位置付けられる行政学について見てきた。そして前述のように，これらの科目は，基本的に「大きな政治」，つまりメディアで取り上げられるいわゆる政治，国家や政府をめぐる政治，あるいは地方自治体や国際社会における政治を対象としている。このことは，一般に自明のことに思われるであろう。しかし本当にそれでいいのであろうか。「小さな政治」，つまり家庭や学校など様々な社会的な単位における政治を対象としなくていいのであろうか。

　実は上記の科目の中で，「小さな政治」を対象としうる科目が1つある。それは，理論系の分野における政治理論である。それでは，政治理論と他の科目はどのように異なるのであろうか。このことは，政治学を含む社会科学の学問領域における，主観と客観という重要な問題に関連する。

　社会科学の重要な任務は，社会的な現象や行為を「わかること」，つまり認識することである。そして認識は，主観ないし主体(subject)と客観ないし客体(object)の存在を前提とする。ここで言う主観は，わかる側であり，人間の頭の中の考え方であり，様々な概念，あるいはそれらを組み合わせた理論やモデルとして存在する。それに対して客観は，わかられる側であり，社会的な現象や行為であり，きわめて多様かつ具体的な対象として存在する。そして両者を結ぶのが，方法(method)，つまり精神的に作られた見えない道である。主観は，方法を通じて客観に達し，認識を得ることになる。

　たとえば私が，日米貿易交渉の決着について，首相と大統領の融和的な対話のためであると認識する，つまり「わかる」としよう。両国の事務的な交

渉の積み重ねのためかもしれないのに，なぜそのように認識したのであろうか。それは，私の頭の中に，政治はエリート次第であるとする，エリート論という理論があったからである。あるいは私が，学生の復興ボランティアについて，学生が自分の承認欲求を満たすためであると認識するとしよう。学生は被災地のために活動しているかもしれないのに，なぜそのように認識したのであろうか。それは，私の頭の中に，人間は利己的合理的に行為するとする，合理的選択論という理論があったからである。

このように私たちは，社会的な現象や行為について，主観である頭の中にある理論に基づいて，客観である実際の対象を認識しがちである。その意味で理論は，自覚的ないし無自覚的な偏見である。そして，主観がどのような方法を通じて客観の認識に達したかを自覚することを，方法論的自覚という。それは，要するに「『わかること』をわかること」である。前述の例に即して言えば，日米貿易交渉の決着や学生の復興ボランティアをエリート論や合理的選択論を通じて「わかる」だけでなく，自分が他の理論ではなくそれらの理論を通じてわかったことを「わかる」ことが重要なのである。

このように考えると，権力論，国家論，エリート論といった理論を解説する政治理論という科目は，主観において成立する政治学である。それに対して，議会，政党，行政組織，投票行動，政策決定，国際機構など様々な政治的な行為や現象を対象とする他の科目は，まずは客観において成立する政治学である。さらに，たとえば権力論により政策決定を認識する，合理的選択論によって投票行動を認識するといった形になれば，主観と客観の組み合わせにおいて成立する政治学となる。しかしこれらの科目は，依然として「大きな政治」を対象としていることに変わりはない。

ところが，政治理論で解説する理論を，議会や投票行動ではなく，家庭や学校など様々な社会的な単位に応用したらどうなるであろうか。その応用の事例としては，たとえば，前述の復興ボランティアの合理的選択論による認識がある。あるいは，第2節で紹介した**図2**による大学生協の説明も，実はそれのエリート論による認識である。それらは，ボランティアや生協という社会的な単位の政治学的な認識であり，そこにおける「小さな政治」の発見

である。議会や投票行動の政治学はもちろんあるとして、一般には他の学問領域の対象とされるボランティアや生協の政治学もありうる。さらに大きく言えば、政治の政治学はもちろんあるとして、経済や教育やコミュニケーションの政治学もありうるのだ[8]。

おそらく皆さんは、初学者向けの政治学の科目、およびその他の多くの科目で、客観において成立する政治学を学修するであろう。そこでの理解は、「政治をわかること」で終わってしまうかもしれない。しかしその後に、ぜひ主観において成立する政治学、あるいは主観と客観の組み合わせにおいて成立する政治学を学修し、「『政治をわかること』をわかること」も理解して欲しい。社会科学の学問領域としての政治学の醍醐味は、むしろそこから先にあるからである。

【注】
1) たとえばフェミニストは、社会的性別としてのジェンダーを重視する観点から、家父長制という社会的条件の下で、家庭における男性・父親よる女性・子供に対する支配が成立し、国家や政府に及んでいると考える。また伝統的なマルクス主義者は、階級を重視する観点から、資本主義という社会的条件の下で、生産現場における資本家による労働者に対する支配が成立し、国家や政府に及んでいると考える。彼らからすれば、「大きな政治」は「小さな政治」の延長なのである。
2) Andrew Heywood, *Politics*, 4th ed., Palgrave Macmillan, 2013, p. 1.
3) 内田満『政党政治の論理』(三嶺書房、1983年) i 頁。
4) このようなアメリカ英語の用法では、たとえば統合を志向する政府機関である議会による政治、つまり議会政治は、"congressional government" という表現になり、分離を志向する政治主体である利益団体による政治、つまり利益団体政治は "interest group politics" という表現になる。それに対して、政党政治は、"party government" と "party politics" という双方の表現がありうる。政党は、政権や政策を形成して統合を志向する場合もあれば、社会の個別利益に応じて分裂を志向する場合もあるからである。
5) ④の民主的・非民主的の区別は、主権者たる国民・住民の直接的なコントロールを受けるか否かの問題であり、民主的であれば良く、非民主的であれば悪いということでは必ずしもない。また同様に、国民・住民の意志に対して応答的であれば良く、非応答的であれば悪いという意味でもない。
6) 社会における様々な二者関係を、取引費用を節減するために自分の意思の実現を代

理人に委任する本人，および委任を受けつつも裁量によって本人の意思から逸脱した行動を取る代理人の関係として捉える理論を，プリンシパル・エージェント論という。なお久米郁男＝川出良枝＝古城佳子＝田中愛治＝真渕勝『政治学〔補訂版〕』(有斐閣，2011年)は，全体を通じてこのプリンシパル・エージェント論を援用している。
7) 消極説と積極説による行政の定義については，原田尚彦『行政法要論〔全訂第7版補訂2版〕』(学陽書房，2012年)5-7頁を参照のこと。
8) 社会科学の学問領域における主観と客観の問題として，経済や教育やコミュニケーションの政治学があるなら，逆に政治の経済学や教育学やコミュニケーション学もありうる。あるいは，たとえば政治や教育やコミュニケーションの経済学もありうる。この点については，たとえば『ベッカー教授の経済学ではこう考える――教育・結婚から税金・通貨問題まで』(東洋経済新報社，1998年)が参考になるであろう。

〔井上拓也〕

第17章　官僚制とその評価

第1節　日常用語としての官僚，専門用語としての官僚

「官僚の専横を許すべきではない」とか「組織の官僚制化」とか「あいつは官僚みたいなヤツだ」とか，苦々しい含意を伴いつつ，我々は耳にするし，口にもする。他方で，「ウチの孫は官僚になって……」と自慢げに語る御年輩の方もいるし，社会的上昇志向の強い若者にとっては官僚は魅力的な職業であり続けている。「官僚」ほど毀誉褒貶の激しい専門用語も珍しい。しかし，そもそも官僚制とはどういった存在なのであろうか。本章では，官僚制について多角的に検討していく。

本章に入る前に，似たような言葉の整理をしておこう（**図1**参照）。それは，公務員，官僚制，官僚である。公務員とは，政府に雇われ，政府から給料が支払われる職員のことである。官僚制とは，組織編成のあり方を指す。そして，官僚とは，公務員であり官僚制で組織されている職員集団を指す（ただし，彼ら／彼女らの中でも，国の幹部職員のみを「官僚」と呼ぶこともある）。そのため，例えば総務大臣や財務大臣，公立施設の教師や医師は公務員ではあるが，官僚ではない。また，大企業の事務や私立大学の事務は官僚制の組織編成を採用していることが多いが，公務員ではない。官僚制とは仕組みの話であり，官僚とは具体的な人の話である，ということになる。

大臣の話が出たので，政治家と大臣，官僚の関係についておさらいしておきたい。彼らは，政府の「偉い人」というイメージで一括りに捉えられがちであるが，厳然たる相違がある。議院内閣制では，政治家たちは立法府である議会の座をかけて選挙に出る。みごと多数派を勝ち取ったグループ（政党）は，行政府の長である首相を選ぶ。首相は，各大臣を選び，チーム（内閣）を作る。大臣は，通常，首相と同じグループ（政党）や有識者から選ばれる。つ

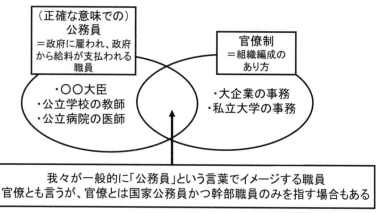

図1　公務員・官僚制・官僚

まり、大臣は猟官制として就任するのである。大臣は、官僚を部下として省庁を運営する。その際、大臣は大まかな問題関心や将来ビジョンは持っているだろうが、細かな法令や現状、経緯などについては疎いことが多い。そこで官僚は、政策立案や政策実施において、実務を担う。そのため、官僚は能力によって採用・昇進が決まる、資格任用制となっている。

第2節　官僚統制の理論

1．FF 論争

　官僚はその実務能力を発揮しつつ、大臣にキチンと統制される必要がある。官僚の自律性をめぐる有名な理論を2つ紹介しよう。1つ目は、1940年代に繰り広げられた「FF論争」である。この論争の焦点は、そもそも官僚の果たすべき役割とは何だろうかという点である。1人目のFであるハーマン・ファイナーは、官僚は議会に言われたことだけをすべきと主張した。もう1人のFであるカール・フリードリッヒは、官僚は専門能力を有しているわけだから、民衆が求めていることに積極的に応答していく必要があると論じた。ファイナーはフリードリッヒに対して、彼の考え方は官僚の専横を招くし、

政府の暴走ももたらしかねないと批判する。対してフリードリッヒは，ファイナーの議論は原理的すぎて，福祉国家の進展した時代には相応しくないと応じる。

例えば，行政学の教員(教員は官僚ではないが)が，学生から進路相談を受けたとしよう。ファイナーによれば，進路相談は行政学の範囲外なので応じるべきではない。もし，下手に応じたら，的外れなことを言ってしまうかもしれないし，ハラスメントの土壌になってしまうかもしれない。他方で，フリードリッヒによれば，進路相談を受けたら積極的に応じるべきである。確かに，進路相談は行政学の範囲外かもしれないが，多くの教員は，学生よりも専門知識を持っているし，人生経験も豊富だから，積極的に学生に尽くすべき，ということになる。

両者の論争を別の視点から捉えることを可能にしたのが，チャールズ・ギルバートによる整理である。彼は，官僚に対する統制を下表のようなマトリックスで表現した。外在的統制・内在的統制という軸は，官僚制の外からの統制か，内からの統制かを指す。制度的統制・非制度的統制という軸は，統制が制度化されているか，されていないかを指す。ギルバートの整理によれば，ファイナーは，左上の外在的・制度的統制を重視していたのに対して，フリードリッヒは，右下の内在的・非制度的統制に注目していたということになる。

表　ギルバートによる整理

	制度的統制	非制度的統制
外在的統制	議会・執政機関・裁判所による統制	諮問機関・マスメディア・情報開示請求による統制
内在的統制	会計検査院・大臣・上司など，行政府内部による統制	職員組合や同僚による期待・批判に基づく統制

2．PA 理論

官僚の統制に関する2つ目の理論は，PA 理論(Principal-Agent 理論)である。これは，Principal（本人）が，自らの利益のために，Agent（代理人）を用い

る人間関係を示すものである。そのため，PA関係で表される人間関係はいくつもある。例えば，親が子におつかいを頼む，有識者に海外事情の解説を頼む，店長が従業員に店の運営を頼む……PA理論は，代理人は代理人で自らの利害を有し，また代理人の方が本人よりも現場での知識や時間を有するので，この差分を利用して，本人を裏切る可能性を示す。これをエージェンシー・スラックと言う。上記の例だと，おつかいのおつりをごまかしてポケットに入れてしまう，テキトーなことを言ってしまう，店長のスキを見てサボってしまう，ということがそれぞれ考えられる。そこで，エージェンシー・スラックを縮減することが考えられる。レシートを提出させる，代理人を使わない，能力や努力に応じてボーナスを支給するなどである。

　政治・行政もPA関係の連鎖として捉えることができる。有権者は本人として，代理人である政治家に投票する。選ばれた政治家は，今度は本人として，首相を選出する。首相は本人として，代理人である大臣を選ぶ。大臣は本人として，代理人である官僚に指示を出す。官僚制内部でも，上司は本人として，代理人である部下に指示を与える。もちろん，それぞれの過程において，エージェンシー・スラックを利用した代理人の裏切りは起こりうるし，それを防ぐ工夫もなされている。

　他方で，エージェンシー・スラックをゼロにすることはできないし，極小化を目指そうとすると，多大なる監視コストもかかってしまう。さらに，「適切に裏切ってあげる」ことも，時には必要である。例えば，我々は，時に無知で，一時的な感情に流されてしまうこともある。そんな我々の声をすべて聞いてあげることは適切ではない。また，官僚に一定の自律性があるからこそ，行政の中立性が保たれている。政治の顔色を常にうかがっていると，与党や有力政治家への忖度となってしまう。

3．政官関係

　官僚の自律性に関するPA関係である。政治家と官僚の関係性は，一般的に政官関係と言われている。つまり，本人である政治家が統制を効かせているのか，代理人である官僚がエージェンシー・スラックを利用して自律性を

享受しているのか，という問いである。もちろん，どこの国でも政官関係は大きなテーマであるが，日本においては独特の問題関心と共に，戦後長い間，行政学の最重要テーマであったと言える。

　イギリスやフランスなど，市民革命が産業革命に先行した先発先進国では，市民が近代化を担ったのに対して，日本やドイツなどは後発先進国であり，市民革命なきまま産業革命が起こった。そこでは，天皇や皇帝の臣下であった官僚が近代化の担い手であった。したがって，官僚の影響力が強く，戦後改革によっても官僚の力は強いままではないかと思われたのである。

　一般的に言えば，戦後の高度経済成長期においては，官僚は一定の自律性を享受していたと言える。①官僚が予算作成を主導したこと，②年功序列と能力主義で官僚人事が行われており，政治家の選り好みはほとんど反映されなかったこと，③行政手続きの制約が弱かったこと，④政治からの委任が概括的で，細部において官僚の裁量が大きかったことなどがその根拠である。とはいえ，官僚は完全な自律性を誇っていたわけでもない。財界や族議員らと「鉄の三角形」と呼ばれる強固な意思決定連合を形成していた。

　しかし，1990年代以降には変化が生じた。①′経済財政諮問会議が設置され，そこに入る政治家・有識者が予算の大枠を決定し始めたこと，②′官僚の大抜擢や省庁横断的な人事が出現したこと，③′官僚の汚職の顕在化や能力への疑問が強くなり，世間からの官僚への不信感が高まったこと，④′さらにそれを受けて，政治家が集票のために「官僚叩き」を始めたことなどが確認される。現在でも官僚の影響力は決して小さくないが，政治家が強い意思を持った時は，政治家には逆らえない，というのが通説的見解となっている。

第3節　経営学の取り込み

「官僚は政治家に強くコントロールされるべき」というテーマを突き詰めて考えていくと，経営学の領域に入ることになる。なぜなら，「政治家に管理され，政治家に指示されたことをやる官僚」は，「経営者に管理され，経

営者に指示されたことをやる従業員」と同じ存在になるからである。20世紀初頭のアメリカで誕生したこうした捉え方こそ，行政学誕生のきっかけであった。そのため行政学は，官僚制を考える際に，経営学の研究蓄積を積極的に吸収してきたのである。ここでは，その経緯をザックリと捉えていこう。

　このテーマを語るうえで，フレデリック・テイラーを外すことはできない。最も注目すべきは，「構想と実行の分離」である。将来計画や商品設計など頭を使う「構想」部分は，頭脳労働者に任せ，さらに，「実行」部分は作業内容をできるだけ細分化・単純化することで，非熟練労働者も活躍できるようにした。テイラーの考え方により分業や流れ作業が開発され，大量生産も可能となった。官僚も中枢は構想を専門的に担っているし，現場に近いところでは実行の分業が当たり前となっている。例えば，警察を例にとってみると，「偉い人」は警察全体の方針決定に関わり，市民に近いところでは交通違反取締担当，罰金徴収担当，書類整理担当と分業している。こうして，新米警察官でも戦力になるし，治安の大量生産が可能となっているのである。

　エルトン・メイヨーとフリッツ・レスリスバーガーの師弟によるホーソン実験は，この分野に新しい風を吹き込んだ。彼らは，電子部品を作っているホーソン工場において，照明の強さを変えたり，壁の色を変えたりして生産性がどう変化するか実験した。しかし，予想したような変化は起こらなかった。そこで，2人は従業員にインタビュー調査を行い，何が起こったかを突き詰めようとしたのである。その結果，従業員たちは，実験されているという状況を強く意識したり，強い仲間意識を強く持ったりしたことが大きいことが明らかとなった。すなわち，就業規則に書かれていないインフォーマルな人間関係が，組織運用にとって重要だということになる。確かに，我々だって，所属する組織の人間関係が良好であれば仕事に打ち込むし，人間関係が悪ければ仕事にも身が入らない。2人の指摘は受け入れられる。

　チェスター・バーナードもまた，人間関係の重要性に注目した。バーナードは，上司と部下の関係に注目し，上司が権力を持っているというのは幻想であり，命令というのは，部下から受け入れられて初めて効果を持つと論じた。これを権威受容説という。確かに，ドラマなどでは，序盤は無理難題を

押し付ける暴君のような上司が幅を効かせているが、クライマックスには部下が次々と離反していくというストーリーがよく描かれる。したがって、上司は倫理を高め、道徳的に部下をリードしなければならないとされる。

　ハーバード・サイモンは、決定という観点から組織を捉えなおした。特に注目すべきは、限定合理性の考え方である。それまでの諸理論は完全合理性の前提、すなわち、意思決定者は、すべての選択肢について完全な知識を有しており、最適な答えを選択するという前提に立っていた。これはありえない仮定である。限定合理性という考え方は、意思決定者は、一定程度の選択肢しか思いついておらず、ある程度の知識の欠如や不確実性のうえで、さらに選択を間違えることもあるという前提に立っている。確かに、官僚といえども人間であり、その認識能力には限界がある。サイモンの議論は、現実の官僚制を捉える視座を提示していると言えよう。

第4節　官僚制の構造

1．近代官僚制の定義

　続いて、官僚制の基本的構造について確認しておこう。官僚制の中でも現代社会にみられる官僚制を近代官僚制と言う。マックス・ヴェーバーは、これを以下の12の性質によって定義した。①仕事内容が客観的な規則によって定められている、②官僚は権限の範囲内で仕事をする、③上下関係が明確である、④仕事用備品や経費の公私分離、⑤職位の非占有、⑥口頭ではなく文書で物事を処理していく文書主義、⑦選挙や持ち回りではなく上司の任命によって採用される、⑧自由意志による契約によって職位に就く、⑨資格任用制の原則、⑩職員の給料には、定額・貨幣・年金・序列・十分の原則がある、⑪休みは体力や気力の回復にあてられるべきであり、兼業は禁止されている、⑫規律ある昇進である。

2．ラインとスタッフ

　以上のように定義される官僚制の原型は、ドイツの軍隊である。図2を見

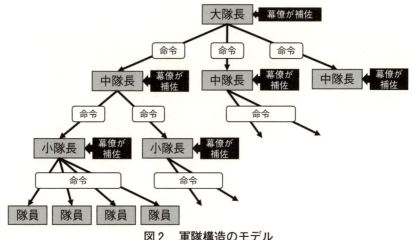

図2　軍隊構造のモデル

てほしい。これは，軍隊構造を表現したものである。大隊長は，中隊長に命令を出す。各中隊長は，受けた命令を細分化し，小隊長に命令を出す。小隊長も同様で，隊員に命令を出す。隊員は，命令を遂行する。このように，命令を出すポストと，命令を実行するポストを「ライン」と呼ぶ。

しかし，命令を出すというのは大変である。状況の把握や将来の予測など，専門的能力による支援が必要である。専門的能力を持ち，隊長を支援する幕僚ポストを「スタッフ」と呼ぶ。官僚制は，ラインとスタッフの組み合わせによってピラミッド状に構成されているのである。

3．官僚の採用

それでは，どのような人々が採用され，昇進するのであろうか。採用・昇進の有名なモデルとしては，開放型と閉鎖型がある。開放型は，ある職位の職員が欠けた場合に，内部の下層や外部からの応募も含めて，公募を行うシステムである(図3参照)。そのため，大抜擢や外部からの登用，外部への転出も多い。そして，採用される職員は，その職位の職務を遂行することを期待されているので，その遂行に特化したスペシャリストが求められることになる。

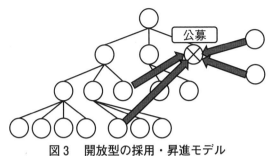

図 3　開放型の採用・昇進モデル

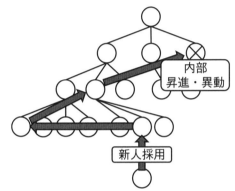

図 4　閉鎖型の採用・昇進モデル

　閉鎖型は，職員が欠けた場合に，公募を行わず内部での昇進と異動を重ねていくシステムである（**図 4** 参照）。そのため，人事は内部で完結し，不足する職員数は新人採用によって賄われることになる。閉鎖型において，職員は様々な部署を異動しながら確実に昇進していくため，採用候補者らは，幅広い知識と事務能力を審査されていくし，採用後もゼネラリストとして育成されていくことになる。日本はこの閉鎖型を採用しているため，官僚採用試験において，数的推理や歴史など一般教養という幅広い考察力と知識が問われている。

　日本の官僚は，採用にあたっては入口選抜方式となっている。これは，国家総合職や国家一般職といった合格した試験区分が，その人のその後のキャリアパターンに決定的な影響を与えるという仕組みである。これは，かなり

若い時の1回限りの試験によってキャリアが決まってしまうため，優秀な人材をリクルートできないという批判もあるが，最初に選抜を行うことで，貴重な経験ができるポストを彼らに集中的に配分できるという利点もある。もっとも，小さな地方自治体においては，採用数が少ないこともあり，入口選抜方式とはなっていない。

第5節　近年の動き

1．中央省庁再編

最後に，近年の日本の官僚(制)の動きについて，ここまでで触れられなかった点も踏まえて論じておこう。1990年代末の橋本龍太郎首相によって進められたのが，「橋本行革」である。そのうちの1つが2001［平成13］年に結実した中央省庁再編である。セクショナリズムの解消や公務員数の圧縮が主たる狙いであった。この再編によって，内閣府が新設されたり，建設省や国土庁が国土交通省へとまとめられたりした。

府・省・委員会・庁など国の行政機関はややこしいので，ここで整理しておこう。内閣官房，内閣府，人事院，会計検査院などはそれぞれ特別な法律によって設立されている。国家行政組織法第3条に基づいて設立されているのが，省とその外局である。外局とは，母体となる府省と関係は深いが，分離させておくべきものであり，庁と委員会がある。国家行政組織法第3条に基づき設置される組織は，意思決定を行うことができるのが特徴である[1]。それに対して，同法第8条に基づき設置される各種委員会・審議会は意思決定を行うことはできない。あくまでサポートするだけである。こうした違いをもって，三条委員会・八条委員会と呼んで区別することがある。ただし，八条委員会の中には，その答申に法的拘束力がある参与機関と，法的拘束力がない諮問機関の区別もある。

2．実は少ない日本の公務員

また，国家・地方を問わず，公務員数の厳しい削減・抑制が続いているの

も日本の特徴の1つと言える。確かに，厳しい経済情勢や財政状況に鑑みると，過剰な公務員を雇用することはできない。しかし，日本は他の先進国と比較すると，公務員の数がとても少ない。少なすぎる公務員の数は，次のような弊害をもたらす。不足する人的資源を外部や短期雇用者に求めるため，低賃金や不安定雇用を生み，国家が社会的格差を作り出していること，同時にノウハウの蓄積が難しくなっていること，職業選択としての魅力を失い，優秀な人材のリクルートに失敗していること，そして何より行政サービスの縮小をもたらしていることなどである。

「官僚」とはイメージが先行し，時には憧れと共に，時には嫌悪感と共に語られる言葉であるが，本章で論じてきたように，実証的に考察する姿勢を身につけていきたい。

【注】
1) ここでの「意思決定」とは，当該行政機関の決定が政府の決定とみなされる，という意味である。

【参考文献】
伊藤正次＝出雲明子＝手塚洋輔『はじめての行政学〔新版〕』（有斐閣，2022年）
ジェームズ・フープス（有賀裕子訳）『経理理論　偽りの系譜』（東洋経済新報社，2006年）
前田健太郎『市民を雇わない国家』（東京大学出版会，2014年）
山田雄一『ラインとスタッフ』（講談社現代新書，1987年）

〔川島佑介〕

第18章　地方自治と地方分権

第1節　地方自治体とは何か

1．地方自治体＝善!?
　ここに2人の政治家がいて，選挙演説をしているとしよう。
　A候補「地方分権を進め，みなさんが住みよい街を作ります！」
　B候補「中央集権を進め，みなさんが住みよい街を作ります！」
　多くの読者は，B候補に違和感を覚えたのではないか。中央集権が住みよい街を作るなんて，聞いたことがない，と。地方分権こそ，私たちの取るべき道なのではないか，と。我々の多くは地方分権を良いものとして受け止める。しかし，なぜそう言えるのだろうか。地方分権には負の側面もあるのではないか。本章では，地方自治に関する諸理論を学んだうえで，地方分権の動向やその正負の効果についての議論を展開していく。

2．統治の側面と自治の側面
　本論に入る前に，地方分権の主役である地方自治体について説明しておこう。地方自治体には2つの側面がある。1つは，統治の側面である。国が政策を実施する際，責任を持ってその政策を行う組織が各地方に必要となってくる。もう1つは，自治の側面である。各地方にはリアルな人々が住んでいる。彼(女)らが，自らの問題を自らで決定し，実行するための組織が必要となってくる。教育政策を例に挙げて説明しよう。国は，全国民に一定の教育を保障する観点から，各地方で学校や教員を管理する組織が必要である。こうした組織として地方自治体を捉える時，統治の側面が強く出ている。他方で，住民は，自分たちの子どもに適切な教育を施し，立派な大人になってほしいと願う。そのために，学校を求めるし，学校を管理する組織も求める。

こうした組織として地方自治体を捉える時，自治の側面が強く出ている。

　日本においては，統治と自治の枠組みが基本的には一致するように地方自治体が設置されているため，両者の混在には気づきにくい。逆に，例えばアフリカでは，緯度と経度で植民地が区切られていた。これは，そこに住んでいた人々の生活圏（自治の区画）を無視し，直線（統治の区画）を設定してしまったことを示す。翻って日本では，中世以降の村落共同体と重なるように都道府県，市町村の区域が設定されたところが多い。したがって，統治の側面と自治の側面を混在して捉えがちである。しかし，2つの側面が鋭く対立することもあることは理解しておきたい。

　その一端は，条例に現れる。そもそも地方自治体とは，1つの政治体であり，ルールを定めることができる。住民によって選ばれた地方議会議員によるルールが，条例である。条例によって地方自治体の行政は運営されている。このように条例を捉えるならば，条例は自治の手段である。しかし，条例には統治の側面もある。つまり，中央政府がある政策を実行しようとしたとき，細部まで具体的に決めてしまうのは骨が折れる。そこで，法令でおおざっぱに決めてしまい，細部は条例などのかたちで地方自治体に委ねてしまうこともある。この場合，条例は統治の側面を強く持つ。

　地方自治体は，1つの政治体であると同時に，中央政府の影響を強く受けざるをえない存在でもある。

第2節　中央地方関係の類型

1．単一国家と連邦制

　中央政府と地方自治体の関係（これを中央地方関係という）を考える時，最も一般的な分類は，単一国家と連邦制である。単一国家とは中央政府が主権を独占する国家であり，連邦制とは連邦政府と地方政府（州）が主権を分有する国家である。誤解を恐れずイメージで言うならば，単一国家とは，まず中央政府があり，その中央政府が有効な統治のために各地に地方自治体を設立している国家であり，連邦制とは，まず地方政府があり，その地方政府が共通

の目的のために連邦政府を設立する国家である。単一国家の例としては、日本、イギリス、フランスが挙げられ、連邦制の例としては、アメリカ、ドイツ、オーストラリアが挙げられる。

しかし、この例を見ても、いまいちピンとこないだろう。この例を提示されても、規則性を感じられる人は多くはない。というのも、単一国家と連邦制という分類は行政法上重要ではあっても、我々の日常生活では、両者の相違をあまり感じないからである。さらに、両者の収斂も見逃せない。かつては、単一国家には集権的傾向が、連邦制には分権的傾向が見られたが、単一国家であっても地方自治体は存在感を増してきているし、連邦制であっても、連邦政府の重要性は大きくなっているのである。

2．「天川モデル」

そこで、単一国家と連邦制の両者を含みつつ、実態に注目して、中央地方関係を分類しうる方法が求められる。そのうち、広く知られている分類方法が考案者にちなみ「天川モデル」と呼ばれるものである。天川モデルとは、集権・分権の軸と融合・分離の軸によって中央地方関係を整理しようというものである。集権・分権の軸とは、地方自治体とその住民による自主的な決定の範囲が狭いか(集権)、広いか(分権)を指しており、融合・分離の軸とは、各地方における中央政府の機能を地方自治体に担わせるのか(融合)、中央政府自身が出先機関を設立して担うのか(分離)を指している。例えば、中央政府の機能であるパスポートの発行を考えてみると、融合型であれば地方自治体が担うし、分離型であれば外務省の出先機関が担うことになる。

天川モデルを使うと、単一国家と連邦制とは異なった分類が浮かび上がってくる。すなわち、大陸国家とその影響を強く受けるドイツ、フランス、日本は集権・融合として、アングロサクソン国家であるイギリス、アメリカ、オーストラリアは分権・分離として分類される。なお、

図　天川モデル

集権・分離型，分権・融合型はほとんど観察されえないというのが通説である。これは，両者の組み合わせが国家運営にとって相性が悪いためである。

3．多様なモデル

　集権・融合型の国家としての日本という理解が，戦後地方自治論の出発点であった。これは，戦時下における中央政府による地方自治体への極めて強い統制が，戦後改革を生き延び，戦後まで残存しているという理解に基づいていた。これは「垂直的行政統制モデル」と呼ばれることとなった[1]。「垂直的」というのは，中央政府が上，地方自治体が下という上下関係を意味している。「行政」というのは，法律よりも政省令や通達，補助金といった行政ルートが多用されたことを示す。そして「統制」というのは，文字通り，上に立つ中央政府が行政ルートを通じて，下に位置する地方自治体を強く統制してきたことを含んでいる。

　しかし，1980年代になると，戦後改革による影響をより重視する見解が表れた。戦後改革によって，地方自治が憲法で保障され，知事も官選から公選へと変化した。地方自治体を強力に縛っていた内務省も解体された。何よりも，首長や地方議員が民主的に選出されるようになったのである。戦後改革の影響を重視する立場には，「垂直的行政統制モデル」は過剰に一面的であると考えられたのである。

　そこで新たに提示されたのが，「水平的政治競争モデル」である。「水平的」というのは，地方自治体間の水平的な関係を意味している。「政治」というのは，国家や地方自治体における選挙の重要性，つまり政治家が変われば展開される政治的現象や政策も変わるということを示す。そして「競争」というのは，地方自治体間の競争や政治家同士の競争を含んでいる。

　「垂直的行政統制モデル」も「水平的政治競争モデル」も共に，現実をある側面から捉えた場合に，見えてくる中央地方関係の理解をモデルとして提示している。したがって，（社会科学におけるモデル全般に言えることでもあるが）両者はどちらか一方が全面的に正しく，他方が全面的に間違っているというものではない。

むしろ，両者を統合したと言うべきモデルも登場してきている。それが「相互依存モデル」である。一方では，中央政府は全国津々浦々で政策を実施する資源もなければ，きめ細かなサービスの提供もできない。そこで，中央政府は地方自治体に政策の実施について依存している。例えば学校教育では，中央政府が自ら学校を運営するのではなく，地方自治体に設置された教育委員会に各地方での教育を行ってもらっているのである。他方では，地方自治体も中央政府に資源的に依存しているのである。学校教育で言えば，教員雇用の費用や教育内容の精査，そもそも教育を行う正統性について，地方自治体は中央政府の財布や知恵，法律に依存しているのである。

第3節　地方分権のあゆみ

1．地方分権の機運の高まり

　このような学問的展開を見せている中央地方関係ではあるが，しかし，やはり通説は「中央集権が強い国ニッポン」であり，中央集権は研究の世界でも否定的に捉えられてきた。中央集権が否定的に捉えられていた代表的な理由を説明しておこう。まずは，成熟社会の到来である。欧米諸国をモデルとした「追いつき型近代化」の時代では，国としてなすべきことがおおむね画一的で明確であった。しかし，近代化がある程度達成されると，分かりやすいお手本はいなくなり，自分たちの責任で自分たちの進むべき将来を決めざるをえなくなる。すると，各地域に応じた意思決定が望まれるようになってきた。また，グローバル化が進むと国内に関することは各地方自治体に任せ，中央政府は国際的な問題への対応に専心すべきという意見もある。東京一極集中の是正のために，各地方が創意工夫を働かせられる余地を作るべきという見解も有力である。中央政府が権限を持ちすぎると，腐敗をもたらしかねないので，権限分散の1つとして地方分権を行うべきという声も聞かれる。こうした色々な意見に押されるかたちで，中央政府から地方自治体への権限移譲が検討されることになった。それが，地方分権である。

　日本の地方分権は，1990年代初頭に始まった。当時は，冷戦の終結や福祉

国家の行き詰まり感などにより，多くの分野で政治・行政改革が叫ばれていた。地方分権改革はこうした政治・行政改革に伴走するように始まったのである。

2．地方分権一括法

まず，自民党の一党優位体制である55年体制が終焉を迎えた直後の1995[平成7]年に地方分権推進法が制定され，同法により地方分権推進委員会が設置された。地方分権推進委員会は，委員の熱意と工夫により，1999[平成11]年に通称「地方分権一括法」の制定に成功した。

この法律により，中央集権的制度の根幹と目されていた機関委任事務が廃止され，自治事務と新たに創設された法定受託事務に整理された。機関委任事務とは，国の仕事であるにもかかわらず，事情があり，地方自治体の諸機関（首長や教育委員会など）に委任させていた仕事のことである。機関委任事務は，国による指揮監督権が強く認められており，逆に地方議会の関与は制限されていた。換言すると，機関委任事務をやっている間は，その職員は地方自治体の職員ではなく，国の末端の職員になっている，とイメージしてもらえればよい。国の業務が大規模化・複雑化するにつれて，機関委任事務も増えていったのである。新設された自治事務は，地方自治体として自ら行うべき業務であり，法定受託事務は，国の仕事ではあるが，地方自治体に受託してもらう仕事である[2]。法定受託事務は，地方自治体全体に受託してもらっていることや，新設には慎重になるよう明記されている点が機関委任事務とは異なっている。

3．2000年代以降の地方分権

2000年代前半になると，「受け皿論」が提示されるようになった。地方分権を遂行するためには，地方自治体の行財政能力が高められなければならない。職員数が多くなければ専門的な職員を抱えることができない。また，一定の財政的基盤がなければ，不安定化の恐れもある。そこで国は，地方自治体の合併を強く促すようになった。これは「平成の大合併」と呼ばれ，町や

村を中心に合併が進み，全国の市町村数は約3,200から約1,700へと減った。

　2000年代半ばには，財政的地方分権である「三位一体の改革」が行われた。三位一体とは，もともとはキリスト教に由来する言葉であるが，3つで1つというだけの意味である。それは，国税から地方税への移譲，国庫支出金の削減，地方交付税交付金の削減をまとめて行うという内容である。順に説明していこう。まず，税には，中央政府の収入となる国税と地方自治体の収入となる地方税がある。国税のいくつかを地方税へと振り替えるのが1つ目の狙いである。もともと，日本の地方自治体は，支出額が多いのに対して，収入額は少なかったことが批判されていた。その差額は，国庫支出金や地方交付税交付金によって充塡されていたのであるが，財政的に中央政府に依存していると批判されていた。そこで，税の割り当てについても地方自治体の取り分を増やそうとしたのである。次に，国庫支出金とは，中央政府が使途を限定して地方自治体に支出するものである。それには，中央政府のやるべきことを地方自治体に委ねる狙いと，中央政府がやるべきと考える政策を地方自治体にやってもらうよう促す狙いがあるが，いずれにしても地方自治体の能動的かつ主体的な政策選択を阻害するとして，削減の対象となった。最後に，地方交付税交付金は，地方自治体間の財政力格差を補塡するものである。これもまた，地方自治体の財政的規律を損ねるとして，削減の対象となった。

　その後，道州制の議論，ふるさと納税の導入と普及，地区防災計画の導入，広域連携の強化，地方創生の取り組みなど，地方分権をめぐる動きは続いている。ただし，「消滅自治体」や平成の大合併の際の合併特例債の問題といった地方分権のあり方を見直すような動きも出てきている。

第4節　地方分権を肯定する議論

　特殊日本的かつ，この時代に地方分権に求められた理由については前節冒頭で紹介したとおりである。本節では，地方分権に期待できることをもう少し一般的に論じている議論について2つ紹介しよう。

1．政策波及モデル

1つ目の「政策波及モデル」は，特定の地方自治体で発案された政策が全国に広がっていく2つのメカニズムを提示している。第1に，先進的な条例を策定しようとする地方自治体は，条例制定に伴う不安を軽減しようとして，同様の地方自治体の動向を探り，相談する。これは相互参照と名付けられている。第2に，ひとたび国が法制化を進めると，地方自治体は，国の承認が得られた以上，条例の制定に努める。「遅れている」とのレッテルを貼られたくないからである。これは，横並び競争と呼ばれる。したがって，地方自治体は政策革新をもたらす存在である。この理論に沿えば，地方分権が進められると，政策革新は大規模化，迅速化して，我々の要望に応答的な政治・行政が展開されるであろう。

2．足による投票

2つ目は，アメリカ発の古典的な理論である「足による投票」である。この理論は3つの仮定を置く。すなわち，①住民は，地方自治体間の移動に（引越しや人間関係のリセットなどの）コストを負わない，②住民は，地方自治体が提供する行政サービスの内容を完全に熟知している，③地方自治体の提供する行政サービスは，当該地方自治体の外へは影響を何ら与えない，の3つである。すると，住民はより良い行政サービスを求めて地方自治体間を移動するようになる。地方自治体は，住民を引き寄せようとして，行政サービスの向上に努める。したがって，地方自治体の創意工夫の余地を拡大する地方分権は，望ましいものとして捉えられる。まるで選挙のように，住民が移動を通じて地方自治体を選択することから，「足による投票」と名付けられている。確かに，この理論の3つの仮定はありえない。移動するための金銭的・精神的費用は無視できないし，行政サービスの内容を熟知している人はむしろ稀であろう。行政サービスは，当該地方自治体の外にも大きな影響を与える。とはいえ，まったく理解できない仮定というわけでもない。足による投票という議論は現実の一端を確かに説明しているのである。

第5節　地方分権に慎重な議論

　足による投票はもちろんのこと，政策波及モデルも地方自治体間の競争に注目し，競争の肯定的な側面に注目している。しかし，競争には否定的な効果もある。本節では，こうした理論を紹介したい。

1．都市間競争論
　足による投票における，住民の地方自治体間移動という点を批判的に継承したのが，都市間競争論である。この理論は，都市の政治・行政の固有性から議論を起こす。すなわち，国は，人・資本・商品・サービスなどの国際移動を規制する権限や，資本に対する統制権限などを有するが，都市を統治する地方自治体は，そのような権限を持たない。そこで，地方自治体は「都市の利益」を守る必要がある。ただし，地方自治体は，移動を封じ込めるという直接的な防衛権限を持たないために，間接的に防衛せざるをえない。すなわち，税収をもたらしてくれる企業や富裕層を引き寄せるために，福祉よりも開発が重視されていく。具体的には，政治的には開発に関する争点が聖域化することや，行政的には開発に対する支出が福祉に対する支出を凌駕してしまうことに表れる。もちろん，開発も重要ではあるが，開発系インフラの過剰供給や弱者の切り捨てが起こりうる。

2．福祉マグネット
　都市の利益の間接的な防衛のもう1つの形態は，福祉を必要とする人々の排除である。ある地方自治体が，寛大な福祉政策を展開すると，福祉を必要とする人々をまわりから引き寄せてしまう可能性がある。これを福祉マグネット効果という。それは，地方自治体の財政に大きな負担となってしまうため，地方自治体は，福祉政策に慎重になってしまう。財政的地方分権は，地方自治体の財政的自律性を求めるのであるが，この理論が示すように，財政的自律性は，福祉マグネットへの恐れを深刻化させてしまう。

3．市民意識の偏り

　地方自治体間の過剰な競争は，市民意識の偏りをもたらしてしまう危険性もある。典型的には，役所・役場が来訪者や市民を「お客様」と呼ぶことに表れているように，現在，地方自治体は行政サービスの供給者，市民は行政サービスの消費者という認識が強い。しかし，そもそも住民はその地方自治体を構成する有権者であり，他の住民と仲間意識をもち，地方自治体の行く末に責任を共有すべき存在である。消費者という意識が強すぎれば，「モンスターカスタマー」とか「クレーマー」と呼ばれるような過剰な要求を突きつけることになるだろうし，短期的な効果ばかりが重視されることにもなるだろう。ふるさと納税をめぐる過剰な返礼品合戦は，地方自治体間の競争としてだけではなく，地方自治体と住民の関係性のこうした変化の1つとしても捉えられる。

4．中央政府の再評価

　中央政府は，過剰な都市間競争や福祉マグネットの恐れを鎮静化させ，さらに，地方自治体と住民の関係性も変化させうる。それは，2つの機能を通して実現される。1つ目は，地方自治体の権限の制約である。地方自治体が行うべき機能を限定してしまえば，都市間競争に参戦する余地はなくなるし，一定の福祉供給を地方自治体に義務づければ，福祉マグネット効果も問題とならない。2つ目は，厚い財政援助である。特に地方自治体の財政力格差を埋めるような財政援助は，地方自治体の財政への懸念を抑えるため，都市間競争も福祉マグネット効果への恐れも鎮静化させることができる。このように考えると，中央政府の役割は決して小さいものではなく，地方自治体が真に創意工夫を発揮できるためにも，我々の生活水準の維持向上のためにも，無視できないということが理解できる。

　本章では，地方自治と地方分権に関する議論を積み重ねてきた。地方分権を無条件で良いもの，望ましいものとして受け入れるのではなく，その背景，歴史，マイナス面も含めて考察していく必要がある。

【注】
1) 「モデル」とは論者によって様々な意味で使われうるが，一般的に言えば次のようになる。そもそも複雑な現実を言葉で表現しきるのは不可能である。そこで，ある一面から見つめ，細部も捨象して作られるのがモデルである。モデルを作ることによって，理解も進むし，事例間の比較も可能となる。ついでながら「理論」についても説明しておくと，理論とは，通常，一連の因果関係に関する記述という意味で用いられる。もちろん，因果関係を記述するためには，モデル（に基づく思考）も必要となる。
2) 厳密には，国から都道府県・市区町村へ受託されている事務を第一号法定受託事務と言う。例えば，パスポートの発行申請受付や，生活保護の実施などが挙げられる。都道府県から市区町村へ受託されている事務を第二号法定受託事務と言う。都道府県議会や知事の選挙に関する事務などが挙げられる。

【参考文献】
伊藤修一郎『自治体発の政策革新』（木鐸社，2006年）
川島佑介『都市再開発から世界都市建設へ』（吉田書店，2017年）
西尾勝『行政学叢書5　地方分権改革』（東京大学出版会，2007年）
村松岐夫『現代政治学叢書15　地方自治』（東京大学出版会，1988年）

〔川島佑介〕

第19章　公共政策とサードセクター

第1節　公共政策

1．公共政策

公共政策(public policy)は，言葉や概念としては，皆さんにとって馴染みが薄く，少々理解が難しいものかもしれない。しかしそれは，国際社会，国，地方，地域，職場，家庭など，社会のあらゆる場面に存在する。また教育，福祉，産業，環境，治安，防災など，社会のあらゆる分野に存在する。したがって公共政策について考えることは，社会のあらゆる場面や分野について考えることにつながる。それだけ公共政策は，我々の日々の生活に深く浸透し，それを大きく規定している。

公共政策は，一般には，目的と手段の合理的な体系を有する政府の行為の指針として定義されてきた。それは，一方では，対象となる目的に応じて，教育政策，福祉政策，産業政策，環境政策など，きわめて多様な政策領域(policy area)に分類されてきた。また他方では，それでは細分化され過ぎるため，採用される手段に応じて，分配政策，規制政策，再分配政策，構成政策といった政策類型(policy type)に分類されてきた。しかしいずれにしても，今日，公共政策を政府の行為の指針とする定義は揺らいでおり，自明のものとは言えなくなっている。

公共政策の前提となる政策(policy)，ポリシーは，政治(politics)や警察(police)と同様に，古代ギリシャのポリスを語源とする。ポリスは，当時における政治的共同体あるいは一般社会そのものである。そこでは，公的世界としてのポリス，および家庭ないし私的世界としてのオイコスが区別されていた。それらは，政治と訳されるポリティクス，および経済と訳されるエコノミーの語源につながる。したがって語源の点から考えれば，公共政策どこ

ろか政策も，本来は，私的世界と区別された公的世界と関連していた。

しかし今日，大学のアドミッション・ポリシーやカリキュラム・ポリシーといった言葉が示すように，また「正直は最良の策である。」("Honesty is the best policy.")という格言が示すように，政策は，目的と手段の合理的な体系を有していれば，私的な個人や集団の行為の指針をも意味しうる。政策それ自体には，公私の区別がない。そのため，公的な行為の指針を意味する場合には，公共(public)を付けて公共政策としている。

それでは公共政策は，どのようにして公的ないし公共的なものとなりうるであろうか。公や公共をめぐる議論は，きわめて多様であり，本章では，そこに迷い込む余地はない。そこで本章では，サードセクターと非営利法人について後述することを踏まえ，不特定多数の人々という点を，公的ないし公共的であることの出発点として捉えたい。その上で，公共政策の客体と主体について考えてみよう。

2．公共政策の客体

公共政策は，目的と手段の合理的な体系を有する。その客体のうち，いわば間接目的語は，社会のみんな，つまり不特定多数の人々であり，直接目的語は，彼らが共有する利益である。したがって公共政策は，不特定多数の人々に，彼らが共有する利益を実現する，何らかの手段ということになる。その事例としては，犯罪を防いで安心な地域を実現する防犯，外国の侵略を防いで安全な国を実現する防衛，独占企業を分割して健全な市場を実現する規制などが考えられる。

このように公共政策は，まずは不特定多数の人々が共有する利益，つまり公益，あるいは公共利益に資するものでなければならない。ところがそれは，特定(多数ないし少数)の人々が共有する利益，つまり共益に資する場合もあれば，特定の個人が専有する利益，つまり私益に資する場合もある。共益も私益も，特殊利益である。資金難の映画会社に交付されて制作を支援する補助金，困窮した学生に支給されて学修を支援する奨学金，要介護者に提供されて安心な生活を実現する施設などである。これらの事例は，直接には，映

画会社，学生，要介護者といった特定の人々ないし個人に，制作，学修，生活といった利益をもたらしている。しかしそれらは，間接には，文化，教育，福祉などの充実を通じて，不特定多数の人々にも，豊かな社会という利益をもたらしていると考えられる。だからこそそれらは，公共政策として実施される場合もあるわけである。

　こうした公共政策の客体をめぐる議論は，公共財（public goods）をめぐる議論と親和性を持つ。財は，**表1**のように，競合性と排除性という性質によって，純粋公共財，コモンプール財（共有資源），クラブ財，私的財に分類される。この2つの性質のうち，競合性とは，ある者が消費すると他の者が消費する量が減ってしまい，複数の者が競合して同時に消費できない性格である。また排除性とは，費用を負担しないと便益を享受できず，財の対価を払わない者が消費から排除されてしまう性格である。そしてこの双方の性質が低い純粋公共財を，狭義の公共財として捉える。またいずれかの性質が低いコモンプール財とクラブ財を，広義の公共財として捉える。そしていずれの性質も高い財を，私的財として捉える。

　たとえば，純粋公共財の例としてよく使われてきた，灯台（の光）という財について考えてみよう。灯台は，船乗りAが使ったからといって，船乗りBが使える分が減るわけではない。AとBは，2人とも同時に灯台を使うことができる。つまり灯台は，競合性が低い。またAが，暗くて危険な水域をなくすために灯台を設置し，航路を安全にしたとしよう。この灯台を，金銭的・時間的な費用を負担して灯台を設置したAだけではなく，負担していないBも使えてしまう。つまり灯台は，排除性が低い。このように，灯台という財は，競合性も排除性も低い純粋公共財，あるいは狭義の公共財ということになる[1]。

　次にコモンプール財の例としては，道路，とくに無料の一般公道を考えられる。一般公道は，誰もが無料で利用できるため，排除性が低い。しかし渋滞が発生すると，利用できない者が出てくるため，競合性が高い。またクラブ財の例としては，映画を考えられる。映画は，ある者が観ている時に他の者が観られないわけではないので，競合性が低い。しかし観客は，映画の会

社に対価を払わないと観られないため，排除性が高い。このように，コモンプール財である一般公道とクラブ財である映画は，競合性と排除性の

表1　財の種類

		排除性	
		高い	低い
競合性	高い	私的財	コモンプール財
	低い	クラブ財	純粋公共財

いずれかが低いため，広義の公共財ということになる。

　最後に私的財の例としては，皆さんが読んでいる本書を考えることができる。本書は，あなたが読んでいる間は他の人は読めないので，競合性が高い。またお金を払って買っていただいたであろうから，排除性が高い。つまり本書は，競合性も排除性も高い。そして我々が日常的に利用している大部分の財は，この私的財ということになる。

　以上の純粋公共財，コモンプール財，クラブ財，私的財のうち，競合性も排除性も低い純粋公共財は，多数の人々が同時に，対価を払わずに消費できるので，不特定多数の人々が利用できる。それに対して，競合性も排除性も高い私的財は，多数の人々が同時には，また対価を払わずには消費できないので，特定の人々しか利用できない。この両者の間で，競合性が高く排除性が低いコモンプール財も，多数の人々が同時には消費できないが，対価を払わずに消費できるので，基本的に不特定多数の人々が利用できる。また競合性が低く排除性が高いクラブ財は，多数の人々が同時に消費できるが，対価を払わずには消費できないので，基本的には特定の人々しか利用できない。

　このように，不特定多数の人々の利用可能性の順位は，純粋公共財，コモンプール財，クラブ財，私的財の順となる。そしてこの順は，公共政策を通じて供給されるべき財の優先順位でもある。私的財とクラブ財は，対価を払わないと入手できず，人々に購入を意欲させるので，市場を通じて適切に供給されやすい。それに対して純粋公共財とコモンプール財は，対価を払わなくても入手でき，人々に購入を意欲さないので，市場を通じて適切に供給されにくい。このことを，一般には「市場の失敗」という。したがってそれら，とくに純粋公共財は，公共政策を通じて供給される必要がある。

3．公共政策の主体

　公共財，とくに純粋公共財とコモンプール財は，排除性が低く，対価を払わずに消費できる。このように費用を負担せず便益のみを享受する人を，フリーライダー（ただ乗りする人）という。財の排除性が低いということは，フリーライダーを生みやすいということである。人間の合理性を前提とすれば，普通の人は，費用を負担してもしなくても便益を享受できるなら，負担しないで享受するフリーライダーとなることを選ぶであろう。その可能性は，選択の自由が認められた社会ほど高い。そのためこのフリーライダー問題は，現代社会のあらゆる場面において困難な問題を引き起こしている。

　たとえば前述の灯台の事例を考えてみよう。船乗りBは，船乗りAが費用を負担して設置した灯台という便益を，費用を負担せずに享受するフリーライダーである。Bは合理的に行為している。しかしAからすれば，自分しか費用を負担しないのは馬鹿馬鹿しくなってくる。かといって，Aは，Bから費用を取り立てたり，Bによる灯台の利用を妨げたりする，正当性も強制力も持たない。そのためAは，灯台のメンテナンスをやめてしまう。Aも合理的に行為している。結果として，灯台はなくなり，水域は再び暗くて危険なものとなり，AもBも事故を起こす可能性が高まってしまう。

　この事例は，フリーライダー問題によって，個人レベルでは合理的な行為が，社会レベルでは非合理的な結果をもたらしてしまうことを示している。そこでこの個人と社会の合理性の乖離を修復しなければならない。このことこそ，公共政策の役割である。では誰がこの役割を担えるであろうか。換言すれば，誰が公共政策の主体となりうるであろうか。Aのような私的な個人や集団には，基本的には難しい。そこで登場するのが，国家，そこから派生した自治体，具体的にはそれらの政府である。国家は，法律などの正当性，および警察などの強制力によって，フリーライダーになろうとする合理的で普通な人々に，租税などとして便益の費用を負担させることができるからである。

　このように政府を公共政策の主体として想定することによって，公共政策を目的と手段の合理的な体系を有する政府の行為の指針として捉える，公共

政策の従来からのイメージが成立する。そこでは，政府こそが，不特定多数の人々に，彼らが共有する利益，つまり公益を実現する主体として捉えられている。

　ところで政府は，第16章の「政治・行政と政治学・行政学」で述べたように，日本では，往々にして国家，すなわち国の行政府である内閣，およびその下の行政組織のみを意味している。しかし国の政府には，立法府，行政府，司法府のすべてが含まれる。また地方政府という用語が示すように，自治体，すなわち都道府県や市町村などの地方公共団体にも，議事機関と執行機関から成る政府がある。そして国家の政府にも，自治体の政府にも，政治と行政，あるいは政治家の世界と官僚の世界がある。

　このように考えると，公共政策は，上記の政府の様々な機関や主体が示す，様々なものの中に表されている。そのようなものとして，まず法令例規，つまり国会の法律，内閣の政令と府省庁などの命令（府令・省令・庁令など），地方公共団体の条例，その長の規則，そしてそれらの大本の憲法がある。それ以外にも，行政計画，要綱，予算書・決算書をはじめとする行政機関の文書がある。裁判所の判例がある。また政府の関係者の演説や記者会見などの発言もある。そもそも政府の機関の組織も，公共政策を表している。公共政策は，法律を含むが，法律と同じものではない。上記の様々なものの中に部分的に存在し，それらを総合することによって可視的なものとなってくる。

　たとえば，消費者政策という公共政策を想定できるとして，何がそれを表しているか考えてみよう。まず法令例規として，国会の制定法である消費者基本法，消費者契約法，特定商取引法，製造物責任法といった，消費者法と呼ばれる分野の様々な法律がある。また消費者契約法を例に取ると，内閣の政令である消費者契約法施行令，内閣府の府令である消費者契約法施行規則がある。そして茨城県を地方公共団体の例とすると，茨城県消費生活条例などの議会の条例，茨城県消費生活条例施行規則などの知事の規則がある。またその他のものとして，国を例に取ると，消費者基本計画などの行政計画，消費者庁の地方消費者行政強化交付金交付要綱などの要綱，そうした交付金など各種の消費者関係の経費を示した予算書・決算書などの文書がある。消

費者法の解釈を示した裁判所の判例がある。さらには，消費者に関係する大臣や知事の発言がある。そして国の消費者委員会や消費者庁，同庁に設置された消費者安全課などの内部部局，消費者教育推進会議などの審議会等といった行政機関がある。これらのすべてが，それぞれ部分的に，消費者政策を表していることとなる。

　以上のように公共政策は，不特定多数の人々に，彼らが共有する利益，つまり公益を実現する，目的と手段の合理的な体系を有する政府の行為の指針として捉えられてきた。また第16章で述べたように，日本では，伝統的な行政ないし官僚の力の強さゆえに，政府の中でも，とくに行政が公共政策の主体として捉えられてきた。たとえば教育政策と教育行政のように，〇〇政策と〇〇行政がほぼ同じ意味の言葉として用いられてきたのは，まさにこの故である。しかし最近では，こうした考え方は揺らいでいる。公共政策について，その客体が不特定多数の人々，および彼らが共有する利益であることは変わりないとしても，その主体が政府や行政であるとは限らなくなってきたのである。

第2節　3つのセクターと「新しい公共」

1．3つのセクター

　セクターとは，社会の全体を上位とし，それをいくつかに分けた下位の部分や部門のことである。社会をシステムとすると，セクターはサブシステムに相当する。セクターは，たとえば社会の経済的な部門を意味するために，産業セクター，労働セクター，農業セクターといった形で用いられてきた。また社会を大きく2つの部門に区分するために，公的セクターないし公共セクター，および私的セクターないし民間セクターという形で用いられる場合もあった。社会をこのように2つの領域に区分する用法は，欧米における伝統的な国家と市民社会の二分法，あるいは日本における官と民の二分法も含め，各国に共通に見られるものであった。しかしセクターは，最近の各国に

おいて,とくに組織という観点から,社会を大きく3つの部門に区分し,ファーストセクター,セカンドセクター,サードセクターという形で用いられる傾向がある。そしてそれに対応して,社会の領域についても,国家,市場,市民社会の三分法が用いられる傾向がある[2]。

このうちファーストセクターは,従来からの用法における公的セクターないし公共セクターとほぼ同じものである。領域としては,伝統的な二分法であれ最近の三分法であれ,欧米における国家,あるいは日本における官に相当する。また組織としては,政府組織(governmental organization),具体的には,国家や自治体,日本で言えば国や地方公共団体の政府,とくに行政を意味する。

セカンドセクターは,従来からの用法における私的セクターないし民間セクターの一部である。領域としては,伝統的な二分法では,欧米における市民社会,あるいは日本における民の一部に相当する。しかし最近の三分法では,市場に相当する。また組織としては,営利組織(profit organization),具体的には,利益を目的とする営利企業,つまり大多数の会社を意味する。営利組織は,事業から得た収益の剰余金を分配できるという意味で,営利的である。

以上のファーストセクターとセカンドセクターに対して,サードセクターは,その両者ではないセクターであり,やはり従来からの用法における私的セクターないし民間セクターの一部である。領域としては,伝統的な二分法では,こちらも欧米における市民社会,あるいは日本における民の一部に相当する。しかし最近の三分法では,従来よりも限定的な意味での市民社会に相当する。このように考えると,最近では,従来の私的セクターないし民間セクターというセクター,および市民社会という領域が,さらにセカンドセクターとサードセクターというセクター,および市場と従来よりも限定的な意味での市民社会という領域に区分されて捉えられていることになる。このような理由から,サードセクターは,社会運動系の人々の間で,市民セクターと呼ばれることもある。

サードセクターは,ファーストセクターでもセカンドセクターでもないセ

クターなので，組織としては，政府組織でも営利組織でもない組織，つまり非政府組織(non-governmental organization)ないし非営利組織(non-profit organization)を意味する。要するに，NGO と NPO である。日本では，NGO は，環境 NGO や人権 NGO のように，国際的な場面で活動する組織を意味する場合が多い。また NPO は，福祉 NPO やまちづくり NPO のように，国内的な場面，とくに地域で活動する組織を意味する場合が多い。しかしこの両者は，サードセクターという 1 つのものの 2 つの側面である[3]。なお非営利組織は，事業から得た収益の剰余金を分配できないという意味で，非営利的である。

　サードセクターの非政府・非営利組織は，政府組織でも営利組織でもないあらゆる組織を含むので，実に多様である。そこには，上記のような社会貢献を志向した NGO・NPO はもちろん，農協や生協といった協同組合，自治会や町内会などの地域住民組織，そしてさらには，皆さんのサークルなどの社交や趣味の組織も含まれる。これらの組織については，非営利法人という観点から次節で後述する。

　以上のファーストセクター，セカンドセクター，サードセクターの 3 つのセクターの関係，およびサードセクターの 2 つの側面としての非政府組織ないし NGO と非営利組織ないし NPO の関係を図示すると，**図 1** のようになる。

2．「新しい公共」

　前述のように，長らく公共政策の主体として想定されてきたのは，国家や自治体であり，政府であり，日本ではとくに行政であった。換言すれば，ファーストセクターである。それらは，不特定多数の人々に，彼らが共有する利益，つまり公益を実現する。このことを別の角度から言えば，ファーストセクターは，不特定多数の人々に影響する問題，つまり公的な問題の解決の主体である。それに対して，セカンドセクターとサードセクター，具体的には企業や NGO・NPO は，むしろそうした問題の発生の主体として認識されてきた。セカンドセクターとサードセクターは，各々の私的な事情に基づきつつ，不特定多数の人々に影響する問題を発生させる。そしてファーストセ

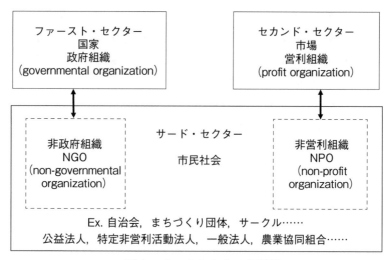

図1　3つのセクターの関係

クターが，その問題を解決する。したがってファーストセクターこそが，公や公共の担い手であると考えられてきた。

　しかしこうした考え方は，世界的に変化してきている。まず一方で，ファーストセクターについて，政府の介入が非効率的・非効果的であることや，財政赤字を招くことを指摘する，「政府の失敗」をめぐる議論が展開されてきた。当然なことではあるが，政府は，もはや万能な問題の解決の主体であるどころか，問題を発生させる存在でもあることが認識されるようになったのである。

　また他方で，セカンドセクターについて，企業の社会的責任(corporate social responsibility)，CSRが強調され，企業が法令などを遵守するコンプライアンスを重視するだけでなく，メセナを通じて文化や芸術を支援したり，企業市民(corporate citizen)として地域社会に貢献したりすることも重要であることが指摘されてきた。そしてサードセクターについても，先進国で人々の経済的・時間的な余裕が増大したことから，事業として社会活動を展開するNGO・NPOだけでなく，一般の人々によるボランティアや寄附を通じた

社会貢献も進んできた。要するに，企業やNGO・NPOも，問題の発生の主体であるだけでなく，十分にその解決の主体となりうるようになったのである。

　こうして，現在では，3つのセクターのいずれもが，公的な問題の解決の主体でもありうるし，その発生の主体でもありうることが認識されている。ということは，公共政策の主体，あるいは公や公共の担い手は，もはやファーストセクターにとどまらない。セカンドセクターやサードセクターも，その担い手となりうる。したがって公共政策も，政府の行為の指針に限定されなくなってきた。それは，今や，目的と手段の合理的な体系を有する「公的な」行為の指針と定義されるべきものとなったのである。

　このような議論は，先進国で一般的に行われてきたが，とくに日本では「新しい公共」をめぐる議論として展開されている。「新しい公共」とは，ファーストセクターの政府や行政，セカンドセクターの企業，サードセクターのNGO・NPOや市民が，不特定多数の人々に影響する問題，つまり公的な問題を協働して解決するという考え方である。さらには，官と民の役割分担を見直し，従来は官すなわちファーストセクターが独占していた公や公共を，官と民すなわち3つのセクターの協働を通じて実現するという考え方である。そこには，官民協働だけでなく民民協働も含まれる。

　こうした考え方の原型は，遅くとも21世紀を目前とした1999［平成11］年にまで遡る。同年1月に，自民党政権の小渕恵三首相は，施政方針演説で，当時を明治維新と第2次大戦後に続く第3の改革の時期と位置付けた上で，21世紀のあるべき国の姿に関する有識者懇談会の設置を表明した。そしてそれに基づいて設置された「21世紀日本の構想」懇談会は，2000［平成12］年1月に，最終報告書として「日本のフロンティアは日本の中にある——自立と協治で築く新世紀」を発表した。同報告書は，新しい公のあり方について，「統治からガバナンス（協治）へ」「個の確立と新しい公の創出」として，次のように述べている。[4]

　　今までの日本社会では，［中略］「公（おおやけ）」は「官」とほぼ同義となり，

「公」は「お上」が決めるものとされてきた。[中略]長い間，「上から下へ」，あるいは「官から民へ」という官尊民卑型の統治のイメージが横溢してきた。[中略]自発的な個人によって担われる多元的な社会で，自己責任で行動する個人とさまざまな主体が協同して，これまでとは異なる「公」を創出していくような「ガバナンス」はイメージから遠かった。[中略]日本は，本来の，しかし日本にとっては新しいガバナンスを築き，成熟させていかなければならない。そこでは，政府にせよ，企業にせよ，大学にせよ，NGO（非政府組織）にせよ，個人と組織の間の新しいルールと仕組みが必要となる。[中略]こうした新しいガバナンスは，従来の統治という言葉では捉えきれない。[中略]この新しいガバナンスを「協治」と呼んでみたい。[中略]個が自由で自発的な活動を繰り広げ，社会に参画し，より成熟したガバナンス（協治）を築きあげていくと，そこには新しい公が創出されてくる。

この「新しい公」や「協治」といった考え方は，当時は注目を集めたものの，その後の自民党の内閣に必ずしも引き継がれなかった。[5] しかし2004[平成16]年になると，第2次小泉純一郎内閣において，「新しい公共」という考え方が登場する。同年5月刊行の『平成16年版 国民生活白書』は，「人のつながりが変える暮らしと地域——新しい『公共』への道」を副題として，とくに地域の住民の活動に注目し，次のように述べている。[6]

　現在，全国各地において，地域の住民が集まって多様な活動が展開されている。[中略]このように，住民が自分の関心のある分野で経験や能力をいかし，様々な関係者と協力しながら，個人では解決できない地域の様々な課題に自発的に取り組む活動は，新しい形の「公共」を 創り出すことにつながるのではないだろうか。

しかしこの「新しい公共」という考え方が，社会的にも大きく注目を集めるようになったのは，政権交代後の民主党政権下においてであった。鳩山由紀夫首相は，2009[平成21]年10月の所信表明演説において，次のように述べている。

　私が目指したいのは，人と人が支え合い，役に立ち合う「新しい公共」の概

念です。「新しい公共」とは，人を支えるという役割を，「官」と言われる人たちだけが担うのではなく，教育や子育て，街づくり，防犯や防災，医療や福祉などに地域でかかわっておられる方々1人ひとりにも参加していただき，それを社会全体として応援しようという新しい価値観です。

鳩山首相は，2010[平成22]年1月に「新しい公共」円卓会議を設置し，同月の施政方針演説でも「新しい公共」に言及するとともに，2月には「新しい公共」担当の内閣府特命担当大臣を任命した。そして「新しい公共」円卓会議は，6月に「『新しい公共』宣言」を発表し，以下のように述べている。

「新しい公共」とは，「支え合いと活気のある社会」を作るための当事者たちの「協働の場」である。そこでは，「国民，市民団体や地域組織」，「企業やその他の事業体」，「政府」等が，一定のルールとそれぞれの役割をもって当事者として参加し，協働する。その成果は，多様な方法によって社会的に，また，市場を通じて経済的に評価されることになる。その舞台を作るためのルールと役割を協働して定めることが「新しい公共」を作る事に他ならない。

さらに菅直人首相も，2010年6月の所信表明演説で「新しい公共」に言及し，10月に「新しい公共」推進会議を設置し，2011[平成23]年1月の施政方針演説では，自らが提唱する社会像に関連して，次のように述べている。

こうした「最少不幸社会の実現」の担い手として「新しい公共」の推進が欠かせません。[中略]我々永田町や霞が関の住人こそ，公共の範囲を狭く解釈してきた姿勢を改め，こうした活動を積極的に応援すべきではないでしょうか。

このように「新しい公共」は，民主党政権の重要なスローガンの1つであった。しかし2012[平成24]年12月に自民党が政権に復帰すると，安倍晋三首相は，「新しい公共」担当の内閣府特命担当大臣と「新しい公共」推進会議を廃止した。「新しい公共」は，政権レベルでは重要な関心事ではなくなった。とはいえ，今日でも，「新しい公共」は，日本における3つのセクターの協働を推進する上で，またそれらのいずれもが公共政策の主体となっていく上で，指針となる考え方となっている。また最近では，こうしたセカンド

セクターとサードセクターの活動を，民間公益活動と呼ぶ場合もある。

3．選択的誘因の提供

ある集団において，構成員が共有する財を，集合財(collective goods)という。また集合財を供給するために，集団の構成員が協力して行動することを，集合行為(collective action)という。社会を1つの集団と考えれば，公共財は社会の集合財である。また公共政策を通じて公共財を供給する行為も，集合行為の1つということになる。

国家は，公共財を供給する上で，社会の合理的で普通な人々に，その便益の費用を負担させ，フリーライダー問題を克服できる。国家が正当性と強制力を持つからである。だからこそ政府は，公共政策の主体として考えられてきた。しかしこのことは，社会の集合財であり，政府が登場しうる，公共財についてのみ該当する。社会の普通の集団における集合財については，政府は登場せず，正当性や強制力を作用させることは難しい。したがってそこでは，フリーライダーを防ぐための別の方法が必要となる。そこで重視すべきが，集団が構成員に提供する選択的誘因(selective incentive)である。

選択的誘因は，集団において，集合財の供給に貢献した構成員のみに与えられ，彼らの集合行為に対する自主的な協力を引き出すものである。集団の構成員は，集合行為に参加すると，まずは本来の目的としていた便益を，集合財として獲得できる。と同時に，そのオマケとして付随する便益を，選択的誘因として獲得できる。あるいは逆に，そもそも選択的誘因となる便益が目的で，集合財のための集合行為に参加する構成員もいるかもしれない。その場合，集合財は，副産物として供給されることになる[7]。

選択的誘因となりうる便益は，金銭や物品などの物質的ないし経済的な便益，および貢献感や優越感などの非物質的ないし社会的な便益に大別できる。

たとえば，ある会社の労働組合が，会社に対して賃上げや雇用確保を要求し，それを実現したとする。しかしそれらの便益は，集合財であり，金銭的・時間的な費用を負担した組合員はもちろん，それを負担しない非組合員も享受できてしまう。そこで組合は，安価な保険などの物質的便益，あるい

は親睦の機会などの非物質的便益を選択的誘因として提供し，組合員の獲得に努める。

あるいは，ある環境団体が，政府に対して自然林の保護を要求し，それを実現したとする。しかしこの便益は，公共財であり，団体の会員はもちろん，非会員も享受できてしまう。そこで団体は，Tシャツや缶バッジなどの物質的便益，あるいは社会的貢献感などの非物質的便益を選択的誘因として提供し，会員の獲得に努める。

これらの事例において，労働組合や環境団体は，物質的便益や非物質的便益を選択的誘因として提供することにより，集合財ないし公共財を供給するための集合行為におけるフリーライダーの発生を，無くせないまでも減らそうとしている。

もちろん，この選択的誘因となりうる2つの便益の区別は，相対的なものである。たとえば昇進は，給与の上昇という物質的便益，および優越感という非物質的便益の双方になりうる。あるいは，授業での地域貢献活動に対して付与される単位は，いずれの便益に該当するか判断が難しいであろう。

またここで留意すべきは，物質的便益も非物質的便益も，選択的誘因となりうる便益としては同等であり，両者の間に貴賤や優劣はないことである。日本では，往々にして，貢献感や連帯感に基づく，経済的に無償の活動の崇高性が主張される。しかしそれらとて，選択的誘因として，物質的便益を伴わないとしても，非物質的便益を伴っていると考えることもできる。地域貢献活動に際して，地域の高齢者の方などには貢献感や連帯感が選択的誘因となるかもしれないが，皆さんにはアルバイト代や単位が選択的誘因となるかもしれない。しかしだからといって，そうした高齢者の方が，皆さんより地域に貢献しているとも，人間的に優れているとも言えないであろう。

4．3つのセクターの選択的誘因

今日，公や公共は，ファーストセクターが独占するものではなく，3つのセクターが協働して実現するものと考えられている。また公共政策も，政府のみではなく企業やNGO・NPOをも主体とし，政府の行為の指針ではなく

公的な行為の指針であると考えられている。となると，公益の実現や公的な問題の解決をめぐるフリーライダー問題を克服する上で，正当性と強制力と並んで，あるいはそれ以上に，選択的誘因が重要となってくる。そこで問題となるのは，公共政策の主体である3つのセクターの組織が，構成員の貢献や協力を引き出すために，彼らにどのような選択的誘因が提供しているかである。

ファーストセクターの組織は，政府，とくに行政機関であり，その構成員は，公務員，とくに行政職員である。政府ないし行政機関は，そもそも公的な問題の解決のために存在し，それを通じて，予算や施設などの物質的便益，存在感や名誉などの非物質的便益，権限などの両者に跨る便益を獲得する。これらの便益は，政府ないし行政機関の中で共有される集合財となる。そこで公務員ないし行政職員は，それらをめぐる集合行為の選択的誘因として，給与や福利などの物質的便益，貢献感や優越感などの非物質的便益，昇進などの両者に跨る便益を獲得する。公務員という仕事では，物質的便益と非物質的便益が選択的誘因としてバランスよく提供される。とくに地方では，そのレベルも相対的に高い。皆さんの中に公務員志望者が多いのも，当然の話なのである。

セカンドセクターの組織は，営利企業としての会社であり，その構成員は，会社員や株主である。今日では，会社も，公的な問題の解決を志向しており，それに伴って，まずは利益という物質的便益，次いで社会的評価などの非物質的便益を獲得する。これらの便益は，会社の中で共有される集合財となる。そこで会社員は，それらをめぐる集合行為の選択的誘因として，まずは給与や福利などの物質的便益，次いで貢献感や優越感などの非物質的便益，昇進などの両者に跨る便益を獲得する。また株主は，まずは配当などの物質的便益，次いで貢献感などの非物質的便益を獲得する。営利組織である会社の会社員や株主が，物質的便益を優先するのは当然である。しかし彼らも，社会的企業や企業市民といった言葉が示すように，非物質的便益も重視するようになっている。

サードセクターの組織は，非政府・非営利組織，つまりNGO・NPOであ

り，その構成員は，職員や会員である。NGO・NPO の中には，本来的に公的な問題の解決を志向するものが多く，それに伴って，収益という物質的便益，存在感や貢献感などの非物質的便益を獲得する。これらの便益は，NGO・NPO の中で共有される集合財となる。そこで職員は，それらをめぐる集合行為の選択的誘因として，給与や福利などの物質的便益，連帯感や優越感などの非物質的便益，昇進など両者に跨る便益を獲得する。また会員は，前述したTシャツや缶バッジなどの物質的便益，社会的貢献感や優越感などの非物質的便益を獲得する。彼らのうち，会員は，もともと金銭的な物質的便益の獲得をあまり期待していないかもしれない。しかし問題となるのは，日本では，職員も，公益法人や協同組合などのそれを除けば，公務員や会社員ほどの金銭的な物質的便益を提供されない場合が多いことである。サードセクターの組織も，その維持に必要な収益を十分に上げ，それを職員に配分しなければならない。一般人の間で，サードセクターの組織とボランティアの組織が同じもののように認識されていた状況は，健全なものとは言えなかったのである。

　3つのセクターの組織は，公共政策の主体として，公益の実現，あるいは公的な問題の解決をめぐる集合行為に際し，構成員に対して，選択的誘因となる様々な便益を提供している。そしてここで確認すべきは，それらの便益は，それらの構成員にとって，まずは私益となっていることである。つまり公的な問題の解決，あるいは公共財の供給は，私益の延長上に実現された公益であることになる。公や公共を志向することは，滅私奉公することを意味するわけではない。合理的な普通の人々にとってみれば，私益あっての公益なのである。

　以上のように現在，とくに「新しい公共」が喧伝されて以降の日本では，公共政策は，目的と手段の合理的な体系を有する，公的な行為の指針であると考えられている。またファーストセクターのみならず，セカンドセクターとサードセクターも，その主体と考えられている。これらのセクターの組織は，公益の実現，公的な問題の解決，あるいは公共財の供給という集合行為

に際して，その構成員に対し，様々な物質的便益と非物質的便益を提供している。しかし問題となるのは，重要性を増してきたサードセクターの組織，つまり NGO・NPO が，収益を十分に上げられず，職員に貢献感などの非物質的便益は提供できても，金銭的な物質的便益を配分しにくい状態が続いてきたことである。それらを公共政策の主体として成長させ，「新しい公共」を実現するためには，非政府・非営利の組織の制度基盤の再構成が必要となったのである。

第3節　日本のサードセクターと非営利法人制度

1．法人制度

日本では，この30年ほどの間に，サードセクターの非政府・非営利組織を成長させるために，非営利法人をめぐる様々な制度改革が行われてきた。具体的には法人の設立，および税制上の優遇措置の付与を中心とする，公益・非営利の法人と非公益・非営利の法人の制度の改革である。そこでこの問題を検討する前提として，法人制度について簡単に概観しておこう。

私たち個人，あるいは人，つまり自然人は，日々の生活において，法律上の権利能力を持ち，権利義務の主体となっている。しかし社会の多くの営みは，個人が設立した集団や組織，つまり団体によって行われている。したがって，これらの団体も個人と同様に権利義務の主体となりうるほうが，社会を運営していく上で合理的である。そこで，権利能力を付与された団体を法人といい，その資格を法人格という。また日本では，法人格を持たない団体を，任意団体，あるいは権利能力なき社団という。前述のファーストセクター，セカンドセクター，サードセクターの組織には，いずれについても，法人として活動するものもあれば，任意団体として活動するものもある。

団体として活動する場合，法人と任意団体ではどのような相違があるであろうか。任意団体は，法律上の権利能力を持たず，団体の名義で契約できないため，実際は団体が所有したり借りたりするものでも，自然人たる構成員の全員ないし代表の名義で契約し，彼らが共同ないし単独で資産を所有した

り，資金を借りたりしたことにしなければならない。しかしそうなると，構成員のいずれかないし代表が借金を抱え，それを返せない場合，債権者は団体の資産を差し押さえてしまうかもしれない。また実際は団体が借りた資金について，それを返せない場合，構成員のいずれかないし代表が借金を返さなければならない。それに対して法人は，法律上の権利能力を持つため，団体の名義で契約し，資産を所有したり，資金を借りたりできる。また法人であることは，組織としての形式性や社会的な信用を高めることにもつながる。したがって法人の設立，つまり法人格の取得は，団体が社会的に活動していく上で，きわめて大きな意義を持つことになる。

法人の制度は，国によって多様である。日本では，法人は，概念的かつ相対的な区別ではあるが，公法人と私法人に大別できる。また内国法人と外国法人に区別される。

公法人は，地方公共団体(地方自治法)，独立行政法人(独立行政法人通則法)，国立大学法人・大学共同利用機関法人(国立大学法人法)，一般地方独立行政法人・特定地方独立行政法人・公立大学法人(地方独立行政法人法)，特殊法人(法人毎に根拠法が異なる)などを事例とする。公法人は，ファーストセクターの組織，つまり政府組織ということになる。それに対して私法人は，民間の法人であり，セカンドセクターの組織，つまり営利組織，およびサードセクターの組織，つまり非政府・非営利組織ということになる。

日本の私法人の種類は，きわめて多様である。その第1の分類軸は，社団法人と財団法人という区別である。社団法人は，一定の目的のために結合した個人の集団，つまり社団を法人としたものである。社団法人は，個人の集まりなので，社員と呼ばれる構成員の存在を前提とする。この社員は，会社員を意味する社員とは意味が異なる。それに対して財団法人は，一定の目的のために拠出された財産の集団，つまり財団を法人としたものである。財団法人は，社員の存在を前提としない。

私法人の第2の分類軸は，営利法人と非営利法人という区別である。営利法人は，利益を目的とし，事業から得た収益の剰余金を構成員に分配できる法人である。それに対して非営利法人は，利益を目的とせず，事業から得た

収益の剰余金を構成員に分配できない法人である。言うまでもなく，この２つの法人の区別は，セカンドセクターの営利組織とサードセクターの非政府・非営利組織の区別，とくに営利組織と非営利組織の区別と一致する。営利法人は，会社，つまり株式会社，合名会社，合資会社，および合同会社（会社法）である（本書第12章参照）。それに対して非営利法人は，日本における国家と社会の歴史的な関係を背景として，かなり細分化されている。

　私法人の制度につき重要な点は，法人の設立，および税制上の優遇措置の付与である。

　社会の法人の設立に対する国家の関与の仕方は，国によって一様ではない。日本では，法人の一般法である民法の「法人は，この法律その他の法律の規定によらなければ，成立しない。」（33条１項）という規定により，法律を根拠として登記しないと法人を設立できない。つまり，法人の設立の主義として，自由設立主義を採用していない。その上で，法律上の要件を満たせば登記するだけで設立できる準則主義，主務官庁が要件を満たすことを確認して設立される認証主義，主務官庁が要件を満たすことを確認し内容を検証して設立される認可主義，特殊法人のように個別法によって設立される特許主義といった主義がある。なお営利法人である会社は，準則主義により登記のみで設立される。

　法人に関する税制上の優遇措置の付与としては，公法人・私法人の区別なく，法人への法人税の非課税，および法人に寄附した者への所得税の寄附金控除という２つの優遇措置がある。前者については，法人税法が，内国法人を，非課税の公共法人，収益事業などにのみ課税の公益法人等，課税率の低い協同組合等，およびその他の通常の課税の普通法人に区分している。後者については，所得税法と法人税法が，公益の増進に著しく寄与する法人についての寄附金控除や損金算入を規定し，所得税法施行令と法人税法施行令が，それに該当する法人，いわゆる特定公益増進法人として，独立行政法人や地方独立行政法人などを列挙している。この２つの税制上の優遇措置を獲得した法人は，きわめて特権的な法人ということになる。

2．非営利法人制度の歴史的展開

　前述のように，日本の法人の一般法は民法である。同法は，「学術，技芸，慈善，祭祀，宗教その他の公益に関する社団又は財団であって，営利を目的としないものは，主務官庁の許可を得て，法人とすることができる。」（旧34条）と規定していた。つまりそこでは，法人の種類として，公益法人と営利法人が想定されていた。

　このうち営利法人である会社は，特別法である当時の商法の規定により設立された。それに対して，公益法人に相当する法人としては，学術・技芸に関するものとして学校法人（私立学校法）が，慈善に関するものとして社会福祉法人（社会福祉法）が，祭祀・宗教に関するものとして宗教法人（宗教法人法）が，それぞれの特別法により設立されていた。そしてここで問題となるのが，それらの特別法ではなく，一般法である民法旧34条の規定により設立されていた，いわゆる公益法人である。

　公益法人は，公益，つまり，まさに不特定多数の人々が共有する利益を目的とする法人である。そのため，その活動を税制上の優遇措置の付与，つまり公益目的の事業の非課税と寄附金控除を通じて支援することが，国家としても社会としても望ましい。しかし逆に言えば，公益法人の設立，およびそれに対する税制上の優遇措置を安易に認めるわけにはいかない。そのため，日本では，これらの点について，かなり厳格な制度を採用していた。すなわち，旧34条の規定のように，公益法人は，主務官庁の許可，つまり自由な裁量を伴う判断を通じて設立されていた。このような法人の設立の主義を，許可主義といった。

　許可主義による公益法人の設立は，サードセクターの組織が法人格を取得する際の障害となり，公共政策の主体としてのその成長を阻害していた。端的に言えば，主務官庁の意向に沿いにくい団体は，公益を志向しても，あるいは営利を志向しなくても，法人格を取得しにくかったからである。そのため，一方で，公益法人の中には，行政機関の下請け的な活動をしたり，行政機関から天下りを受け入れたりするものが多かった。公益法人は，私法人であるにもかかわらず，国家と社会のグレーゾーンであり，国家の社会に対す

る省庁毎の縦割り統制の経路となりがちであった。他方で，上記のような団体は，税制上の優遇措置を必要としない場合ですら，法人を設立できなかった。そのため多くの民間の団体が，本来であれば法人格を必要としていたにもかかわらず，任意団体として活動せざるをえなかった。

　このような公益法人の在り方，およびその基底となる民法の旧規定は，当然ながら，長らく批判を浴びてきた。またその間に，従来の法人の種類についての想定が，修正を迫られることとなった。前述のように，旧規定に基づく法人の種類としては，公益法人と営利法人が想定されていた。しかし公益と営利は，必ずしも対概念ではない。むしろ，公益の対概念は非公益であり，営利の対概念は非営利である。この公益・非公益と営利・非営利の軸に即して考えれば，言うまでもなく会社は，非公益・営利の法人である。また公益法人をはじめ，前述の学校法人や社会福祉法人などは，公益・非営利の法人であろう。そして論理的に考えて，公益・営利の法人は存在しない。となると問題は，公益・非営利を志向するが法人格を取得しにくかった団体，および非公益・非営利を志向する団体に，どのように法人格を付与するかである。

　このことが認識される中で，日本の法人制度の課題は，まずは非営利法人の設立を容易にする制度の確立であり，次いで税制上の優遇措置を付与すべき公益的な活動を認定する制度の整備となったのである。

3．非営利法人制度の改革

　前述のように日本では，公益・非営利を志向しながら，許可主義の弊害を受けていた団体は，おもに任意団体として活動してきた。しかしこれらの団体についても，法人格を付与し，その成長を促す必要がある。このことは，とくにNPO先進国とされるアメリカの非営利法人制度をモデルとしながら，関係する専門家の間で議論されてきた。また社会運動系の人々は，市民活動法人という種類の法人の創設を求めていた。

　そのような中で，1995［平成7］年に阪神・淡路大震災が発生し，その救助や復興の過程で，ボランティアをはじめとする様々な個人，および彼らを構成員としたり，彼らの活動を調整したりする団体が活躍した。ところがそれ

らの団体の多くは，任意団体であり，権利義務の主体としては活動できなかった。震災を契機に，日本でも自発的な公益・非営利の団体が十分に活躍しうること，ところがそのための法人制度が整備されていないことが，専門家を超えて認識されるようになったのである。

　このような状況を背景に，1998[平成10]年に，特定非営利活動促進法が制定され，認証主義により設立される，特定非営利活動法人という種類の法人が創設された。同法において，特定非営利活動は，ボランティア活動をはじめ市民が行う自由な社会貢献活動であり，不特定多数の人々の利益の増進，つまり公益の増進に寄与するものとされた。それに該当する活動は，保健・医療・福祉の増進を図る活動など，当初は17の活動とされ，2024年現在では後述する20の活動に拡大されている。またこの法人は，営利を目的とせず，宗教活動と政治活動を目的としてはいけない。そのため活動の分野は，実質的に宗教と政治を除く大部分であり，社会運動系の人々の言う市民活動も含むものとなった。

　また留意すべきは，特定非営利活動法人のうち，全国的に活動するものの所轄庁が，統一的に，当初は経済企画庁，次いで内閣府，そして現在は主たる事務所のある都道府県ないし政令市とされたことである。当時の公益法人の主務官庁は，たとえば福祉関係であれば厚生省(当時)，教育関係であれば文部省(当時)といったように，省庁毎の縦割りとなっていた。したがって特定非営利活動法人の制度は，公益法人の制度では民間の団体にまで浸透していた行政の割拠性を，部分的にではあるが克服したことになる。

　特定非営利活動法人は，NPO法人と通称され，国民の間で広く普及したものとして成長した。そして2001[平成13]年には，特定非営利活動促進法が改正され，認定特定非営利活動法人，いわゆる認定NPO法人が制度化された。そもそも特定非営利活動法人は，法人税法における公益法人等としてみなされ，本来事業は非課税で，収益事業などにのみ課税されていた。しかしそれだけでは，2つの税制上の優遇措置を持つことにはならない。そこで国税庁長官の認定を受けた特定非営利活動法人は，寄附金控除も認められることとなった。なお2011[平成23]年より，認定する所轄庁は都道府県に変更さ

れている。

　公益・非営利の特定非営利活動法人の創設に次いで課題となったのは，非公益・非営利の活動を志向する団体への法人格の付与であった。現実には，特定非営利活動法人の中にも，趣味の団体のような非公益・非営利と思われる団体が，その活動が特定非営利活動のいずれかに該当するとして，法人格を取得したものもあった。しかし同窓会やマンション管理組合のように，依然として従来の法人に該当しない団体もあった。そこで2001年に中間法人法が制定され，準則主義により設立される，中間法人という種類の法人が登場した。ここで言う中間とは，公益と営利の中間ということであり，中間法人は，明らかに非公益・非営利の法人であった。

　このように，従来からの民法による公益法人，特別法による学校法人などに加えて，公益・非営利の特定非営利活動法人，非公益・非営利の中間法人が創設されたことにより，非営利の活動を志向する団体にとって，非営利法人を設立する途が大きく開かれた。したがって残る課題は，法人の税制上の優遇措置の整備である。しかしこの課題は，従来の公益法人の制度の根幹に関わるとともに，行政改革をはじめとする政府と社会の大きな改革の一環でもあった。そこで2002[平成14]年に，「公益法人制度の抜本的改革に向けた取組みについて」が閣議決定され，明治時代以来の私法人の制度の大改革が行われることになる。その意味で，特定非営利活動法人と中間法人の制度は，過渡的な制度であったとも言える。

　公益法人制度改革は，2006[平成18]年に，一般社団法人及び一般財団法人に関する法律(一般社団・財団法人法)，公益社団法人及び公益財団法人の認定等に関する法律(公益法人認定法)，一般社団法人及び一般財団法人に関する法律及び公益社団法人及び公益財団法人の認定等に関する法律の施行に伴う関係法律の整備等に関する法律(関係法律整備法)の，公益法人制度改革関連3法の制定により実施された。これにより，民法の許可主義による公益法人の設立に関する旧規定は削除された。

　この改革において，まず一般社団・財団法人法により，準則主義により設立される，一般社団法人と一般財団法人という種類の法人が創設された。こ

れらの法人は，非公益・非営利の包括的な法人であり，それを志向する団体の多くが，この法人格を取得することとなった。そのため，同様の趣旨を持つ中間法人法は廃止され，中間法人は一般法人に統合された。また一般法人は，非営利型とそれ以外に区分され，前者は，法人税法における公益法人等として，収益事業などにのみ課税されることとなった。

　また公益法人認定法は，民間の団体が自発的に行う公益を目的とする事業が，公益の増進のために重要であるとし，それらの事業が適正に実施しうるよう公益法人を認定する制度の設立を目的とする。この新しい公益法人は，後述する23の公益目的事業を行う法人として，行政庁の認定を受けた一般法人である。またそれは，法人の設立と税制上の優遇措置について，従来の公益法人から大幅な変更を受けることとなった。すなわち，公益・非営利を志向する団体は，まずは一般法人として法人を設立する。その段階で，税制上の優遇措置としては，収益事業など以外の非課税がある。その上で，一般法人が，内閣府に設置された公益認定等委員会の答申，あるいは都道府県に設置された同様の合議制機関の答申に基づいて，行政庁である内閣総理大臣または都道府県知事の公益認定を受け，公益法人に移行する。そして公益法人は，公益目的事業の非課税に加えて，寄附金控除という税制上の優遇措置を受けることとなった。

　このように新制度の下では，法人の設立と税制上の優遇措置の付与が同時ではなくなった。これは，特定非営利活動法人としての法人の設立，および認定特定非営利活動法人としての認定という手続きに準じている。これによって，非営利の団体は，非公益を志向するなら一般法人にとどまり，公益を志向するならそこから公益法人に移行することとなった。なおこの新制度は，2008［平成20］年12月より実施され，同月から2013［平成25］年11月までの5年間は，制度の移行期間とされた。従来の公益法人は，この間は特例民法法人となり，期限までに公益認定を受けて新しい公益法人に移行するか，一般法人に移行するか，解散することとなった。

　こうして，特定非営利活動法人，一般社団法人・一般財団法人，公益社団法人・公益財団法人という，公益・非営利の法人，あるいは非公益・非営利

の法人の制度が整備されることにより，非営利法人制度の改革は一段落した。これらの改革を通じて，法人の設立，および税制上の優遇措置の付与の制度化が進んだ。そして「新しい公共」の時代に，サードセクターの非政府・非営利組織が，非営利法人として公共政策の主体となるための基盤が整備されたのである。

4．日本の非営利法人の多様性

　日本のサードセクターの法人，すなわち非営利法人の種類は，1990年代・2000年代の非営利法人制度の改革を経た後でも非常に複雑である。法律の問題としても，法人関係の法律だけでなく税制関係の法律も関わってくる。そこで以下では，主要な非営利法人を，公益・非営利の法人と非公益・非営利の法人に区分して概観したい。なおここで言う非公益は，基本的には前述の共益に相当する。

　主要な公益・非営利の法人としては，公益法人，学校法人，社会福祉法人，更生保護法人，宗教法人，社会医療法人，特定非営利活動法人，認可地縁団体を見ておこう。

　公益法人は，公益法人認定法により，公益社団法人または公益財団法人であり，公益目的事業を行う法人として行政庁の認定を受けた一般社団法人または一般財団法人である。具体的には，実に多様な活動を行う法人が存在する。公益目的事業は，**表2**の23の，学術，技芸，慈善その他の公益に関する，不特定かつ多数の者の利益の増進に寄与する事業である。公益法人は，これらの事業のうち1つないし複数を行う。また行政庁は，内閣総理大臣または都道府県知事である。公益法人は，法人税法における公益法人等であり，所得税法等における特定公益増進法人である。なお2025[令和7]年2月現在，公益法人の数は，公益社団法人が4,151，公益財団法人が5,595の，計9,746である。またそれら（一般社団法人または一般財団法人である移行法人を含む）が行う公益目的事業の割合は，**表2**の通りとなっている。

　学校法人は，私立学校法により，私立学校の設置を目的として設立された法人である。具体的には，幼稚園，小学校，中学校，高等学校，大学，高等

表2　公益目的事業の種類と該当法人の数・割合

公益目的事業の種類	該当法人の数	該当法人の割合
1　学術及び科学技術の振興を目的とする事業	1,731	8.1%
2　文化及び芸術の振興を目的とする事業	1,643	7.7%
3　障害者若しくは生活困窮者又は事故，災害若しくは犯罪による被害者の支援を目的とする事業	1,054	4.9%
4　高齢者の福祉の増進を目的とする事業	1,732	8.1%
5　勤労意欲のある者に対する就労の支援を目的とする事業	1,284	6.0%
6　公衆衛生の向上を目的とする事業	1,451	6.8%
7　児童又は青少年の健全な育成を目的とする事業	2,210	10.3%
8　勤労者の福祉の向上を目的とする事業	279	1.3%
9　教育，スポーツ等を通じて国民の心身の健全な発達に寄与し，又は豊かな人間性を涵養することを目的とする事業	1,703	7.9%
10　犯罪の防止又は治安の維持を目的とする事業	205	1.0%
11　事故又は災害の防止を目的とする事業	470	2.2%
12　人種，性別その他の事由による不当な差別又は偏見の防止及び根絶を目的とする事業	102	0.5%
13　思想及び良心の自由，信教の自由又は表現の自由の尊重又は擁護を目的とする事業	47	0.2%
14　男女共同参画社会の形成その他のより良い社会の形成の推進を目的とする事業	328	1.5%
15　国際相互理解の促進及び開発途上にある海外の地域に対する経済協力を目的とする事業	693	3.2%
16　地球環境の保全又は自然環境の保護及び整備を目的とする事業	807	3.8%
17　国土の利用，整備又は保全を目的とする事業	433	2.0%
18　国政の健全な運営の確保に資することを目的とする事業	698	3.3%
19　地域社会の健全な発展を目的とする事業	3,366	15.7%
20　公正かつ自由な経済活動の機会の確保及び促進並びにその活性化による国民生活の安定向上を目的とする事業	366	1.7%
21　国民生活に不可欠な物資，エネルギー等の安定供給の確保を目的とする事業	420	2.0%
22　一般消費者の利益の擁護又は増進を目的とする事業	411	1.9%
23　前各号に掲げるもののほか，公益に関する事業として政令で定めるもの	4	0.0%

（該当法人は当該事業を選択した法人である。）

専門学校，専修学校などの学校を運営する。学校法人の所轄庁は，文部科学大臣，都道府県知事，指定都市市長，中核市市長である。また学校法人も，法人税法における公益法人等であり，所得税法等における特定公益増進法人である。

社会福祉法人は，社会福祉法により，社会福祉事業を行うことを目的として設立された法人である。具体的には，児童養護施設，養護老人ホーム，障害者支援施設，保育所などを運営する。社会福祉法人の所轄庁は，厚生労働大臣，都道府県知事，指定都市市長，市長である。また社会福祉法人も，法人税法における公益法人等であり，所得税法等における特定公益増進法人である。

　更生保護法人は，更生保護事業法により，更生保護事業を行うことを目的として設立された法人である。具体的には，刑務所や少年院を出て社会に復帰する人を支援する更生保護施設を運営する。更生保護法人も，法人税法における公益法人等であり，所得税法等における特定公益増進法人である。

　以上の公益法人，学校法人，社会福祉法人，更生保護法人は，公益・非営利の法人として，法人税法における公益法人等であるだけでなく，所得税法等における特定公益増進法人でもある。そのため税制上の優遇措置として，非課税だけでなく，寄附金控除も認められている。その意味でこれらの法人は，公益性を高いレベルで認められている法人ということになる。

　宗教法人は，宗教法人法により，法人となった宗教団体である。その所轄庁は，都道府県知事または文部科学大臣である。宗教法人は，法人税法における公益法人等である。

　社会医療法人について，まず医療法人は，医療法により，病院，診療所，介護老人保健施設，または介護医療院を開設しようとする法人である。その所管は，厚生労働大臣または都道府県知事である。社会医療法人は，このうち，地域社会において公益性の高い医療を提供するものとして認定された法人である。社会医療法人は，法人税法における公益法人等である。

　特定非営利活動法人，いわゆるNPO法人は，特定非営利活動促進法により，特定非営利活動を行うことを主たる目的とし，営利を目的とせず，宗教活動と政治活動を主たる目的としない法人である。具体的には，実に多様な活動を行う法人が存在する。特定非営利活動は，**表3**の20の活動である。特定非営利活動法人は，これらの活動のうち1つないし複数を行う。その所轄庁は，都道府県知事または指定都市市長である。また特定非営利活動法人は，

表3　特定非営利活動の種類と該当法人の数・割合

	特定非営利活動の種類	該当法人の数	該当法人の割合
1	保健，医療又は福祉の増進を図る活動	32,352	12.5%
2	社会教育の推進を図る活動	27,876	10.8%
3	まちづくりの推進を図る活動	24,980	9.7%
4	観光の振興を図る活動	3,865	1.5%
5	農山漁村又は中山間地域の振興を図る活動	3,282	1.3%
6	学術，文化，芸術又はスポーツの振興を図る活動	20,537	8.0%
7	環境の保全を図る活動	14,798	5.7%
8	災害救援活動	4,843	1.9%
9	地域安全活動	7,158	2.8%
10	人権の擁護又は平和の推進を図る活動	10,174	3.9%
11	国際協力の活動	10,582	4.1%
12	男女共同参画社会の形成の促進を図る活動	5,404	2.1%
13	子どもの健全育成を図る活動	27,509	10.7%
14	情報化社会の発展を図る活動	6,411	2.5%
15	科学技術の振興を図る活動	3,067	1.2%
16	経済活動の活性化を図る活動	10,073	3.9%
17	職業能力の開発又は雇用機会の拡充を支援する活動	14,453	5.6%
18	消費者の保護を図る活動	3,307	1.3%
19	前各号に掲げる活動を行う団体の運営又は活動に関する連絡，助言又は援助の活動	26,945	10.4%
20	前各号に掲げる活動に準ずる活動として都道府県又は指定都市の条例で定める活動	394	0.2%

（該当法人は当該活動を選択した法人である。）

特定非営利活動促進法により公益法人等とみなされる。またこのうち，認定特定非営利活動法人，いわゆる認定NPO法人となると，所得税法等における特定公益増進法人に準じた扱いを受けることとなる。なお2025年1月末現在，特定非営利活動法人の数は49,580であり，そのうち認定特定非営利活動法人の数は1,293である。またそれらが行う特定非営利活動の割合は，**表3**の通りとなっている。

　認可地縁団体は，地方自治法により，地縁による団体，つまり市町村内の一定の区域に住所を有する者の地縁に基づいて形成された団体で，その区域の住民相互の連絡など，良好な地域社会の維持や形成に資する地域的な共同活動を行うことを目的とし，現にその活動を行っていると認められる団体で

ある。具体的には，法人格を取得した町内会や自治会ということになる。ただしすべての住民に開かれたものでなければならないため，老人会や婦人会など会員の性格を限定した団体は，認可地縁団体には該当しない。認可地縁団体は，地方自治法により公益法人等とみなされる。

　以上の宗教法人，社会医療法人，特定非営利活動法人，認可地縁団体は，公益・非営利の法人として，法人税法における公益法人等であるか，それとみなされている。そのため税制上の優遇措置として，本来事業の非課税を認められている。中でも認定特定非営利活動法人は，特定公益増進法人に準じ，寄附金控除も認められているため，公益性を高いレベルで認められている法人ということになる。

　なお公益法人は，厳密には，公益法人認定法に基づく公益社団法人と公益財団法人を意味する。しかし場合によっては，それらに加えて，上述の学校法人や社会福祉法人，宗教法人や社会医療法人も含めて公益法人として議論する場合もある。

　次に主要な非公益・非営利の法人としては，一般法人と協同組合を見ておこう。

　一般法人は，一般法人法により，一般社団法人ないし一般財団法人として設立される。また法人税法により，一般法人のうち，非営利性が高く，構成員に共通する利益，つまり共益を図る事業を行う法人は，非営利型法人，つまり非営利型の一般法人とされ，法人税法における公益法人等となる。一般法人は，公益法人や特定非営利活動法人と違って，事業や活動が限定されていない。そのため，今日，もっとも包括的な非営利法人の種類であり，あらゆる分野で活動している。たとえば日本経済団体連合会，あるいは日本自動車工業会のような業界団体の多くも，営利法人である株式会社を社員とする団体であるが，それら自体としては非営利法人である一般法人である。

　協同組合は，農業協同組合法による農業協同組合，水産業協同組合法による漁業協同組合や漁業生産組合，消費生活協同組合法による消費生活協同組合，信用金庫法による信用金庫など，各種の協同組合法に基づく多様なものがある。皆さんに身近な大学生協も，消費生活協同組合という法人である。

また農業協同組合連合会など，それらの組合の連合会も，法人としては協同組合である。これらの協同組合は，基本的には組合員の相互扶助を目的とする。また法人税法では，協同組合等となっている。

以上に触れた公益・非営利の法人，および非公益・非営利の法人は，多様な非営利法人，あるいは法人格を有する非政府・非営利組織のうち，皆さんにも馴染みのある一部の事例でしかない。それだけ日本の非営利法人は多様であり，その制度は複雑なのである。

なお関連して述べておくと，日本で言うNPOには，大別して非営利組織，非営利法人，特定非営利活動法人の3つのレベルがある。第1に，非営利組織は，非営利の組織であれば，法人格を有する非営利法人も，それを有しない非営利の任意団体も含む。第2に，非営利法人は，法人格を有する非営利の団体なので，公益法人，学校法人，宗教法人，特定非営利活動法人など，様々な種類の法人を含む。第3に，特定非営利活動法人，つまりNPO法人は，非営利法人の1つの種類である。

日本では，往々にして，このNPOの3つのレベルが混同されがちである。たとえば，アメリカと日本のNPOを比較して，前者ではNPOが隆盛をきわめているのに対し，後者ではそれが成長していないといった議論が行われる。しかしアメリカでは，非営利組織につき，そもそも第2のレベルの非営利法人という法人までしかなく，学校法人や宗教法人といった法人がない。大学も教会も，非営利法人という種類の法人でしかないのである。ところがややもすれば，このアメリカの第2のレベルの非営利法人と，日本の第3のレベルの特定非営利活動法人を比較した議論が行われてしまう。アメリカがNPO大国であることは事実である。しかし比較するレベルを間違え，日本の非営利法人，あるいはNPOを過度に過小評価してしまうことは避けなければならない。

以上のように日本でも，前述の非営利法人制度の改革を通じて，サードセクターの非政府・非営利組織が法人として活動するための基盤が整えられてきた。こうした動向を受けて，公益法人や特定非営利活動法人などの公益・

非営利の法人はもちろん，一般法人や協同組合などの非公益・非営利の法人も，不特定多数の人々の利益である公益の実現，あるいは公的な問題の解決の担い手として活動することが期待されている。

公共政策は，「新しい公共」の時代の今日，目的と手段の合理的な体系を有する，公的な行為の指針であると考えられている。そしてサードセクターの非政府・非営利組織，とくに非営利法人は，その主体としてのさらなる成長が求められているのである。

【注】
1) ただし灯台は，歴史的に見れば私的財として供給されたこともあった。ある財がどのような財に該当するかは，条件によって変わってくる。N・グレゴリー・マンキュー『マンキュー経済学Ⅰミクロ編〔第3版〕』（東洋経済新報社，2013年）322頁。
2) 付言しておくと，日本語の市民社会には，欧米ではブルジョワ・ソサエティとシビル・ソサエティの2つの意味がある。前者は，いわゆる近代市民社会，つまり近代に絶対王政を克服して実現した社会であり，今日では現代大衆社会に移行したと考えられる。そこにおける市民は，近代市民革命を実現した主体としての近代市民であるとともに，社会主義革命による攻撃の客体であるブルジョワジー，資本家でもある。それに対して後者は，古代に概念上の淵源を持つものの，どの時代にも見られる人々の関与により成立する社会である。そこにおける市民は，市民参加などの言葉が示すように，社会に関与する公民，シティズン，シトワイヤンである。したがって，ブルジョワ・ソサエティとしての市民社会は時代的な拘束性を持つが，シビル・ソサエティとしての市民社会はそれを持たない。そして本章における市民社会は，後者を意味している。この両者は，日本では往々にして混同されがちなので，注意を要する。
3) ここで留意すべきは，サードセクターと日本語の第三セクターの相違である。後者は，半官半民の会社を意味し，考え方によってはセカンドセクターとサードセクターの双方の組織を意味しうる，あくまでも日本で用いられている概念である。それに対して前者は，各国で用いられている概念である。サードセクターと第三セクターを同じものであると勘違いし，ファーストセクターを第一セクターと呼んだり，セカンドセクターを第二セクターと呼んだりすると，議論が大きく混乱することとなる。
4) 21世紀日本の構想懇談会「日本のフロンティアは日本の中にある——自立と協治で築く新世紀」16-17頁。
5) 自治体の中には，たとえば東京都墨田区のように，協治（ガバナンス）を施政の指針としたものもあった。しかしこの言葉は，今日では，国政はもちろん地方自治やまちづくりの現場で有力な概念となっていない。

6) 内閣府『平成16年版 国民生活白書——人のつながりが変える暮らしと地域——新しい『公共』への道』1頁。
7) マンサー・オルソン『集合行為論——公共財と集団理論』（ミネルヴァ書房，1996年）。フリーライダー問題や集合行為のジレンマ，選択的誘因などに関する，現代の社会科学の古典的な著作である。

〔井上拓也〕

第20章　政治と国家

第1節　世界にある様々な国家

　4年に1度開かれるオリンピックでは，世界中から選手が集まり競技を行う。オリンピックの主役はもちろん選手だが，彼らは「〇〇代表」として国を背負っており，表彰式では国旗が掲揚され国歌が演奏される。観戦する私たちは，自国の選手を応援するなどして，いつも以上に国のことを意識するだろう。世界には200近くの国家が存在しているといわれるが，その中にはアメリカや中国といったニュースによく登場する大国もあれば，日本では馴染みの薄い小国もある。このような国あるいは国家の存在を私たち当然のものとして考えているが，では国家とは何だろうか。

　本章では世界中にある様々な国家の様子をみながら，国家とは何か，どのような要素から構成されているのかについて，法学の観点も取り込みながら検討したい。実は国家に関する議論は，政治学と法学の接点となっているのだ。そして国家がどのように議論されてきたのか，政治学，特に政治思想史の視点から，歴史をひもといていきたい。

　国際法の分野では，1933年締結の「国家の権利及び義務に関する条約」（モンテビデオ条約）が定めた国家の4要件，すなわち①永続的住民，②明確な領域，③政府，④他国との関係を持つ能力（外交能力），がよく参照される[1]。少しでもそこに永く住む住民がいて，国境が（不完全でも）確定していて，実際に機能する実効的政府が存在し，対外的に独立して自主的に外交できれば，国家と認められるのである。これは当たり前と思うかもしれないが，世界中を見渡すとそうとも限らないのである。

1．委任統治

　茨城大学水戸キャンパスの敷地は，かつて陸軍歩兵第2連隊の駐屯地であった。歩兵第2連隊は1944年，パラオ諸島のペリリュー島でアメリカ軍と激しい戦闘を行い，双方多数の死傷者を出しながら，最後は連隊長が自決し，壊滅したことで知られる。

　当時日本は国際連盟から，パラオを含む太平洋西部赤道付近の島々(南洋諸島)の統治を委任されていた[2]。国際連盟規約は委任統治を，世界の厳しい生存競争のなかで自立する力を持たない人々を助けるという「文明の使命」を果たすために，先進国が後見人を務める仕組みと規定していた。つまり，独立にはまだ早いとされた地域の面倒を先進国が見る，という制度である。

　国際連盟をリードしたアメリカのウィルソン大統領は，「人々の自決」(民族自決)原則を打ち出していた。人々は自ら独立を勝ち取ることができ，自分たちで政治に関して意思決定する自由があるというのである。しかし第1次世界大戦に勝利した英仏日は，敗戦国のドイツとトルコの旧植民地を山分けしたいと思っていた。委任統治は，こうした建て前と本音の間に生まれた妥協の産物であり，旧植民地地域が国家として独立するのを妨げる結果となった。

　ともあれ日本は，1919年からパラオを統治し，インフラ整備やビジネスの導入を進め，日本人も移り住んだ。だが日本の敗戦により，戦後新たにできた国際連合のもとで，アメリカの信託統治領となった。委任統治とは違い，信託統治では独立に向けた支援も盛り込まれたが，ようやくパラオ共和国として独立したのは1994年のことであった。

　しかし独立の際，パラオはアメリカとの間で自由連合協定(compact)を結んでいる。これによると，パラオの国防や安全保障はアメリカがすべて担い，パラオは自国の安全保障に関してアメリカに従わなければならず，安全保障に関係する外交問題についてアメリカに相談する義務がある。パラオは国連加盟国であり，日本とも国交を結んでいる。だが，外交安全保障の決定に制約を受ける国家が，果たして独立・自立していると言えるのか，モンテビデオ条約の要件に照らして考えると難しいところである。

2．国家承認と破綻国家

　世界ではいまも独立によって新たな国家が誕生している。インドネシアから独立した東ティモール（2002年），セルビアから独立したコソボ（2008年），スーダンから独立した南スーダン（2011年）は，いずれも激しい内戦の末に独立を勝ち取り，日本を含む世界中の多くの国によって国家として認められた。このように国家の独立には「国家承認」，つまり他の国から独立を認めてもらうことが大切なのである。

　ただし独立を宣言しても，必ず国家承認されるとは限らない。例えば，地中海に浮かぶキプロス島の北部をトルコ軍が占領し，「北キプロス」としてキプロスからの独立を宣言したが，国家承認したのはトルコのみである。また東ヨーロッパのモルドバにあるウクライナ国境沿いの南北に細長い地域が，ロシアの支援を受け，「沿ドニエストル共和国」としてモルドバからの分離独立を主張しているが，2025年現在，国連に加盟するどの国家も承認していない。

　さらにアフリカ北西部の西サハラでは，植民地支配していたスペインが領有権を放棄すると，北隣のモロッコ，東隣のモーリタニア，そして独立を目指す武装勢力（ポリサリオ戦線）の戦闘が激化した。ポリサリオ戦線は「サハラ・アラブ民主共和国」としての独立を宣言したが，西サハラの大半はモロッコに支配されたままであり，国家承認をしたのは一部にとどまっている。今でも世界地図をみると西サハラには国名表示がなく，領有権未定の空白地帯となっている。

　国家として独立していても統治が機能しなくなる場合もある。例えば東アフリカのソマリアでは，1991年に勃発した内戦により2007年まで政府機能が失われ，今も中央政府が全土を掌握できないでいる。このように政府が機能していない国家のことを「破綻国家」（厳密には「失敗国家」failed state）と呼ぶ。日本のように政府が全国を管轄できているのは，決して当たり前ではないのだ。

3．連邦制

　日本のように1つの中央政府が国全体を統治し国を代表するのではなく，複数の州が自治権を保ちながら1つの国家に結合する仕組みのことを，連邦制と呼ぶ。アメリカ，カナダ，オーストラリア，ドイツなどが連邦制の国家である（ドイツのプロサッカー「ブンデスリーガ」は，直訳すれば「連邦リーグ」である）。国際的には，州ではなく，外交を担う連邦が1つの国家として認められている。

　アメリカの正式名称は United States of America である。State は，州とも国家とも訳せる言葉であり，アメリカは文字通り，国家なみの権限を持った様々な州が結合してできている。実際アメリカの各州には三権，すなわち行政（執政）を担う州政府（そのトップが州知事），立法を担う州議会，司法を担う州裁判所が存在する。州兵も存在するし，州によって法律も異なる。ただし外交と安全保障は首都ワシントン D.C. にある連邦政府が担っている。

　18世紀，北アメリカにあった13のイギリス植民地は，イギリスとの独立戦争に勝利し独立した。しかしその際，13植民地の上に連邦政府をつくって連邦制にするか，それとも13植民地がそれぞれ国家として独立するかで大いにもめ，結局連邦制を採用した[3]。こうしてアメリカの各州は，今でも別々の国家であるかのように独自の仕組みを持っているが，人やモノの交流が進むにつれて，仕組みの違いに起因する問題も多く発生してきた。このため連邦に共通するルールが多数生まれ，連邦レベルの機関が生まれた。例えば，州内の警察で解決できない問題に対処するのが FBI（連邦捜査局）である。このように各州は独自の権限を持っているとはいえ，連邦政府の役割は拡大しつづけてきており，州と連邦政府の役割分担は複雑になっているのである。

第2節　国家の要素

　ここまで，世界に存在する様々なタイプの国家をみたが，本節では国家の構成要素を学問的に検討し，その特徴をみてみよう。

1. 国家の基本権と主権

　国際法では，国家は生まれながらにして基本権をもつと考えられており，具体的には自衛権，条約締結権，平等権などが該当する。例えば自衛権，すなわち武力攻撃された際に反撃し防御する権利は，国連憲章にも定められており(51条)，どのような国家でも持っている。日本国憲法9条は「国権の発動たる戦争と，武力による威嚇又は武力の行使は，国際紛争を解決する手段としては，永久にこれを放棄する」と定めているが，この条項は自衛権そのものを否定してはいない，と通常考えられている。

　基本権の根本ともいえるのが，政治学の重要概念でもある「主権」(sovereignty)である。国際法上，主権には「対内主権」すなわち領域内の人や物を統治する領域主権と，「対外主権」すなわち国外勢力に左右されずに意思決定を行う独立権の2つの側面があるとされる。国内において法律を制定・適用・執行する権限(国家管轄権)は，対内主権から導かれる。一方，他国の国内問題への干渉を禁止する不干渉義務(内政不干渉)は，対外主権から導かれる。ただし，著しく人道に反する行いを止めさせるため，他国が武力で介入する「人道的干渉」(人道的介入)を容認する考え方もある。

　主権を最初に理論化したと言われるのが，16世紀に活躍したフランスの学者ジャン・ボダンである。彼は主権を「国家の絶対的で永続的な権力」，すなわち(神を除けば)最高の，無制限かつ無期限の権力と位置づけた[4]。主権はあらゆる法律や命令の源泉である一方，主権の持ち主(主権的支配者)は法律や命令に拘束されない。そして国家には必ず主権が存在する，主権がなければ国家ではないとボダンは主張したのである。

2. ウェーバーによる国家の定義——領域と暴力，そして正統性

　「国家には領域と暴力，そして正統性の要素が不可欠だ」と主張したのが，19世紀から20世紀にかけて活躍したドイツの社会学者マックス・ウェーバーである。ウェーバーは，大学生向けに行った講演「職業としての政治」において，国家を，「ある一定の領域の中で，正統性を有する物理的な暴力行使の独占を要求する人間の共同体」と定義した[5]。まず「領域」とは，国境に

よって区切られた領域のことである。国境線が存在し，国境を跨ぐためにパスポートを提示するのは当然に思えるかもしれないが，明確な国境線が登場するのは人類史上比較的最近のことである。

「暴力」と聞くと横暴な権力をイメージするかもしれないが，警察や軍隊など，いざとなれば実力を行使できるものだと考えれば良い（暴力を「強制力」と言い換えることもある）。たとえば日本の中で茨城だけは警察の力が及ばず，茨城の人々が独自の軍隊を組織し日本政府と対立していたとしたら，日本は国家としてのまとまりを欠いていると言える。国家だけが暴力（強制力）を持つ状態にしなければならない，とウェーバーは主張するのである。

それでは「正統性を有する物理的な暴力行使の独占」とはどういうことか。正統とは簡単に言えば「正しい」「妥当」という意味であるが，ウェーバーは支配される側（被支配者）がどう思うかが重要だと指摘する。例えばテロリストが武力で国内を制圧し実効支配したとしても，人々がそのテロリストによる支配は正しくないと思っているのなら，それは正しい支配とは言えない。ウェーバーは，支配された人々が，その支配を正しいと信じているか（正統性の信仰）が鍵だと考えるのである。まとめると，ある領域を暴力によって支配しているだけでは国家とはならない。国家による暴力の独占を，人々が正しいと信じていることが必要なのである。

3．ネーションと国民国家

本章で取り扱う「国家」は英語の state に対応するが，国を表す言葉には他にもネーション（nation）がある。例えば国立大学は英語で national university と訳すし，日本人選手も活躍するアメリカのプロバスケットボール NBA は，National Basketball Association（全米バスケットボール協会）の略である。

このように，国，全国といった意味ももつネーションであるが，基本的には同胞意識（仲間意識）をもつ人々の集団，具体的には国民や民族を意味する[6]。初対面の人，あるいは会ったことがない人との間でも，「私たちは同じ日本人だよね」という「われわれ意識」を共有する，そうした意識がネー

ションとしてのまとまりを生み出しているのである。ただし，ネーションを重要視し同質性を強調すること(これをナショナリズムという)には，様々なルーツを持つ人たちに「俺たちに同化しろ」と強要し，少数派を迫害する側面もあることを忘れてはいけない。

「1つの国家には1つのネーションがある」という考えに基づき作られた国家を，「国民国家」(nation state)といい，近代国家の基本形となっている。人々が自由・平等・博愛をスローガンに立ち上がり，国王支配を倒した18世紀のフランス革命は，人々に「フランス人」としての同胞意識を生み出し，「フランス人が作ったフランス共和国」，すなわち国民国家を誕生させたといわれる。こうして国家はネーションと一体になったのである。先に紹介した「人々の自決」(民族自決)も，この国民国家を前提として考えられている。

人民主権で有名なジャン・ジャック・ルソーは，ネーションの絆を強くするために，広場で公開の見せ物，例えばレスリングや競走，円盤投げなどの競技を実施し優勝者に賞を授けるよう提案する。そうすれば，観客の絆が強くなるというのである[7]。現代で言えば，オリンピックで日本人選手を応援することによって，日本人意識が高まり絆も強くなる。壮大な国家事業でもあるオリンピックは，このようにネーションを強くする働きを持っているのである。

4．三権分立

国家のはたらきには，立法，行政，司法の「三権」がある。それぞれ，法を作り，法を運用し，法に基づき裁く権力である。ただし日本語の「行政」には，法の執行(execution)の意味のほか，組織の管理・運営(administration)の意味も含まれているので，注意が必要である。政治学では，前者の意味であることを明確にするため，(行政ではなく)「執行」あるいは「執政」と呼ぶことが多い(本書第16章第3節を参照)。

私たちは「三権分立」，すなわち三権のどれかが突出することなく，互いを監視し合う仕組み(チェック＆バランス)が重要だと学校で習う。だが，三権がきれいに分かれているとは限らない。例えば，イギリスでは長らく，議

会の上院(貴族院)が最終審を担っており,独立した最高裁判所ができたのは2009年のことである。また日本やイギリスでは,議会議員の中から首相および大臣が選ばれ(日本の場合,大臣の半数未満は民間人も登用可),内閣は議会に対し責任を負っており,立法権と行政(執政)権が融合している(議院内閣制)。

　三権分立を語るときに必ず登場するのが,18世紀フランスのモンテスキューである。確かに彼は,国家には立法権力,執行権力,裁判権力の3種があると述べている。ただし彼が三権の存在を,イギリスの仕組みを論じる際に語ったことは,意外に知られていない。彼は,立法権力(議会)が2つの部分から構成され(上院と下院),互いに互いを抑止し,なおかつ執行権力(国王権力)が立法権力と緊張関係にある国,すなわち当時のイギリスについて論じていたのである[8]。

第3節　国家概念の誕生

　ここまで国家の構成要素をみてきたが,歴史を振り返ると国家のありかたには2つの方向性があった。①人々が自分たちで政治的な事柄を決めるのか,それとも,②優れたリーダーが人々のことを考えて統治するのか,のいずれかである。西洋における国家概念の歴史をみていくと,古代では主に①が強調されたが,近代的な国家概念は②を強調することで誕生したのである[9]。

1. 古代ギリシアのポリスと古代ローマのレス・プブリカ

　冒頭で紹介したオリンピックは,古代ギリシアで4年に1度行われていた競技会「オリュンピア大祭」を19世紀になって復興させたものである。古代ギリシアには統一国家はなく,ポリス(polis：警察を意味する英語 police のルーツでもある)とよばれた都市がそれぞれ独立した国として存在していた。ポリスの間では戦争が絶えなかったが,この競技会の時だけは戦争を止め,各地のポリスから集まって,短距離走や円盤投げ,レスリングなどの競技を行っていたのである。

　古代ギリシアの哲学者アリストテレスによると,ポリスとは単なる人の集

まりでは無く，他の全ての共同体を包括する最高の共同体であり，あらゆる善の中でも最高の善を目指す共同体である[10]。ここで言う「善」とは何かを説明するのは容易ではないが，少なくとも一握りの支配者が自分の事だけ考えて政治を司るようでは，最高善を目指しているとはいえない。そしてアリストテレスは，人間はポリス的（政治的）動物であると呼んだ[11]。ここで言う政治的動物とは，権力闘争に明け暮れる動物では無い。人間は動物とは異なり，言葉（ロゴス）を使うのが特徴だと彼は考えていた。人々はポリスの中で言葉を使って議論し政治的な意思決定を行う——これがアリストテレスの考えたポリスの姿なのである。

一方，イタリア半島の一都市からヨーロッパ中を支配するまでに成長したのが古代ローマである。ローマでは自分たちの国のことをレス・ププリカ（res publica）と呼んでいた。英語の republic（共和国。ちなみにアメリカの共和党は Republican Party である）の語源となったこの言葉は，文字通り訳すと「公のもの」となる。

このレス・ププリカ概念を積極的に捉えたのが，古代ローマの政治家および弁論家で哲学者でもあったキケロである。彼は，レス・ププリカとはレス・ポピュリ（人々のもの）であり，「法についての合意と利益の分有とによって結合された多数の人びとの集合」だと定義した[12]。国とはただ単に人が集まったのではなく，みんなで法を作りみんなが法に納得して従い（法の支配），なおかつ誰も利益を独占しない（経済的平等），そうしたことをみんなが了解しているからこそ，人々は1つの国に結びついているというのである。

ポリスやレス・ププリカは国家概念そのものではないし，前節で検討したような国家の要素を備えているとは言い難い。しかし，1人の王や皇帝が支配するのではなく，人々が同じ立場で政治に参加する仕組みこそ最もよいと考えていた点で，アリストテレスやキケロは一致しているといえるだろう。

2．ルネサンスにおける国家概念の芽生え

英語の State はラテン語のスタトゥス（status）に由来する言葉で，国家を意味するフランス語の état（coup d'État：クーデター，国家への一撃），ドイ

ツ語のstaat（staatsoper：国立歌劇場），イタリア語の「スタート」（stato）の語源でもある。このstatus，英語でそのまま読めば地位や状態を意味する単語（ステータス）である。実際，中世やルネサンスのヨーロッパでは地位，とくに「支配者の地位」を意味していたスタトゥスおよびその派生語が，私たちの知っている国家概念へと徐々に近づいていったのである。

14世紀に始まったルネサンスの時代，イタリアで君主や政治的リーダーに向けたアドバイス本（君主鑑）を書いていた作家達は，「スタート」概念を駆使して，優れたリーダーによる支配，君主制を推した。この言葉は元々「支配者の地位」を意味していたが，この地位を維持するにはいくつかの条件がある。まず①既にある政治体制（レジーム）を維持しなければならない。次に，②支配領域を守らなければならない。そして③統治機構および強制的な力によって支配する手段を持っていなければならない。「支配者の地位」を意味していた「スタート」は次第に，これら3要素も意味するようになっていたのである。

15世紀末から16世紀初めに活躍し，『君主論』を書いたニッコロ・マキアヴェッリは，新しく君主の座についた者に対し，君主の地位を守るには強力な統治手段によって秩序を維持しなければならない，と主張した。『君主論』の冒頭でマキアヴェッリは「スタート」を，「人々の上に政治権力を行使する支配権」と言いかえている[13]。彼が活躍した頃のイタリア半島には統一国家が無く，群雄割拠の状態であった。そうした混沌とする現実のなかでは少数の政治的リーダーが人々を強力に統治するほか無いと彼は考えた。現実主義者であったマキアヴェッリは，こうした力による支配こそが国家の本質だと説いたのである。

こうしてみると，古代ギリシアやローマの頃とは異なり，国家概念には，権力や支配の要素が多く含まれていることがわかるだろう。実はマキアヴェッリは『ディスコルシ』という別の本で，古代ローマの歴史を参照しながら，人々が自分たちで決める共同体のあり方を説いている[14]。それでも，権力を背景とした強い国家を時代は求めていた。こうした方向性のなかで国家概念を充実させたのが，次に紹介するホッブズである。

第4節　ホッブズのコモンウェルス論──近代的な国家概念

　17世紀のイギリス（イングランド）で活躍したトマス・ホッブズは，近代的な国家概念の先駆者である。しかし彼が英語で書いた主著『リヴァイアサン[15]』のなかで state は，「自然状態」（state of nature）という有名な表現に代表されるように，専ら「状態」を表す言葉として用いられる。その代わり，実質的に国家を意味する言葉として頻繁に登場するのが，「コモンウェルス」（commonwealth）である。

　現在では，イギリスの旧植民地が作る緩やかな連合などを指すときに使われるこの言葉であるが，分解すると，「共通の」（common）「富・福祉」（wealth）となる。日本国憲法に登場する「公共の福祉」や，先ほど紹介したレス・ププリカとそっくりな言葉であるが，根っこは同じと思って差し支えない。実際17世紀にコモンウェルスは，人々の利益や幸福を追求する共同体を意味する言葉として使われていた。しかしイングランドでは大規模な内戦（俗に言うピューリタン革命）が起きていた。こうした状況でホッブズは，平和のためには絶対的主権者がコモンウェルスを統治しなければならないと主張し，主権を基盤とする近代的な国家概念の成立に大きく貢献したのである。

1. 自然状態と社会契約，コモンウェルスの誕生

　国家やコモンウェルスの成立過程を論じるためにホッブズが用意する舞台が「自然状態」である。「もし権力者がいない世界があったら」という思考実験だと思えばよい。ホッブズによると，人々の力の差は大したものではない。ドラえもんでいえば，ジャイアンとのび太には差があるようにみえるが，大きな目でみれば，自然状態にいる人はみんなジャイアンなのだ。こうした世界では全員が，自分の行動を誰にも邪魔されない自由を持っている（自然の権利，自然権）。一方で自分たちを守ってくれる存在もいないので，みんな生き延びるために力で力を支配する状況になる。相手が手にしているものを力ずくで奪い合う，まさに「俺のものは俺のもの，おまえのものも俺のも

の」というジャイアンの世界である。何でもしてよい自由をもつがゆえに,みんながジャイアンとなって争うと,決着がつかず,いつまでも戦争が続いてしまう。こうした状況をホッブズは,自然状態とは「万人の万人に対する戦争状態」である,と言い表した。

みんな自分が生き延びようとして死に物狂いになっているのに,そのせいで自分たちの生存(自己保存)が危うくなっている。このような悲惨な状況で,人々は「平和を求め,それに従え」,「平和のために自分が持っている権利

図1　『リヴァイアサン』初版(1651年)扉絵

を放棄せよ,他の人と同程度の自由で我慢せよ」という理性の教え(自然法)を知る。ジャイアンといえども人間なので,争いを続けるより,その原因となっている自由を諦めるほうが,自分の命を守るためには得策,合理的だとわかるのである。

こうして人々は,「互いに互いの権利を放棄し,1人の人,あるいは複数人からなる合議体を権威づける」という内容の契約(信約 covenant)をとりかわす。これがいわゆる社会契約である。契約ときくと,支配者と臣下が結ぶ主従契約と誤解する人が多い。だがホッブズの考える契約とは,支配者を生み出すために,人々同士が同意し取り交わす契約である。この契約を結ぶこ

とで，それまでバラバラであった人々（群衆）は1つにまとまる。この人々の集合体こそコモンウェルスである。そして契約によって権威づけられた「人ないし合議体」は，コモンウェルス全体を代表する主権者(sovereign)である。主権者が1人の場合は君主制，主権者が少数人による合議体の場合は貴族制，そして主権者がコモンウェルスの構成員全員の場合は民主制となる。

　以上が「設立によるコモンウェルス」の論理であるが，これを絵で示しているのが有名な扉絵である（図1）。絵の上部中央にある1人の大きな人間は国家，コモンウェルスを表しており，よくみると多数の人々から構成されている。コモンウェルスは人工的に作られたもので，生身の人間ではないが，あたかも人であるかのように行動する（民法における「自然人」と「法人」の区別を参照して欲しい）。そしてこの人工人間の頭こそ，コモンウェルスを担う主権者である。ちなみに右手には政治的権威の象徴である剣をもち，左手にはキリスト教教会の権威の象徴である杖（牧杖）を持っている。政治と宗教の両面で主権者がトップにあることを物語っているのである。

2．授権，人格，代表

　先ほど契約の内容として登場した「権威づけ」（授権ともいう）について，ホッブズは人格・ペルソナ(person)と絡めて説明している。ペルソナとはもともとラテン語で「仮面」(persona)を意味する言葉である。演劇や能の舞台で，役者が仮面をつけて演じている様子を想像して欲しい。ただし少しわかりにくいので，別の例を考えてみよう。

　皆さんは弁護士にお世話になったことはあるだろうか。例えば，もしあなたが何かの罪で訴えられたら，裁判で弁護士はあなたが無罪となるよう，あるいは少しでも減刑されるよう尽くしてくれる。このときあなたは，「あなた本人(author)の代わりに行動する権威(authority)」を弁護士に与え，弁護士を権威づけている(authorise)。こうして権威づけられた弁護士は，法廷であなたの仮面(person)をかぶり，あなたに扮して(personate)，あなたのために行動(act)する演者(actor)となるのである。

　コモンウェルスを作るための契約においても，人々は「人ないし合議体」

すなわち主権者を権威づけている。そして権威づけられた主権者は、人々の集合体であるコモンウェルスを代表（represent）している。人々、主権者、コモンウェルスという3つの存在が出てきて大変ややこしいが、これがホッブズの考える国家の理論である。

　ホッブズの理論の特徴は、コモンウェルスの構成員となった人々（臣民：subject）が主権者に刃向かうのを認めないことである。なぜなら、人々が契約を結び主権者を権威づけたことによって、「主権者の行動の本人は自分たちである」、つまり主権者の行動は自分たちの行動と同じだと認めてしまっているからである。主権者に権威を与えた以上、主権者の行動に反対することは、自分の行動に自分で反対することになり、理屈上あり得ないのである。

　これは服従を強制する理不尽な契約にみえてしまう。だが、ホッブズに言わせれば、条件付きでも抵抗を認めてしまえば、悲惨な自然状態に後戻りしてしまう危険性がある。自然状態を脱却するために主権者を権威づけたのだから、主権者への服従は理に適っていると、ホッブズは考えているのである。

　代表や授権の理論は実は既に、当時のイギリス議会の人々が議会の権利を守るために使っていたものであり、ホッブズのオリジナルではない。ホッブズの功績は、この議論を、絶対的な主権者を打ち立てるために作り変え、洗練させたことにある。もちろん、一度授権をしたら抵抗を認めないホッブズの理論は極端すぎる。それでも、20世紀に代表理論を体系的に整理したハンナ・ピトキンが先駆的な議論として紹介したように[16]、ホッブズの議論は、民主的な代表の議論にも繋がる画期的なものだったのである。

第5節　おわりに

　前節ではホッブズの、絶対的主権者による絶対的権力を肯定する国家理論を紹介したが、これは民主主義の世界に住む私たちには無縁の議論にもみえてしまう[17]。しかしホッブズが展開した国家理論は、様々な反発も招きながら、確実に国家に関する議論を発展させてきた。例えば社会契約説で有名なジャン・ジャック・ルソーは、バラバラだった人々同士の契約によって作ら

れた集合体は，1つの自我を持っていると主張した。そして，都市，共和国，政治体，国家，主権者，権力，人民，市民，臣民は，すべてこの集合体を異なる角度から読んだ呼び名であり，本質的には同じだと指摘した[18]。国家を1つの人間のように例える見方などに，ホッブズの影響がみて取れる。

　政治思想史の観点から国家の歴史を振り返り，強力なリーダーによる統治を論じるために国家概念が使われてきたことをみてきた。とはいえ，自分たちで自分たちのリーダーを決めたい，自分たちの話し合いで自分たちの行く末を決めたい——こうした情熱が独立の機運を生み，新たな国家を誕生させてきたのも事実である。現在，日本では幸いにして政府が機能し，私たちは秩序ある国家の下でそれなりに暮らせているので，「国家とは何か」，わざわざ考える機会はあまりない。しかし，ロシアに侵略され国家存亡の危機にあるウクライナの例をみればわかるとおり，国家を空気のように当たり前に思えるのは幸運でしかない。国家について長年考えてきた政治学は，そうした現状を冷静に捉えるヒントを与えてくれるかもしれない。

【注】

1) 国際法については以下を参照した。岩沢雄司『国際法〔第2版〕』（東京大学出版会，2023年）。中谷和弘＝植木俊哉＝河野真理子＝森田章夫＝山本良『国際法〔第5版〕』（有斐閣，2024年）。なお国際法では国家ではなく「国」と呼ぶことも多いが，本稿では政治学の概念に合わせて国家と呼ぶ。
2) 日本の「南洋」統治について以下参照。今泉裕美子「太平洋分割の中の日本南洋群島統治」『岩波講座　世界歴史19』（岩波書店，2023年）。
3) アメリカの連邦制成立について以下参照。上村剛『アメリカ革命』（中公新書，2024年）。
4) 清末尊大「ジャン・ボダン」杉田敦＝川崎修編『西洋政治思想資料集』（法政大学出版局，2014年）。
5) マックス・ウェーバー（野口雅弘訳）『仕事としての学問　仕事としての政治』（講談社学術文庫，2018年）93頁。
6) 本項の内容は以下参照。犬塚元＝河野有理＝森川輝一『政治学入門——歴史と思想から学ぶ』（有斐閣，2023年）第9章。
7) ルソー（今野一雄訳）『演劇について——ダランベールへの手紙』（岩波文庫，1979

年)224-227頁。
8) モンテスキュー(野田良之他訳)『法の精神 上巻』(岩波文庫,1989年)303-304頁。
9) 本節は以下の論考を参考にした。Quentin Skinner, 'The State', in *Political Innovation and Conceptual Change*, eds. by Terence Ball, James Farr and Russell L. Hanson (Cambridge: Cambridge University Press, 1989), 90-131. 佐藤正志「近代国家の形成と政治思想」藤原保信ほか編『政治思想史講義〔新装版〕』(早稲田大学出版部,1998年)。
10) アリストテレス(牛田徳子訳)『政治学』(京都大学学術出版会,2001年)6頁(1252a)。
11) アリストテレス・注10) 9頁(1253a)。
12) キケロー「国家について」『キケロー選集 第8巻』(岩波書店,1999年)37-38頁(I. xxv. 39)。
13) マキアヴェッリ(河島英昭訳)『君主論』(岩波文庫,1998年)13頁(第1章)。
14) マキァヴェッリ(永井三明訳)『ディスコルシ――「ローマ史」論』(ちくま学芸文庫,2011年)。
15) 最近の翻訳として,ホッブズ(加藤節訳)『リヴァイアサン 上下巻』(ちくま学芸文庫,2022年)。
16) ハンナ・ピトキン(早川誠訳)『代表の概念』(名古屋大学出版会,2017年)。
17) ただし筆者はホッブズが,絶対的主権者のもとで様々な人々がコモンウェルスの運営に参加する仕組みを構想していたと考えている。詳しくは上田悠久「ホッブズの〈啓蒙〉――専制・暴政と世俗化の観点から」和田泰一=髙山裕二編『政治思想と啓蒙』(ナカニシヤ出版,2023年)。
18) ジャン=ジャック・ルソー(作田啓一訳)『社会契約論』(白水社,2010年)29頁(第1編第6章)。

【参考文献】 (政治思想全般)
宇野重規『西洋政治思想史』(有斐閣アルマ,2013年)
川崎修=杉田敦『現代政治理論〔新版補訂版〕』(有斐閣アルマ,2023年)
田村哲樹ほか『ここから始める政治理論』(有斐閣ストゥディア,2017年)
犬塚元=河野有理=森川輝一『政治学入門――歴史と思想から学ぶ』(有斐閣,2023年)

〔上田悠久〕

第21章　日本政治の歴史と政治制度

第1節　はじめに

　政治家には，再選，昇進，政策形成の3つの目標があり，これらは彼らの戦略的な行動として措定される(Fenno, 1973, Mayhew, 1974)。3つの目標のうち，最も重要なのは当選することである。選挙のあり方を規定する選挙制度は，投票の方法，当選者決定方法などが定められているものであり，当然，選挙制度によって政治家の当落や政党の勢力に大きな影響を及ぼす。

　選挙制度が国民や地域の代表者である政治家をどのようにして選ぶのか定めたルールである一方，執政制度とは行政部門のトップや，そのトップと議会または国民との関係を規定するものである。大きく分けて大統領制や議院内閣制に加え，半大統領制を挙げることができる。我が国においては，中央政治が議院内閣制，都道府県や市町村の地方政治レベルが大統領制を採用しており，先に述べた政治の在り方を規定するもう1つの制度である選挙制度とを組み合わせると，政治過程や政策選択にさまざまなバリエーションが生じる。

　他方で，上述の政治制度の組み合わせが想定する政治過程と，実際の政治の現場における帰結について検証することも肝要となる。本章では，身近な存在である地方政治レベルでの政治過程についても言及することとし，その実態について制度的特徴と実態についてみていく。

　世界の民主主義国家の中で戦後の日本は，政権交代が非常に少なく，とりわけ自由民主党がほぼ政権与党として存在してきた。とりわけ自民党が長期政権を担った55年体制存続の理由に関しては，日本が戦後の奇跡ともよばれる戦後復興や高度経済成長により世界第2位の経済大国に躍進し，政権与党の自民党も国民の支持を集めてきた。日本の政治経済は世界の研究者の注目

を集めることとなり，多くの研究成果が積み重ねられてきたところでもある。

2024年現在，日本の名目GDPは，アメリカ，中国，ドイツに次いで4位となり，5位の新興国インドに迫られている状況にありかつての経済的な繁栄は望めないのが現実であろう。政治の世界においては，1993年総選挙の結果，38年間存続した自民党による55年体制が崩壊したものの，その後，一時期を除いて自民党政権がほぼ政権の座にあり続けている。

中央政治に比べて身近なはずの地方政治については，近年になって実証的研究行政が積み重ねられている[1]。また戦後日本の国会において第一の人材供給源となっているのが地方政界である。民主主義の学校と称される地方自治において彼らがどのような経験を積み，さらに国会に一躍雄飛した後，民主主義の学校の経験をどのように中央政治において活かしているのか，戦後日本政治の歴史を整理しながらその実態について説明する。そして55年体制から現在に至るまでの自民党存続の理由について中央と地方政治のリンケージに着目し，中央レベルの自民党政治を支え続けてきた地方レベルの自民党という組織の変化と特徴について，55年体制期と55年体制崩壊後に分けて見ていく。

第2節　選挙制度と執政制度

1．選挙制度

民主主義を採用する世界各国の選挙制度の共通要素を抽出すると，議席決定方式，選挙区定数，投票方式，選挙サイクルに分類することができる（建林・曽我・待鳥，2008：第3章）。すなわち，議席決定方法式が有権者の投票の集計や集計結果の議席への振り分け，当選者決定のルールであり，議席の配分方式であるがゆえに比例代表制もこの要素に含まれる。選挙区定数は，小選挙区・中選挙区・大選挙区といった選挙区から選ばれる議席数に関する規則となる。投票方式は，有権者が候補者に投票するのかあるいは政党に対して投票するのか，単一の候補者または政党，もしくは単一の対象なのか複数に対して投票するかを定めたルールとなる。選挙サイクルは，任期や再選制

限,選挙のタイミングといった時間的な要素を指す[2]。ここでは,政治家や政党の議会でのあり方や一体性に影響を及ぼす重要な要素の1つである,選挙区定数について概説する。

小選挙区制・中選挙区制・大選挙区制とは,選挙区の面積や有権者の数をあらわすものというよりは,議員の定数を意味する。小選挙区制は1つの選挙区で1名の議員が選ばれ,大選挙区制は1つの選挙区で複数の議員が選ばれる制度となる。日本ではその中間的な存在として,各都道府県の中を複数の選挙区に分けて,それぞれの選挙区から複数の候補者が当選する制度として存在してきたが,一般的に中選挙区は大選挙区制に含まれる[3]。ここでは小選挙区・大選挙区・比例代表制の政治過程や政策選択への影響についてさらに説明する。

小選挙区は,1つの選挙区から1名が選出されるがゆえ大政党に有利に働き,二大政党化を促進する。他方,比例代表区と中選挙区・大選挙区は,1つの選挙区から複数名が当選することから多党制をもたらすとされる(デュベルジェ,1970)。かくして選挙区定数Mに対して政党数がM+1に収束することになる(Cox, 1997)[4]。

2.各選挙区制の特徴

ここで小選挙区,大(中)選挙区,比例代表制といった各種選挙区の特徴を整理しておこう。大(中)選挙区制は1つの選挙区で複数の候補者が当選する制度となっている。それゆえに,当選順位にこだわらないのであれば低い投票率で当選することが可能であり,また必ずしも政党に所属していない無所属の候補者であっても当選が容易になる。選挙後の多数派形成を目的に,1つの政党の中から複数名の候補者を擁立して多くの議席を獲得しようとする誘因が働く。選挙後の議会では,政党化が進展せず,会派への所属は便宜的なものとなる。当然に政党の一体性は低いものとなる。中選挙区下の日本政治では自民党の中に影響力を有する派閥が存在することで選挙区制の影響が現出した次第である。

小選挙区制では候補者が政党の公認(推薦)というラベルをうけて当選する

傾向が強く，個人投票というよりは政党投票の側面が強くなる。また二大政党化が進展する。当選後も政党の影響を議員が受けるがゆえに，政党内部の一体性が相対的に強くなる。比例代表制は，政党に所属していないと当選できない，多党制の下での政党化につながる。内部の一体性は，政党の公認権，資金力に影響を受ける[5]。

3．執政制度

執政制度は，大きく大統領制と議院内閣制に分類される。大統領制は有権者が直接，議会の選出を経ずに行政のトップである大統領を選出する制度である。議院内閣制では有権者によって選ばれた下院(日本の場合，衆議院)により，首相が選出される。大統領が国民によって直接投票によって選ばれるのに対し，首相は国民によって間接的に選ばれる。半大統領制は大統領と首相がともに存在する制度である[6]。

執政制度を権力の側面から見ていくと，議院内閣制は権力の融合，大統領制は権力の分立，半大統領制は権力の分有という状態にある(建林＝曽我＝待鳥，2008)。このうち議院内閣制と大統領制について説明すると，議院内閣制下では行政府のトップである首相が立法府の多数派に選任されることから，行政権と立法権は首相の下で，「権力の融合」という状態となる。国民が大統領と議会をそれぞれ選出し，立法権と行政権が分かれて存在するがゆえに「権力の分立」となる。

4．政治制度の組み合わせがもたらす政治過程

選挙制度は政党のあり方に大きな影響を及ぼす。ここでは選挙制度に規定される政党の一体性と執政制度とを組み合わせた場合に，どのような政治過程が生まれるのか紹介する。

建林＝曽我＝待鳥によると，**表1**のようなマトリックスができる(建林＝曽我＝待鳥，2007)。

議院内閣制下の場合，小選挙区制で選出され政党の一体性が高いと，強い政党間対立が生じる。政策過程もこれに伴って与野党が激しく対立した中で

表1　政治制度と政治過程

	政党の一体性が高い 例) 小選挙区制	政党の一体性が低い 例) 大(中)選挙区制
議院内閣制	強い政党間対立 (与野党が激しく対立)	弱い政党間対立 (与野党関係は協調的)
大統領制	政党間対立と部門間対立	部門間のすみわけ

分かりやすい対立構図の下で生み出されることが予測できる。大(中)選挙区制で政党の一体性が低いと、政党間対立は弱く、与野党間関係は協調的となる。この一方で、55年体制下の自民党で見られたように政党内の派閥が大きな影響力を持ち、与党内での法案等の事前審査がより大きな意味を有することになる。

　大統領制の場合、政党の一体性が高いと、政党間対立と部門間対立が生じる。すなわちアメリカ合衆国で見られるような、共和党と民主党との対決姿勢、分割政府と呼ばれる状況が起こりうる。任期が固定されている場合、政党間あるいは部門間の膠着状況が続くことになる。政党の一体性が低いと、部門間のすみわけがなされる傾向にある。

第3節　日本政治における地方政治の実態

1．選挙制度と執政制度

　都道府県議会選挙は小選挙区制と大選挙区制の混合となっており、市町村議会選挙は大選挙区制を布いている。区割り単位は原則として市町村単位となっている。

　執政制度は、首長と議会が別個に選出される大統領制すなわち二元代表制を採用している。大統領制は元来、議会の権限を抑制する制度であり、アメリカ合衆国憲法が代表例として位置づけられる。日本の地方レベルの二元代表制では、大統領である首長が政策立案を主導し、予算、スタッフ等の権限を有する。すなわち首長が権限と資源の双方において優位に立つ、現代化し

表2　首長と議会の条例成立をめぐるゲーム

① 条例案提出　　　　　　首長　→　議会
② 修正・否決　　　　　　首長　←　議会
③ 再議権行使　　　　　　首長　→　議会
④ 再議決　　　　　　　　首長　←　議会
⑤ 議会による当初議決が確定（修正または否決）

た大統領制と称することもできる。当然，有権者の関心も圧倒的に首長に集まることになる。ときに地方議会が注目される場合，短期的な「事件性」を有する事例に焦点を当てられることが多く，批判的な立場から論じられることが多い。

2．日本の地方議会の影響力と潜在的優位性

　もとより，地方自治体は二元代表制を前提としている。議会は首長提案の議案に対する最終的な議決権を有しており，それゆえに行政にとって議会は存在として無視することのできない制度である。地方自治体における二元代表制という制度要因に着目し，首長の影響力は議会多数派による補完があって発揮される。また地方自治体レベルでの最終決定に当たっての審議は議会の場で行われることから，首長にとっては議会での多数派形成が大きな重荷となっている。

　首長が提出した条例の成立までをめぐる首長と議会とのやり取りを二往復限りの繰り返しゲームと捉えてみよう（**表2**参照）。

　まず，①最初に特定の選好を持つ首長が条例案を議会に提案し，②異なる選好を持つ議会が首長提出議案を修正ないし否決する。③更に首長が再議を議会に対して要求したとしても，④次に議会が「3分の2以上」の議員数で議会が当初行ったものと同じ議決（②＝修正ないし否決）をした場合は，当初議決が確定する。一般の条例案で知事と議会の政策目標が不一致である場合，条例案をめぐって当初と同様の議決を行うか（再議決），あるいは首長の提案を受容するかは，全て議会の選択となり，首長が介在する余地はない。そうすると首長側は最初から議会が受容できるような条例案を提示するのが合理

的である。

3．地方政治の構成実態

日本では中央レベルが自民党による一党優位制にあるとされる(サルトーリ，1980)。衆議院の有効政党数を見てみると，自民党が誕生してから70年代前半まで2で推移し，70年代半ばからは3前後，自民党政権が下野した1993年総選挙で4となり，中選挙区制から小選挙区・比例代表制に選挙制度が変更してからは，おおむね2半ばで推移している[7]。地方政治レベルに目を転じてみると，市町村より政党化が進んでいる都道府県議会では，その平均は55年体制期を通じてほぼ2から2.4以内で推移している(表3参照)。

首長の持つ拒否権に当たる再議権に対し，前項で説明した議会がそれを覆し当初議決を確定することができる議会の「3分の2」要件を有する議会を見ておこう。55年体制はもとより55年体制崩壊後の都道府県議会において，自民党は第1党の座にいる場合がほとんどである[8]。多くの議会で，第2党は55年体制期において国政同様に社会党であるケースが多い。表4を参照すると，自民党の議席率でA類型の自民党絶対優位型議会に位置する議会が27と最も多くあり，次に多いのがB類型の12議会で，辛うじて自民党が過半数を獲得しているC類型には北海道が位置している。過半数割れしているD類型には2議会(東京，沖縄)，E類型に5議会という分布になっている。

日本の戦後55年体制における政党制につき「1か1/2体制」と称せられているが，日本の国会は自民党という巨大政党とその半分の勢力を有する社会党という構成であった。都道府県議会においては，34県議会がAd・Ae・Bd・Beに位置し，社会党は自民党の3分の1以下の議席数にとどまる。すなわち，約7割の県議会は国会の「1か1/2体制」とは大きくかけ離れた「1か1/3体制」という状況であった。

4．知事・議会関係の実相

既述したように，都道府県議会の選挙は小選挙区制と大選挙区制の混合で，市町村議会は大選挙区となっている。執政制度と選挙制度の組み合わせが想

表3　都道府県議会における有効政党(会派)数：1947～2007年

	47年	51年	55年	56年	59年	63年	67年	71年	75年	79年	83年	87年	91年	95年	99年	03年	07年	平均	標準偏差
北海道	5.80	4.50	3.94	2.60	2.28	2.24	2.21	2.34	2.46	2.48	2.46	2.73	2.61	3.06	2.88	2.73	2.56	2.55	0.25
青森県	2.39	2.89	2.90	1.51	1.50	1.57	2.02	2.27	1.63	1.72	1.80	2.31	1.60	3.19	2.64	3.11	0.30	1.94	0.74
岩手県	3.21	1.85	2.99	1.85	1.96	2.12	2.56	2.30	2.19	2.39	1.78	2.23	1.88	3.91	3.73	3.36	3.11	2.53	0.71
秋田県	2.44	2.45	3.15	1.86	1.76	1.86	2.04	2.55	2.71	2.60	2.70	2.49	2.35	2.62	2.49	4.24	3.09	2.52	0.62
宮城県	3.41	2.07	2.45	2.45	3.39	1.98	2.18	2.29	2.29	2.04	1.94	2.12	1.84	3.53	2.98	3.75	2.29	2.51	0.64
山形県	3.42	1.63	4.08	1.51	1.76	1.57	1.77	2.02	1.84	2.13	2.10	1.99	1.93	2.39	2.36	2.20	2.00	1.97	0.26
福島県	1.63	1.46	2.78	1.50	2.23	1.73	1.88	2.03	2.20	1.94	2.04	2.06	1.66	2.03	2.15	2.07	2.07	1.84	0.51
東京都	3.36	2.57	3.12	1.90	2.03	2.37	3.45	3.58	3.58	3.68	3.84	3.44	3.99	4.88	3.77	3.76	3.75	3.43	0.81
神奈川県	3.85	2.91	3.69	2.19	2.24	2.65	3.23	3.52	3.88	5.16	4.82	4.28	3.67	4.46	3.58	4.19	3.58	3.67	0.89
千葉県	2.72	2.79	3.10	1.49	1.63	2.45	1.89	1.98	2.15	1.74	1.84	2.33	1.77	2.04	2.18	1.86	2.47	1.99	0.30
埼玉県	3.24	2.10	3.03	1.26	1.40	1.31	1.39	1.36	1.62	2.00	1.70	1.64	1.47	1.53	1.88	1.44	1.47	1.51	0.17
茨城県	2.56	1.76	4.14	1.92	1.68	1.40	1.47	1.43	1.51	1.81	1.72	1.87	1.66	1.40	1.66	1.75	1.91	1.66	0.19
栃木県	2.88	1.44	2.42	1.34	1.50	1.39	1.82	1.87	2.23	2.73	2.71	2.13	1.74	2.50	2.56	2.05	2.63	2.09	0.49
群馬県	2.43	2.47	2.78	1.55	1.44	1.71	1.60	1.55	1.35	1.51	1.33	1.76	1.79	1.85	1.72	1.51	2.15	1.63	0.22
山梨県	4.39	5.16	3.96	1.74	1.56	1.68	1.66	2.01	1.78	1.78	1.76	1.86	1.74	1.86	1.88	3.49	1.85	1.90	0.47
長野県	5.27	3.18	4.53	1.84	2.78	3.27	3.14	3.38	3.29	2.75	2.46	3.00	2.22	2.23	2.62	6.07	5.10	3.28	1.15
新潟県	3.98	3.68	4.09	2.04	2.17	1.83	2.41	2.17	1.92	1.84	1.62	2.18	1.80	2.27	1.96	2.39	2.20	2.06	0.24
愛知県	2.83	3.32	2.97	1.48	1.91	1.71	2.18	2.37	2.06	2.33	2.09	2.57	2.23	2.85	2.83	2.22	2.17	2.21	0.39
三重県	4.74	4.83	4.32	1.81	2.89	1.71	2.70	2.61	2.82	2.58	2.17	2.43	2.81	3.11	3.22	2.50	2.71	2.58	0.44
静岡県	4.04	1.40	3.32	1.41	1.45	1.93	1.88	2.01	2.56	2.07	1.96	2.23	2.48	3.23	2.45	2.76	2.65	2.22	0.50
岐阜県	2.58	2.63	3.46	1.25	1.73	1.44	1.44	1.54	1.57	1.61	1.61	1.66	1.57	1.64	1.76	1.85	1.93	1.61	0.18
富山県	4.48	3.36	3.37	1.26	1.49	1.70	1.75	2.12	1.82	1.65	1.95	1.78	1.82	1.71	1.62	1.79	1.83	1.74	0.20
石川県	2.71	2.39	3.45	1.51	1.50	1.60	1.73	1.80	1.44	1.45	1.36	1.51	1.57	4.07	3.75	2.42	2.75	2.03	0.89
福井県	2.20	2.48	2.38	2.20	1.66	1.41	1.59	1.79	2.07	1.62	1.44	1.45	1.71	1.71	1.84	1.66	1.57	1.69	0.23
京都府	3.95	3.36	2.84	3.49	2.79	5.04	3.40	4.09	4.78	4.66	3.60	4.15	3.73	3.56	3.72	3.73	3.77	3.89	0.60
大阪府	3.58	3.54	4.08	2.58	2.61	3.85	3.87	4.60	4.74	4.82	4.25	3.95	3.50	4.33	4.45	4.45	3.56	3.95	0.70
兵庫県	1.83	2.18	2.36	1.98	1.70	2.16	2.44	2.76	2.60	2.62	2.64	2.88	2.54	3.00	3.16	3.06	3.15	2.62	0.44
奈良県	2.61	2.38	3.24	1.46	1.66	1.43	1.56	1.84	1.91	1.89	2.86	2.40	2.86	2.77	3.65	2.70	2.96	2.28	0.69
和歌山県	3.29	2.25	2.27	1.65	2.03	1.50	2.23	2.06	1.87	2.15	1.84	1.76	3.44	2.79	4.08	2.71	2.29	0.72
滋賀県	2.09	1.93	3.01	1.74	1.78	1.60	1.65	2.54	2.77	2.19	2.32	1.77	2.79	3.29	2.99	3.35	2.24	0.62
広島県	3.06	4.44	5.29	2.08	1.80	1.83	1.86	2.07	2.30	2.89	2.01	2.62	1.94	2.18	2.09	1.90	2.33	2.14	0.31
岡山県	4.24	2.22	1.63	1.74	1.80	1.81	2.17	2.37	2.53	2.09	2.12	2.39	2.26	2.16	1.94	1.86	2.11	2.09	0.26
鳥取県	3.10	2.20	2.36	1.89	2.02	1.66	2.00	2.00	2.00	2.04	1.79	1.84	2.16	4.21	2.45	2.15	2.49	2.19	0.62
島根県	3.33	4.59	2.98	1.49	1.85	1.61	1.79	2.34	1.50	1.42	1.65	1.68	1.60	1.36	1.68	1.75	1.96	1.69	0.25
山口県	3.62	1.82	1.86	3.57	4.34	2.23	1.86	2.21	2.23	2.53	2.83	2.12	2.29	2.35	2.61	2.34	1.97	2.62	2.43	0.62
香川県	2.87	3.41	2.39	1.54	1.91	1.89	1.92	1.82	1.89	2.44	2.19	2.06	1.78	1.99	1.99	1.99	2.00	1.96	0.20
徳島県	1.90	2.16	1.54	1.49	2.06	1.76	1.98	2.19	2.08	1.56	1.51	1.79	1.56	1.88	1.98	2.71	3.32	2.00	0.49
高知県	3.81	2.52	3.98	2.98	2.33	1.83	2.00	1.84	2.92	1.99	2.64	1.87	2.51	2.66	3.71	4.46	2.56	0.77
愛媛県	1.58	2.51	1.74	1.74	1.53	2.54	2.06	1.79	1.75	1.65	1.50	1.79	1.43	1.51	1.83	1.79	1.84	1.77	0.28
福岡県	3.23	5.60	5.53	4.32	3.32	3.56	4.96	4.21	4.50	4.19	3.29	4.54	4.22	4.08	3.47	2.99	3.10	3.91	0.61
大分県	5.10	2.44	4.33	1.53	1.67	1.74	2.26	2.45	2.19	2.57	1.97	2.09	1.81	2.33	2.13	2.30	2.46	2.11	0.32
佐賀県	3.15	3.83	1.45	1.42	2.30	2.21	1.60	1.45	1.68	1.87	1.66	1.72	1.59	2.00	1.43	1.42	1.76	1.72	0.29
長崎県	3.34	3.09	6.06	1.83	2.38	2.45	2.73	3.35	4.01	4.96	2.57	2.38	2.08	2.84	2.35	2.47	2.60	2.65	0.76
宮崎県	2.80	2.96	3.36	3.75	1.56	1.57	1.85	2.12	2.34	2.84	2.10	2.60	2.12	2.02	1.69	1.62	2.20	0.58
熊本県	3.41	3.42	3.89	1.79	1.65	2.42	1.69	1.90	1.65	1.81	1.51	2.02	1.58	2.10	1.98	1.96	1.92	0.35
鹿児島県	3.93	1.79	1.58	1.36	1.57	2.09	2.25	1.82	2.20	1.88	1.69	1.73	1.33	2.21	1.69	1.84	1.77	1.82	0.30
沖縄県									3.24	3.51	3.71	3.07	4.07	4.22	3.93	5.94	6.13	5.54	4.34	1.12
平均	3.27	2.82	3.26	2.00	1.96	2.03	2.18	2.32	2.35	2.47	2.20	2.25	2.16	2.69	2.57	2.67	2.57		
標準偏差	0.94	1.01	1.02	0.82	0.49	0.71	0.70	0.74	0.83	0.97	0.76	0.76	0.76	0.91	0.89	1.10	0.99		

注1）平均・標準偏差は，55年体制成立後の1956年以降のもの。
注2）改選時期が異なるのは，東京都(65年以降)・茨城県(66年)・沖縄県(72年)。

(出典：馬渡，2010)

表4 55年体制期(1956〜1991年)における自民党と社会党に着目した都道府県議会類型

		自民党議席率						
		3分の2以上 A 自民絶対優位型	55%〜3分の2未満 B 自民相対優位型	50〜55%未満 C 自民基本優位型	45〜50%未満 D 自民非過半数型	3分の1〜45%未満 E 自民非優位型	3分の1未満 F 自民絶対非優位型	計
社会党議席率	30%以上 a			北海道		長野		2
	25〜30%未満 b		秋田			神奈川 福岡		3
	20〜25%未満 c	山形 鳥取	宮城 新潟		東京	京都 大阪		7
	15〜20%未満 d	福島 静岡 富山 奈良 香川 徳島 大分 佐賀	岩手 愛知 三重 兵庫 岡山 長崎					14
	10〜15%未満 e	青森 千葉 茨城 栃木 埼玉 群馬 山梨 岐阜 石川 福井 和歌山 滋賀 広島 島根 愛媛 熊本 鹿児島	山口 高知 宮崎		沖縄			21
	5〜10%未満 f							0
	5%未満 g							0
	計	27	12	1	2	5	0	47

(出典:馬渡, 2010)

定する地方政治レベルでの政治過程は,都道府県が政党間対立と部門間対立,あるいは部門間のすみわけにあり,市町村が部門間のすみわけに位置する,ということになる。ここでは政党化が進み研究成果が集積されている都道府県議会に着目する。

地方議会の政策過程に対しては,一般的にオール与党体制のもと首長提出の議案はほぼ100%成立するとされてきた。すなわち協調的な部門間のすみわけとなる。しかしその実相は,保守系知事の下で自民党が3分の2以上で構成される議会であっても生じており,例えば予算案への実質的な修正否決事例も存在する。すなわち修正・否決事例の生起には,数的基盤・知事属性・議案内容・選挙時期に相関した仮説に見られるさまざまな要因が交差し,

表5　55年体制の歴史的変遷

内閣	基本性格	政党構造
鳩山〜岸	保革のイデオロギー衝突	自社二大政党
池田〜佐藤	成長の促進とその果実の分配（野党は郊外など告発型の対応）	社会党の長期低落と中道（民社，公明の進出）
田中〜中曽根	石油危機への対応とゼロサムの資源の配分（野党は政治倫理問題を追及）	保革伯仲
竹下〜宮沢	構造改革と既得権益のせめぎ合い（自民執行部＝構造改革、自民一般議員＋野党＝既得権益擁護）	参議院で与野党逆転

その態様も様々である。また，知事の通算在職期間を重ねるごとに増す円熟度についても加味していく必要がある。県議会についても，知事−議会関係，知事選挙での対立，選挙や議員任期といった時間的な制約を受けずに，議案調査あるいは審議能力が発揮されたことによって修正事例が生み出されたケースが存在する（馬渡，2010）[9]。

　他方で，上記のケースは常態化しているわけではなく，地方政治の政治過程は，政党間協調と部門間の協調の組み合わせとなっている。潜在的に優位性を持つ議会であるが，例えば知事選挙が保守分裂選挙となり激しく対立していても，その対立の構図が平時の議会運営や政治過程に持ち込まれることは多くはない。知事与党野党に限らずほどなく協調的な関係性を構築している場合はほとんどである。

第4節　戦後日本政治の歴史と地方政治

1．55年体制の歴史的変遷

表5は55年体制期の日本政治の歴史的変遷を表している。

1955年11月に当時の民主党と自由党の両党による保守合同がなされ自民党が誕生してから，1960年岸内閣まで，保革のイデオロギー激突が政治過程の基本性格として特徴づけられる。とりわけ岸信介内閣下，1960年の日米安全保障条約の改定をめぐって，与野党が激しく対立し国会は混乱した。院外でも国民を巻き込んだ空前の反対運動が起こったが，6月19日に条約は自然成立した。翌月，岸内閣は退陣，池田勇人内閣が成立した。政党構造は，自民党と社会による二大政党が主役として存在する。

池田首相は「寛容と忍耐」を唱え，経済重視政策への転換を打ち出し，経済重視を力強く促進し，高度経済成長を背景に長期政権となった佐藤内閣に至るまで自民党は安定政権を担う。政権与党は成長の促進とその果実の分配を政策の中心に据え，対する野党は高度成長の意図せざる結果ともいえる公害などへの告発型の対応を展開する。この時期，与党自民党が安定した勢力を維持していた一方，第2党社会党が長期低迷，その中で中道政党である民社党と公明党が国会で議席を獲得し，日本政治は多党化の時代に入る。

1972年に国民的な人気を背景に総理となった田中角栄内閣から1980年代半ばまでの中曽根長期政権までは，石油危機への対応，政治と金の問題，高度成長期が終わりそれまでとは異なる限られた財源や予算の資源の中でのゼロサム配分が余儀なくされる。これまでの勢いから一転し自民党は勢力を伸ばすどころか議席を減らし，野党が伸長することで保革伯仲の時代を迎える。

55年体制末期となる1987年の竹下内閣から宮沢政権までは，市場の自由化や経済構造調整，政治改革などの諸改革を標榜するものの，政権与党内部では構造改革を掲げる執行部に対し，既得権益擁護を志向する自民党の一般議員や野党とがせめぎあいを行う状況であった。参議院では与野党が逆転して，政権与党は困難な政権運営を強いられることとなり，遂には1993年総選挙で

自民党が下野するに至る。

　55年体制崩壊後，日本政治は単独の政党では与党を担うことができず，連立政権の時代になる。

2．戦後地方政治の変遷と特徴

　日本政治において，地方政治家は，国会における主要な人材供給源を構成している。しかし，官僚出身者が閣僚や自民党役員ポストに就任する機会が大きく開かれていたのに対し，県議出身者は国対委員長ポストにほぼ限定的に就任していた。地方議会で民主政治の経験を積み上げ，時に議案調査あるいは審議能力を発揮してきた県議出身者であるが，中央政治ではもう１つの有力な人材供給源である官僚出身者と伍して「表舞台」で活躍するには至らなかった。自民党内では政策形成など質の良いところは官僚出身者が担っている感があり，県議出身者は「裏舞台」である国対に主要な活動場所を求めることになった。

　55年体制期の自民党における官僚と県議出身者の関係は，戦前における政党政治の再現あるいは継続でもあった。すなわち，戦前の政党において，官僚と党人の関係は時代が進むにつれ緊密化し，政党政治は両者の関係の中から生み出されていった。政党は系列の官僚を入党させ，要職に任用することで，行政への影響力を拡大しようとした。戦前の二大政党は，民権運動以来の党人組織による政党基盤の上に，政策立案を司る頭脳として官僚出身者を迎えた二層構造の分業型政党であった。かくして，官僚出身者首班の内閣が生み出されていった(清水，2007)。

　中央レベルで政策形成の最前線にいた官僚と民主主義の学校たる地方議会でトレーニングを積んできた地方議員が国会議員としてスタートラインに立った時に，両出身者には政策形成の経験において大きな格差が存在する。これがその後の官僚出身者の相対的な優位性となって人事に表れている。加えて，県議出身国会議員は，地方政治エリートとなって国会に転出する必要があり，このことは地方議員としてのキャリアを積むほどに，彼らの政治生命の残りが少なくなることを意味する。県議出身者の国会初当選時の年齢は相

対的に高くなり，地方議員の昇進経路と年齢要因もまたその後の国会議員としてのキャリアに大きな影響を及ぼす。

　中央政治において県議出身者は議会対策のエキスパートとして有意に存在し，ここに民主主義の(小)学校の経験が活かされていた。かくして，戦前の政党政治における分業体制は，55年体制期の自民党でも官僚と党人の分業によって再現されている。戦後の政党政治において，国対・議運の両委員長ポストで活躍する党人型の議員とは，厳密には県議出身者の議員を指す。

　1955年の保守合同以来約40年の長きにわたる「55年体制」が維持されてきたのは，もとより中央レベルの保守勢力の維持を担保・下支えする地方議会レベルの安定的基盤が当然に必要不可欠であり，国政及び地方選挙に際しては，両者間の協力やその時の相互に有する勢力が選挙の勝敗に大きく影響してくる。安定的な地方議会によって，各党は国政選挙での選挙戦略(候補者擁立・当選可能性)を立てやすくなるという側面もある。特に自民党所属国会議員は，自分自身の再選をより確実にするため，地方議員の系列化をはかってきたが，それは国会議員と地方議員の相互依存力学を反映したものでもある(カーチス，1971，Fukui and Fukai, 1999, 村松＝久米編，2006)。

　地方政界において系列下の地方議員は，プリンシパルである国会議員のエージェントとして活動することになる[10]。中央で保守合同がなされると，地方議員は中央の動きに同調し，地方政界での保守合同を迅速に達成した。そして，多くの議会で役職人事の独占に成功した。1960年代に入り，国会で自民党が多くの議席を占有すると，国会議員が中央における活動日程[11]によって制約され，地方組織への十分な監視が困難になると，エージェンシー・スラックが起こりうる。しかし，極めて優秀な代理人である地方議員は，中央の自民党に先駆けて1960年代半ばから年功序列型の制度化された人事を行い，多く抱える議員集団を統制し，強固な基盤を作り上げた。ちなみに，1960年代は地方政治家が中央省庁を陳情に訪れ，地元国会議員が手を貸すいわゆる「陳情政治」が確立した時期でもある(大石，1995)。加えて，1960年代は機関委任事務の増加によって，中央省庁による地方関与がより行われやすいものになり，地方に多くの資金リソースがもたらされるようになった(村松，

2010)。

　国会議員と地方議員の目的は，冷戦下では保守による政権維持に他ならず，エージェンシー・スラックが起こり難かった。地元選出の国会議員は全国的な陳情合戦を勝ち抜き地元に大型の公共事業や補助金を誘導し，その行為が地域における国会議員の地位を高めるリソースとなっている（広瀬，1993）。加えて，既に見たように地方政界においては自民党県連が力を持ち，県議選の公認はもとより国政選挙や知事選挙においても，候補者の第一次選考の主体である。既に見たように突発的な政治日程である補欠選挙は，県議出身者が出馬するケースが多く，とりわけ参議院議員には経歴の豊かなベテラン県議が選出される場合が多い。保守合同以降，県議出身の国会議員は増加傾向が続き，55年体制崩壊後は遂に官僚出身者を上回っている。

　野心的な地方議員にとって，国会議員への昇進機会は十分なインセンティブとなる。他方で，親族が国会議員であったいわゆる「二世」議員と異なり，県議会議員は，県議会を媒介し地方政治エリートとなって国会に転出する必要がある。地方レベルでは，地方議員が中央に先駆けて導入したシニオリティー・ルールの存在により，地方議員は否応なしに年功序列のレールに乗せられる。国会を目指す地方議員にとって，彼らの野心はすなわち党への忠誠と表裏一体となり，地方政治エリートへの道を歩む。他方で，地方議員間による昇進競争が展開され，自民党を離党したあるいは落選経験のある県議は昇進経路から外れ，党・派閥の幹部への昇進競争を繰り広げる議員との差別化が生じる。地方政治エリートとなってからは，自身を優越した地位にとどめ置くために，地方政治の秩序を維持する役割を担う。地方議員にとって，自民党に所属し忠実なエージェントとして活動することは合理的であろう。

　かくして，55年体制期における自民党所属の県議は，議会で多数を占め，高い再選率を背景にして，強固な基盤を作り上げた。冷戦が終わり，55年体制が崩壊した後も，中央の政変や政界再編の動きに際して，これに同調する県議はほとんどいなかった。自民党の地方議員は，55年体制期を下支えする礎となり，55年体制崩壊後も多くの地域で組織を保ち，その機能を維持している。

3. 55年体制崩壊後の日本政治

55年体制崩壊を機に，県議出身の国会議員が官僚出身者に代わって表舞台に躍り出ることになる。すなわち，閣僚と自民党役員で官僚出身者の就任者数が減り，県議出身者が増えている。自民党が与党に復帰するにあたり，歴代の自民・社会両党の国対委員長が中心となり，村山連立政権を樹立したことを契機に，県議出身者は増加している。

連立政権の時代に入り，これまでの与党内の事前審査に加えて，与党間はもとより野党との調整すなわち国会対策が重要となり，議会運営に長けた県議出身者のプレゼンスは重要性を増すようになった。55年体制崩壊後，自民党が単独では政権を担当することが困難となり，日本政治が連立政権の時代に入り常態化したことが，県議出身者の相対的優位性を醸成する1つの要因となっている。2007年参院選で与党が過半数議席を失ったことにちなむ「ねじれ国会」によって，国対委員長の日々の言動は注目される所以となり，それは極めて重要なポストとなっている。

もとより，国会対策は政策レベルにおける協議というより，どの法案をいつ通過させるかを巡る交渉に他ならず，そこでは政策的判断や行政運営上の考慮よりも，国会のスムーズな運営の方が優先される傾向が強い。55年体制崩壊後，自民党の与党復帰及び社会党との連立政権は，両党の国対族の存在無しには実現し得なかった[12]。連立政権を誕生させ存続させるためには，他党幹部との日常的な接触によって培われたパイプや国会運営(対策)のセンスを有する国会議員の存在が重要性を増している。かくして，日本政治が単独政権から連立政権の時代に転換したことが，地方議員出身者の相対的優位性をもたらした可能性がある。

地方議員出身者の相対的優位性には，55年体制崩壊後の政官関係の変化も大きく影響している。93年に自民党が下野した非自民党政権下の1年間，官僚が政策情報を主に非自民党連立与党に提供したため，野党となった自民党は政策情報から疎外されていた(Kato, 2002)。自民党と官僚との親密で緊密な関係は分断され，このことは1994年に自民党が政権復帰した後，影響を及ぼすことになった。加えて，1993年から1996年にかけていくつかの省を巻き

込むスキャンダルと汚職が発覚すると，官僚の社会的な名声を著しく傷つけ，政策提案において優位であった官僚の信頼性をも傷つけた。自民党が政権に復帰した後も，自民党は官僚組織から距離を置き続け，世論の批判から彼らを積極的に守ろうとはしなかった。行政改革は，自民党と官僚の関係を遠ざけることになったより顕著な例である（村松，2010）。政官スクラムの崩壊は，議員のリクルートにも影響を及ぼし，55年体制崩壊後の自民党では衆参両院において官僚出身の新人議員数は減少し，自民党に占める延べ議員数も低下傾向にある。

【注】
1) 従来，地方自治研究とは中央地方関係論や地方行政論を指し，地方政治論や地方議会論については直接の対象とされてこなかった。日本の地方自治論は専ら行政学者によって担われ，中央地方関係は中央省庁の主導権の下で動き，中央が地方を統制する手段として，機関委任事務・補助金・人材派遣が機能するものと主張されてきたからである。この根底にあるのは，政官関係において政治よりも官僚を重要視する官僚優位論とされる（曽我・待鳥，2007，村松，2010）。
2) 政治と時間は，海外では研究テーマとして認知されており，1992年に『Time & Society』誌が発刊され，1998年には国際政治学会誌で「デモクラシーと時間」が特集され，2004年にはピアソン（2010）が政治における時間の及ぼす影響を細かに分析している。日本では，2007年の日本政治学会にて「政治と時間」に関する分科会が設けられている。坂本（2019）は，日本政治がいかなるリズムとテンポを有し，日本政治の1年間はどのような節目・日程によって構成され展開されているか，その制度化された動態を分析している。
3) 衆議院では1993年総選挙まで中選挙区を採用し，参議院や都道府県議会選挙の一部では現在も採用されている。参議院では東京都や大阪府などの大都市で，都道府県議会議員では町村の郡部が小選挙区で市部が中選挙区である場合が多い。
4) 選挙制度が政党システムに影響を及ぼすデュヴェルジェの法則に対して，さらに因果関係として，機械的効果と心理的効果があるとされる。機械的効果とは，定数によって立候補する候補者が収束される。心理的効果とは有権者は当選可能性がある候補者に投票することから，有権者から支持を得にくい小政党が候補者を出さないようになるものとされる。
5) 日本では参議院で比例区が採用され，衆議院で1996年以降小選挙区・比例代表制に下で選挙が執行されているが，議員の質低下や人気投票との批判，ポピュリズムの進展が指摘されている。

6) ちなみに先進国首脳会談において,半大統領制の国家から大統領が出席する国と首相が出席する国が存在する。例えば国民から直接選挙で選ばれているフランスは大統領が出席し,直接選挙で大統領が選ばれていないドイツやイタリアは首相が出席している。なおドイツは連邦議会議員や各州議会が選出した代表議員によって構成される連邦会議にて大統領が選出され,イタリアは両院の議員と各州の代表による合同議会によって選ばれている。各国の政治制度については,レープハルトを参照のこと(Lijphart, 2012)。
7) 有効政党数は,政党の規模を考慮に入れた上で政党の数を数える公式(有効政党数 $= 1/\Sigma P_i^2$, P_i は政党 i の議席率)によって算出される(Laasko and Taagepera 1979: 3-27)。Lijphart (1994: 67-72)と建林・曽我・待鳥(2001: 第3章)も参照のこと。
8) 55年体制期にあって自民・社会の両党は,都道府県議会において議席数で第1党ないし第2党であった(全事例の約85%)。自社第1・2党体制以外の事例は,466事例中67事例あった。
9) 知事が提出する議案を味の付いた「水」に,議会を濾過装置である「フィルター」にたとえると,原案成立は水が味の付いたまま濾過装置を通り抜けたことを意味する。濾過器である議会には,第1に議会の数的基盤フィルター,第2に議案・争点フィルター,第3に調査・監視フィルターが有効なものとして備え付けてある。原案がきれいで濁りがなければ,フィルターをきれいなまま通り抜け,原案可決となる。しかし,フィルターが味の付いた水に不純物を見つけた場合,不純物は取り除かれ,あるいは何らかの化合物が加えられ処理される。これが修正事例となって制度的に供給される。そして,流入した水が堰き止められる場合が否決である。とりわけ住民の直接請求に基づく知事媒介型の議案は,ほぼ無条件で堰き止められる。知事は行政経験を積み円熟していくごとに,味わいのある水を円滑に通過させるすべを心得るようになり,もとより長期にわたって在職するような知事は,初当選時からスムーズにフィルターを通過させている。他方で,ポリシー・チェンジを積極的に図ってくるような知事に対しては,議会は相対して身構えるので,フィルターの濾過システムが敏感に反応するようになる。また,例えば県の不正支出に伴う決算議案の否決など一時的な「台風」が吹き荒れると,議会は水を完全に堰き止めてしまうこともある。但し,件数だけ見れば,特に保守合同以降,ほぼ無処理で通過している傾向にあり,フィルターにかかるケースはマイナーなものにとどまる。かくして,修正・否決件数の少なさゆえに議会においてはフィルターが機能していない,あたかも「ザル」のように見立てられてきた。しかし,全国の都道府県議会における修正・否決事例を詳しく見ていけば,既述のごとくフィルターが機能していた(馬渡,2010)。
10) プリンシパル・エージェント理論については,Salanié (2005)などを参照のこと。合理的選択理論やゲーム理論の日本政治への応用研究として,ラムザイヤー＝ローゼンブルース(1995)や曽我(2005)などが挙げられる。なお,インセンティブは金銭や

昇進などの直接的な利益による動機づけを意味し，モチベーションは自己実現や組織への愛着など精神的な動機に対応するものと区別される場合がある。
11) 日本政治の制度化された1週間の動きについては，蒲島＝竹下＝芹川(2007: 第6章)を，1年の時間構成については，坂本(2019)を参照のこと。
12) 自民党では下野した時，議員は与党ボケしていて反対の仕方がわからなかったという(小里，2002)。自民党では，県議時代に革新系知事に対して知事野党として対峙してきた議員などが，野党経験を生かして予算委員会理事に任ぜられ内閣と対決した(TBS『時事放談』制作スタッフ編，2005)。

【参考文献】

大石紘一郎(1995)『町と村のリーダーたち』朔北社.
小里貞利(2002)『秘録・永田町』講談社.
カーチス，ジェラルド(1971)『代議士の誕生』サイマル出版会.
蒲島郁夫＝竹下俊郎＝芹川洋一(2007)『メディアと政治』有斐閣.
坂本孝治郎(2019)『「マツリゴト」の儀礼学』北樹出版.
サルトーリ，ジョヴァンニ(1980)『現代政党学』早稲田大学出版部.
デュベルジェ，モーリス(1970)岡野加穂留訳『政党社会学』潮出版社.
清水唯一朗(2007)『政党と官僚の近代』藤原書店.
曽我謙悟(2005)『ゲームとしての官僚制』東京大学出版会.
曽我謙悟＝待鳥聡史(2007)『日本の地方政治』名古屋大学出版会.
建林正彦＝曽我謙悟＝待鳥聡史(2008)『比較政治制度論』有斐閣.
TBS『時事放談』制作スタッフ編(2005)『時事放談3』講談社.
ピアソン，ポール(2010)粕谷祐子監訳『ポリティクス・イン・タイム』勁草書房.
馬渡剛(2010)『戦後日本の地方議会』ミネルヴァ書房.
村松岐夫(2010)『スクラム型リーダーシップの崩壊』東洋経済新報社.
村松岐夫＝久米郁男編(2006)『日本政治変動の30年』東洋経済新報社.
ラムザイヤー，M.=F. ローゼンブルース(1995)加藤寛監訳，川野辺裕幸＝細野助博訳『日本政治の経済学』弘文堂.
Cox, Gary W. (1997) *Making Votes Count*. Cambridge: Cambridge University Press.
Fenno, Jr., Richard F. (1973) *Congressmen in Committees*. Boston: Little, Brown.
Fukui, Haruhiro and Shigeko N. Fukai (1999) "Campaigning for the Japanese Diet." in Bernard Grofman, Sung-Chull Lee, Edwin A. Winckler, and Brian Woodall, eds., *Elections in Japan, Korea, and Taiwan under the Single Non-Transferable Vote*. Ann Arbor: University of Michigan Press.
Kato, Junko (2002) "Politicians, Bureaucrats, and Interest Groups in Japan: Transformation from One-Party Predominance or Not?" in Gerhard Loewenberg,

Peverill Squire, and D. Roderick Kiewiet, eds., *Legislatures*. Michigan: The University of Michigan Press.

Laasko, Markku and Rein Taagepera (1979) "The 'Effective' Number of Parties: A Measure with Application to West Europe." *Comparative Political Studies* 12-1: 3-27.

Lijphart, Arend (1994) *Electoral Systems and Party Systems: A Study of Twenty-Seven Democracies, 1945-1990*. Oxford: Oxford University Press.

Lijphart, Arend (2012) *Patterns of Democracy*, 2nd ed. New Haven and London: Yale University Press.

Mayhew, David R. (1974) *Congress: Electoral Connection*. New Haven: Yale University Press.

Salanié, Bernard (2005) *The Economics of Contracts: A Primer* 2nd ed. Cambridge: The MIT Press.

〔馬渡　剛〕

判例索引

最高裁判所

最2小判昭和25[1950]年12月28日民集4巻12号683頁　71
最大判昭和32[1957]年6月19日刑集11巻6号1663頁　74-75
最1小判昭和39[1964]年10月29日民集18巻8号1809頁(東京都ごみ焼却場事件判決)　90
最大判昭和45[1970]年6月24日民集24巻6号625頁　147
最大判昭和53[1978]年10月4日民集32巻7号1223頁(マクリーン事件)　72, 74-75, 79
最1小判平成元[1989]年3月2日判時1363号68頁(塩見訴訟)　77
最3小判平成4[1992]年6月23日民集46巻4号306頁(時事通信社事件)　163
最1小判平成4[1992]年11月16日集民166号575頁(森川キャサリーン事件)　74-75
最2小判平成5[1993]年2月26日判時1452号37頁　79
最3小判平成7[1995]年2月28日民集49巻2号639頁　79
最2小判平成10[1998]年3月13日集民187号409頁　79
最1小判平成12[2000]年3月9日民集54巻3号801頁(三菱重工長崎造船所事件)　154
最大判平成12[2000]年7月7日民集54巻1号1767頁　141
最2小判平成13[2001]年6月22日労働判例808号11頁(トーコロ事件)　157
最1小判平成14[2002]年2月28日民集56巻2号361頁(大星ビル管理事件)　155
最1小判平成16[2004]年1月15日民集58巻1号226頁　78
最2小判平成20[2008]年4月11日刑集62巻5号1217頁(立川〔反戦ビラ〕事件)　108
最2小判平成21[2009]年11月30日刑集63巻9号1765頁(葛飾事件)　108
最2小判平成24[2012]年12月7日刑集66巻12号1337頁(堀越事件)　108
最2小判平成24[2012]年12月7日刑集66巻12号1722頁(世田谷事件)　108
最2小判平成26[2014]年7月18日判例地方自治386号78頁　78
最2小決令和5[2023]年3月8日労働判例ジャーナル134号2頁　155

高等裁判所

東京高決平成7[1995]年2月20日判タ895号252頁　144
大阪高決平成9[1997]年8月26日判時1631号140頁　144
大阪高決平成9[1997]年11月18日判時1628号133頁　144
東京高判平成17[2005]年12月9日判時1949号169頁(立川〔反戦ビラ〕事件)　108

地方裁判所

東京地裁八王子支判平成16[2004]年12月16日判時1892号150頁(立川〔反戦ビラ〕事件)　108

奈良地決平成21［2009］年6月26日判例地方自治328号21頁　　93
東京地判平成28［2016］年12月28日労働経済判例速報2308号3頁（ドリームエクスチェンジ事件）　155

家庭裁判所

宮崎家審平成25［2013］年3月29日家庭裁判月報65巻6号115頁　127-128

大審院

大判明治43［1910］年10月11日刑録16輯1620頁（一厘事件）　101, 108

アメリカ連邦最高裁判所

Marbury v. Madison, 1 Cranch 137, 2 L. Ed.60（マーベリ対マディソン事件）　46

事項索引

NGO　→非政府組織
NPM　→新公共管理論
NPO　→非営利組織
NPO法人　→特定非営利活動法人

ア行

新しい公共　243, 245, 247-249, 253-254, 262, 268
インスティトゥティオネス体系　114
エージェンシー・スラック　218, 298-299

カ行

会計監査人　132-134, 136-138, 140
会計参与　132-136, 138-139
開放型　222-223
核心司法　38
学説彙纂　47, 114
拡張解釈　22-23, 27, 104
過失責任の原則　113
家族法　49-50, 115, 120-121, 123-124
株主代表訴訟　130-131, 142-146
監査等委員会　133-134, 136-137, 143, 145
監査役　131-134, 136-139, 143, 145
監査役会　132-134, 136
慣習国際法　186-187
慣習法　14, 16-18, 42-43, 46, 66, 74, 104
官僚　198, 200-204, 206-207, 210, 215-225, 242-243, 297-301
議会　15, 42, 44-45, 53, 55-56, 59-61, 208, 212-213, 215-217, 227, 231, 236, 273, 277, 283, 286, 288-291
機関委任事務　231, 298
技能実習制度　70
既判力　34
休憩時間　161-162
休日　162

行政　　7, 60, 83-85, 199-210, 218, 229, 234, 242-245, 247, 259, 273, 276-277, 291, 297
行政学　　195, 202, 204-207, 209-211, 217, 219-220, 242
行政救済法　　82-86, 92
行政権　　60, 63, 204-206, 289
行政作用法　　83-84, 92
行政事件訴訟　　82, 85, 88-92
行政組織法　　83-84, 210, 224
行政訴訟　　32, 85, 87
行政不服申立て　　82, 85, 87-88
刑事裁判　　29, 35-36, 38-39
刑事法　　7, 108
契約　　16, 24-25, 57, 111-112, 114-118, 125, 150, 221, 254-255, 281-283
結果無価値論　　101, 106
現代法　　7-8, 11
権利能力　　113, 115, 254-255
　　——平等の原則　　113
権力分立(→「三権分立」も見よ)　　53, 60, 63, 80, 199, 204
行為無価値論　　101
公開会社　　132-134, 136, 142, 146
公共財　　239-241, 250-251, 253
公共政策　　205, 208-209, 237-243, 245, 247, 249-254, 257, 262, 268
公共の福祉　　59, 73-74, 280
衡平法　　44
公法　　7, 46, 88, 111
公務員　　76, 79, 84-86, 200-201, 209-210, 215-216, 224-225, 252-253
高齢化　　66, 166-167, 169
国際人権法　　180-189
国際法　　8, 12, 181, 185-189, 270, 274
国民主権　　53, 63-64, 80
国連憲章　　8, 182-183, 274
55年体制　　231, 286-287, 290, 292, 294-299
　　——崩壊後　　287, 292, 297, 299-301
個人通報制度　　184, 187
国家　　6-8, 12, 14-15, 32, 42-43, 45-46, 53, 57-60, 62, 66, 72-74, 76, 80-81, 85, 95, 102-103, 105-107, 110-113, 170, 181, 186, 188, 195-197, 199-203, 206-208, 210-212, 225, 227-229, 241-246, 250, 256-257, 270-284
国家制定法　　14-15
国家賠償　　85-86
国庫支出金　　232
こども基本法　　177
子ども虐待(→「児童虐待」も見よ)　　120-123, 126-127, 129
コモン・ロー　　43-45, 54-55

サ行

サードセクター　　237-238, 244-247, 250, 252-257, 262, 267-268
債権法　　25, 114-115, 117-118
財産管理権　　125-126
財産権　　32, 54, 59, 62, 144
裁判所　　11, 17-18, 21, 27, 29-39, 42, 45-46, 55, 60, 63, 85, 87-88, 91, 131, 144-145, 188, 201, 217, 242-243, 273, 277
三権分立(→「権力分立」も見よ)　　276-277
三審制度　　29
36協定　　153, 156-158
恣意的拘禁　　186-188
資格任用制　　216, 221
時間外労働　　153
自然権　　57-58, 61, 73, 76, 280
自然状態　　57, 280-281, 283
事前審査　　290, 300
自治事務　　231
執行役　　132, 134-141

執政制度	286-287, 289-290, 292
私的自治の原則	113
児童虐待	120-122, 125-126, 176, 178
児童虐待防止法	121, 124, 126
児童福祉法	8, 122-124, 127, 175
司法権	29, 45-46, 56, 60, 63
市民刑法	95-96, 107
市民的治安主義	95
指名委員会等設置会社	134-136, 138-139, 143, 145
社会科学	5, 207-211, 213, 229
社会契約	57, 80, 280-281, 283
社会権	58-59, 63, 73, 76-77, 79, 183
社会手当	172, 174, 178
社会統制機能	11, 102
社会福祉	172, 174, 257-258, 262, 264, 266
社会保険	168, 172-174
社会保障法	8, 50, 122, 129, 165, 170
自由心証主義	34
収容	180-181, 186-188
縮小解釈	22, 27
主権	45, 56, 66, 79-81, 202, 227, 274, 280
主権者	196, 280, 282-284
首相(→「内閣総理大臣」も見よ)	211, 215, 218, 224, 277, 289
少子化	66, 167, 175-178
条理	14, 16, 18-19, 31
条例	15-16, 198, 227, 233, 242, 265, 291
処分権主義	33-34
所有権	26, 59, 113, 116
——絶対の原則	113, 116
審級制度	29, 31
親権	116, 123, 125-129
人権	5-6, 8, 23, 50, 53, 57-64, 66, 71-73, 77, 81, 102-103, 107, 125, 170-171, 180-189
人権条約	183-185, 187, 189
親権喪失	126-127
親権停止	126-128
人権保障機能	102
新公共管理論(NPM)	210
身上監護権	125
人身の自由	54, 63, 73
身体の自由	181, 187
生活保護	4, 8, 77-78, 172, 174, 236
政治家	198, 200-204, 206, 215, 218-219, 226, 229, 242, 278, 286, 288, 297-298
政治過程	208, 286, 288-290, 294-296
政治制度	208, 286, 289-290
生存権	50, 59, 63, 77, 150, 170
制定法	12, 14-15, 18, 44-45, 104, 242
政府	38, 61, 196, 198-202, 204-207, 211, 215-217, 227-230, 232, 235, 237, 241-252, 255, 267-268, 270, 272-273, 275, 284, 290
成文法	14, 41, 46
——主義	14, 17, 41
世界人権宣言	4, 8, 62, 72, 182-184, 188
選挙制度	286-287, 289-290, 292
戦後地方政治	297
選択的誘因	250-253
先例拘束性の原理	43-44
総則	114-115
訴訟参加	144-146
損失補償	85-86

タ行

大会社	132-133, 136-137
体系解釈	24-26
大臣	60, 84, 201, 204, 215-218, 277
大日本帝国憲法(→「明治憲法」も見よ)	58-59, 103
代表	45, 53, 63, 76, 81, 282-283, 286
代表取締役	134-135, 138
代表民主制	200, 203

事項索引　309

担保提供命令　144, 146
治安刑法　95-96, 107
知事・議会関係　292
地方議会　79, 227, 231, 291-298
地方交付税交付金　232
地方自治の本旨　80
地方税　232
仲裁　30-32
懲戒権　125-126
長時間労働　153-158, 160
調書裁判　36, 38
調停　19, 30-31
敵味方刑法　107
天皇　59-61, 63-64, 219
天皇主権　60-61, 63
当然の法理　76
特定非営利活動法人（NPO法人）　246, 259-262, 262, 264-267
特別永住者　67-70, 73, 75
特別法　6, 15, 45, 111-114, 257, 260
　　──優先の原則　15, 111-112
取締役　131-147, 204
取締役会　131-139, 143

ナ行

内閣総理大臣（→「首相」も見よ）　63, 178, 201, 204-205, 261-262
難民　62, 66, 71, 73, 77, 180-181, 183, 186-188
日本国憲法　5, 36, 41, 49-50, 59, 61-64, 72, 85, 104, 106, 170, 185, 200, 205, 274, 280
　　──25条　50, 63, 76, 170
人間の尊厳　170-171, 174, 180-182, 188-189
任務懈怠　140-142
ネーション　275-276
年次有給休暇（年休）　162

ハ行

反対解釈　22-23, 27
パンデクテン体系（→「学説彙纂」も見よ）　47, 114-115
判例　17-18, 46, 72, 77, 93, 101, 154-157, 242
判例法　14, 17-18, 41-45
非営利組織（NPO）　209, 211, 245-247, 251-256, 254-256, 258-259, 262, 264-265, 267-268
非営利法人　238, 245, 254-258, 260, 262, 266-268
非公開会社　132-133, 136, 142
非政府組織（NGO）　182, 245-248, 251-256, 262, 267-268
平等　7, 49, 57-60, 62-63, 77, 113, 170, 174, 183, 189, 274, 276
物権法　26, 115-116
不文法　14, 17, 41
フランス人権宣言　53, 57, 59, 61-63, 103, 105
フリーライダー　241, 250-252
フレックスタイム制　159-160
文理解釈　24-26
閉鎖型　222-223
平和主義　56, 64
弁論主義　33-34
法　3-12
法益保護機能　102
法学概論　3-4
法学入門　3
法源　3, 12, 14-19, 41, 44
法定受託事務　231, 236
法的三段論法　21
法の規範的機能　11
法の支配　44-46, 54-55, 81, 278
法の社会的機能　11

法の適用　12, 17, 20-21, 110-111
方法　211-212
法律　3-7, 9, 12, 14-15, 18, 21-22, 29-30, 32, 38, 44-45, 54, 56, 60, 62, 73, 80-81, 83-85, 98-99, 102-106, 111-112, 114, 119, 123-124, 149-150, 153, 156, 170, 198, 205, 208, 224, 229-230, 241-242, 262, 273-274
ポツダム宣言　61

マ行

マーベリ対マディソン事件　46
マグナ・カルタ　42, 44, 54-56, 59, 62, 102
マクリーン事件　72, 74-75, 79
箕作麟祥　4
宮本英脩　106
民事裁判　29-30, 34-35, 39
民事法　7
民主主義　60-61, 63, 80-81, 283, 286-287, 297-298
民主制　200, 203, 282
民法　3-4, 6-7, 15, 17-18, 21, 24-27, 46-50, 85, 110-119, 122-127, 140, 256-258, 260-261, 282
無罪推定　36

明治憲法（→「大日本帝国憲法」も見よ）　49, 60-61, 63, 85
目的解釈　24, 26-27
森川キャサリーン事件　74

ラ行

利益衡量　27
立憲主義　53-54, 60-62, 81, 207
立法権　15, 60, 62-63, 277, 289
猟官制　216
類推解釈　22-23, 27, 103-104
連邦制　227-228, 273
連立政権　297, 300
労働基準法　4, 8, 50, 112, 125, 150, 153-154, 156, 159, 161-162
労働時間　151-163
ローマ法　42-43, 46-47, 111, 114

ワ行

ワイマール憲法　58-59, 63
和解　20, 32-33, 46, 145
割増賃金　153-154, 156-157, 160-161

執筆者紹介(50音順。現職,執筆担当,主要著書・論文)

荒木雅也(あらき まさや)茨城大学人文社会科学部法律経済学科教授——第12章
　「地域ブランド保護の見地から地名について考える——特に『南アルプス市』について」月刊地理67巻7号(2022年)
　『地理的表示法制の研究』(尚学社,2021年)
　「『和牛』は誰のものか？　主に,地理的表示の普通名称化(言葉のパブリックドメイン)という観点から」月刊パテント72巻9号(2019年)

石井智弥(いしい ともや)専修大学法学部教授——第3章
　「オーストリアにおける人格権法の形成——ABGB16条を中心に」専修法学論集150号(2024年)
　「フランスにおける死者の人格権の保護」専修法学論集147号(2023年)
　「ボワソナードの不法行為論——損害論を中心に」茨城大学社会科学論集1号(2017年)

伊藤純子(いとう じゅんこ)茨城大学人文社会科学部法律経済学科講師——第6章
　「ヴィシー政権下の法令の有効性とフランス国家の責任　——オフマン＝グレマヌ事件におけるコンセイユ・デタの意見を中心に」山元一＝只野雅人＝蟻川恒正＝中林暁生編『憲法の普遍性と歴史性　辻村みよ子先生古稀記念論集』(日本評論社,2019年)
　「フランスにおける『記憶の法律』の現在」『次世代の課題と憲法学(憲法理論叢書)』(敬文堂,2022年)
　志田陽子編『教職のための憲法〔第2版〕』(法律文化社,2023年)(共著)

井上拓也(いのうえ たくや)茨城大学人文社会科学部法律経済学科教授
　　　　　　　　　　　　　　　　　　　　　　　　　　　　　　——第16章・第19章
　「アメリカ政治学における公共利益団体の概念の再検討」茨城大学人文社会科学論集4号(2025年)
　「アメリカ連邦政府の消費者行政機関」茨城大学人文社会科学論集2号(2023年)
　「消費者協会(フィッチ？)の組織と選択的誘因提供のメカニズム」茨城大学社会科学論集4号(2019年)

今川奈緒(いまがわ なお)茨城大学人文社会科学部法律経済学科准教授―第 8 章

「第12章 教育」長瀬修=川島聡ら編『障害者権利条約の初回対日審査――総括所見の分析』(法律文化社，2024年)

「川崎就学訴訟における認定特別支援学校就学者の指定の違法性」茨城大学人文社会科学論集 1 号(2022年)

「インクルーシブ教育における特別支援教育と普通教育の関係」尾形健編著『福祉権保障の課題と展開』(日本評論社，2018年)

上田悠久(うえだはるひさ)茨城大学人文社会科学部法律経済学科准教授―第20章

「ホッブズの〈啓蒙〉再考」政治哲学36号(2024年)

「ヒューム『イングランド史』における暴政擁護者としてのホッブズ」茨城大学人文社会科学論集 3 号(2024年)

『〈助言者〉ホッブズの政治学』(風行社，2021年)

川島佑介(かわしま ゆうすけ)名城大学都市情報学部准教授，茨城大学非常勤講師
―第17章・第18章

『都市再開発から世界都市建設へ――ロンドン・ドックランズ再開発史研究』(吉田書店，2017年)

Civil Defense in Japan: Issues and Challenges, Routledge, 2023(共編著)

川島佑介=伊藤潤=行司高博「大規模災害時における自治体間支援の現状と課題」都市問題116巻 1 号(2025年)

鈴木俊晴(すずき としはる)早稲田大学社会科学総合学術院教授―第 2 章

「プラットフォームワーカーに対する個別法上の法的保護」日本労働法学会誌135号(2022年)

「労働安全衛生法」島田陽一ほか編『戦後労働立法史』(旬報社，2018年)

『労働者の傷病と産業医の関与についての法政策』(早稲田大学出版部，2015年)

陶山二郎(すやまじろう)茨城大学人文社会科学部法律経済学科准教授
―第 1 章・第 4 章第 3 節・第 9 章

「上訴・再審」内田博文=春日勉=大場史朗編『省察 刑事訴訟法――歴史から学ぶ構造と本質』(法律文化社，2023年)

「自動車運転死傷行為等処罰法における無免許を理由とする加重処罰の問題性」茨城大学社会科学論集 7 号(2021年)

「戦前日本における刑事再審理論の検討」茨城大学政経学会雑誌81号(2012年)

髙橋大輔(たかはし だいすけ)茨城大学人文社会科学部法律経済学科准教授
　　　　　　　　　　　　　　　　　　　　　　　　　　　　　　―第11章

「Ⅲ　親子」,「Ⅳ　親子間の権利義務」本澤巳代子＝大杉麻美編『みんなの家族法入門〔第2版〕』（信山社，2024年）

「児童福祉法28条の成立史――旧児童虐待防止法2条を中心として」茨城大学人文社会科学論集2号（2023年）

土屋和子(つちや かずこ)茨城大学人文社会科学部法律経済学科講師―第14章

「現代の生活と社会保障法」茨城大学法学メジャー編『エレメンタリー法学・行政学――教養から専門へ』（尚学社，2019年）

「社会保障と法」茨城大学人文学部法律コース編『エレメンタリー法学――教養から専門へ』（尚学社，2009年）

「社会保障における行政不服申立て制度の現状と問題点」社会保障法16号（2001年）

付　月(ふう ゆえ)茨城大学人文社会科学部法律経済学科准教授―第15章

「無国籍者の権利―非正規滞在から安定的な法的地位の保障へ」国際人権法学会編『国際人権法の規範と主体――新国際人権法講座第3巻』（信山社，2024年）

"Major social security programs to know for international students"（留学生の皆さんに知ってもらいたい日本の社会保障制度）本沢巳代子＝新田秀樹編著『トピック社会保障法〔2025第19版〕』（信山社，2025年）

「Ⅶ　国際結婚と子ども」,「Column 2　家庭内暴力と無戸籍児」本澤巳代子＝大杉麻美編『みんなの家族法入門〔第2版〕』（信山社，2024年）

福田智子(ふくだ ともこ)茨城大学人文社会科学部法律経済学科准教授
　　　　　　　　　　　　　　　　　　　　　　　―第4章第1節～第2節・第10章

「高齢社会における財産継承のための信託活用(Contemporary Incentive Trusts（現代的インセンティブ信託))」新井誠編集代表『高齢社会における信託活用のグランドデザイン　第2巻　ESG投資と信託受託者責任』（日本評論社，2024年）

「成年後見人の取消権――自己決定権尊重の実現に向け」原田剛ほか編『民法の展開と構成　小賀野晶一先生古稀祝賀』（成文堂，2023年）

「日本型裁量信託における受益者の権利」信託法研究47号（2023年）

古屋　等（ふるや ひとし）茨城大学人文社会科学部法律経済学科教授

―第5章・第7章

「公教育の民主的統制（序論）――子どもの権利条約と教育の質保証をめぐって」茨城大学人文社会科学論集4号（2025年）

『国家と社会の基本法〔第5版〕』（成文堂，2023年）

「国民主権と民主主義に関する一考察――定住外国人の参政権をめぐって」茨城大学政経学会雑誌81号（2012年）

松井良和（まつい よしかず）茨城大学人文社会科学部法律経済学科准教授―第13章

「居住・移転の自由の観点から見た転勤命令の有効性に関する検討」茨城大学人文社会科学論集2号（2023年）

「駅の無人化問題と障がい者の交通権保障による福祉の実現」自治研究541号（2023年）

『家庭と仕事を両立させる働き方革命――ドイツ的思考のススメ』（玄武書房，2024年）

馬渡　剛（まわたり つよし）茨城大学人文社会科学部現代社会学科教授―第21章

『戦後日本の地方議会』（ミネルヴァ書房，2010年）

「日本の地方議会・議員の特性」根本俊雄編『比較地方政治』（志學社，2012年）

「地方政党組織における意思決定の詳細」建林正彦編『政党組織の政治学』（東洋経済新報社，2013年）

エレメンタリー法学・行政学――教養から専門へ〔第2版〕

2009年4月20日　旧版第1刷発行(エレメンタリー法学)
2019年4月30日　改題改訂初版第1刷発行
2025年4月30日　第2版第1刷発行

茨城大学法学・行政学メジャー　編ⓒ

発行者　苧野圭太
発行所　尚　学　社

〒113-0033　東京都文京区本郷1-25-7　TEL (03)3818-8784　FAX (03)3818-9737
　　　　　　　　　　　　　　　　　　　　ISBN978-4-86031-194-0　C1032

印刷・日之出印刷株式会社／製本・松島製本